TEAM

Arbeitsbuch für Politik und Wirtschaft

Ausgabe für Gymnasien in Nordrhein-Westfalen

5/6

Herausgegeben von:
Wolfgang Mattes

Erarbeitet von:
Karin Herzig, Wolfgang Mattes,
Andreas Müller

Schöningh

www.schoeningh-schulbuch.de
Schöningh Verlag, Jühenplatz 1–3, 33098 Paderborn

Druck 5 4 3 2 1 / Jahr 2012 11 10 09 08
Die letzte Zahl bezeichnet das Jahr dieses Druckes.

Illustrationen: Reinhild Kassing, Kassel
Umschlaggestaltung: Franz-Josef Domke, Hannover
Fotos: picture-alliance/dpa (Mitte), Verlagsarchiv Schöningh/Günter Schlottmann, Carl Bantzer Schule, Das Fotoarchiv/Jochen Tack, www.kinderrathaus.de (unten v.l.n.r.)
Druck und Bindung: westermann druck GmbH, Braunschweig

ISBN 978-3-14-023710-9

Inhaltsverzeichnis

Demokratie in der Gemeinde 68

Wir reden mit

Vom richtigen Umgang mit Geld 88

Wir planen wirtschaftliches Handeln

Kinder und Jugendliche als Verbraucher 110

Wir treffen gut überlegte Kaufentscheidungen

Umweltschutz als Zukunftsaufgabe 130

Wir üben umweltfreundliches Verhalten ein

Mit Unterschieden
8 leben lernen
Wir finden Wege
für ein faires Zusammenleben

Massenmedien als
9 Informationsquelle
Wir benutzen sie klug

Kinder in aller
10 Welt
Wir machen uns stark
für die Rechte von Kindern

Methodenkarten

Verzeichnis der Seiten

Topthemen

Verzeichnis der Seiten

Warum heißt ein Politikbuch TEAM?

Wir haben diesem Buch den Namen TEAM gegeben, weil Schülerinnen und Schüler damit lernen sollen, als Team gut zusammenzuarbeiten. Das hat auch viel mit Politik zu tun. In der Politik geht es immer darum, Probleme zu lösen, die für das Zusammenleben der Menschen wichtig sind. Nie schafft das jemand alleine. Immer braucht man dazu starke Teams.

In einem guten Team

- → fühlen sich alle wohl. Darum ist eine gute Klassengemeinschaft ganz besonders wichtig.
- → lernt man Regeln zu beachten. Man geht fair miteinander um.
  Das heißt nicht, dass man immer einer Meinung sein muss. Man darf auch streiten, aber nie mit Gewalt, immer nur mit Worten.
- → erfährt man, dass das Lernen leichter geht, wenn man es gemeinsam tut und sich gegenseitig dabei hilft.
- → teilt man die Arbeit manchmal untereinander auf. Es müssen nicht immer alle dasselbe machen. Schließlich braucht jedes gute Team seine Spezialisten.
- → wird niemand von der Mitarbeit ausgeschlossen. Alle bemühen sich darum, gut zusammenzuarbeiten. Dabei ist es egal, ob man rote, blonde, braune oder schwarze Haare hat, ob man aus einem anderen Land kommt oder einer anderen Religion angehört.
- → strengt man sich an, um ein gutes Lernergebnis zu erzielen. Ohne Anstrengung funktioniert Lernen nicht. Die Bereitschaft, Neues lernen zu wollen, ist das, was jeder von euch für das neue Fach mitbringen sollte.

Die Menschen haben viele Aufgaben und Probleme. Um Lösungen zu finden, braucht man starke Teams. Darum geht es in der Politik. Darum geht es auch im Politikunterricht. TEAM will euch dabei helfen, dass der Unterricht lehrreich ist und Freude macht.

Wie hilft euch TEAM beim Lernen?

In diesem Buch gibt es mehrere Arten von Seiten, die immer wieder vorkommen. Wir Autoren bezeichnen sie als die unterschiedlichen Elemente. Sie sollen euch das Lernen erleichtern, weil sie Ordnung schaffen. Wenn ihr beachtet, welches Element für welche Anforderung zuständig ist, werdet ihr sehen, dass ihr immer geübtere Lerner werdet.

Hier informierst du dich über grundlegend bedeutsame Themen des Faches. Wichtiges aus diesen Seiten daraus kannst du dir aufschreiben und gut einprägen.

Ziel: „Ich weiß Wichtiges!"

Hier übst du Fähigkeiten ein, die du immer wieder in der Schule und im späteren Leben gut gebrauchen kannst, zum Beispiel: ein Heft gut zu führen, schwierige Texte zu verstehen und vieles mehr. Solche Fähigkeiten nennt man Kompetenzen.

Ziel: „Ich kann Wichtiges!"

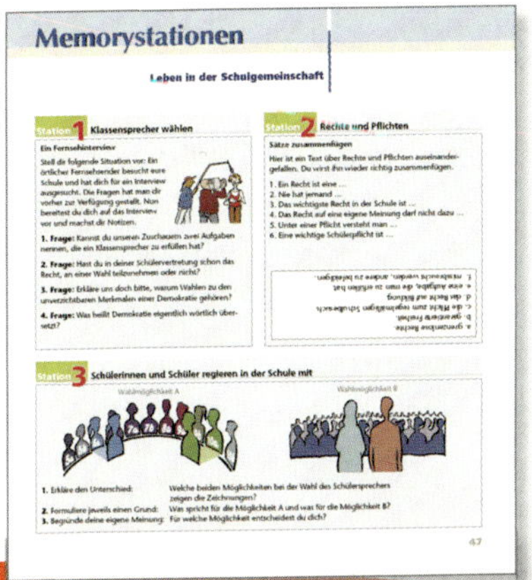

Memorystationen

Leben in der Schulgemeinschaft

Station 1 Klassensprecher wählen

Ein Fernsehinterview

Stell dir folgende Situation vor: Ein örtlicher Fernsehsender besucht eure Schule und hat dich für ein Interview ausgesucht. Die Fragen hat man dir vorher zur Verfügung gestellt. Nun bereitest du dich auf das Interview vor und machst dir Notizen.

1. Frage: Kannst du unseren Zuschauern zwei Aufgaben nennen, die ein Klassensprecher zu erfüllen hat?

2. Frage: Hast du in deiner Schülervertretung schon das Recht, an einer Wahl teilzunehmen oder nicht?

3. Frage: Erkläre uns doch bitte, warum Wahlen zu den unverzichtbaren Merkmalen einer Demokratie gehören?

4. Frage: Was heißt Demokratie eigentlich wörtlich übersetzt?

Station 2 Rechte und Pflichten

Sätze zusammenfügen

Hier ist ein Text über Rechte und Pflichten auseinandergefallen. Du wirst ihn wieder richtig zusammenfügen.

1. Ein Recht ist eine ...
2. Nie hat jemand ...
3. Das wichtigste Recht in der Schule ist ...
4. Das Recht auf eine eigene Meinung darf nicht dazu ...
5. Unter einer Pflicht versteht man ...
6. Eine wichtige Schülerpflicht ist ...

a. grenzenlose Rechte.
b. garantierte Freiheit.
c. die Pflicht zum regelmäßigen Schulbesuch.
d. das Recht auf Bildung
e. eine Aufgabe, die man zu erfüllen hat.
f. missbraucht werden, andere zu beleidigen.

Station 3 Schülerinnen und Schüler regieren in der Schule mit

Wahlmöglichkeit A

Wahlmöglichkeit B

1. Erkläre den Unterschied: Welche beiden Möglichkeiten bei der Wahl des Schülersprechers zeigen die Zeichnungen?
2. Formuliere jeweils einen Grund: Was spricht für die Möglichkeit A und was für die Möglichkeit B?
3. Begründe deine eigene Meinung: Für welche Möglichkeit entscheidest du dich?

47

Hier wiederholst du das Gelernte mithilfe von interessanten Aufgaben zu den einzelnen Unterkapiteln. So bleibst du fit und prägst dir Gelerntes langfristig ein.

Ziel: „Ich behalte mir wichtige Sachen!"

Trainingsplatz

Wir üben Streitschlichtungsgespräche ein

Von den folgenden Fällen haben Schülerinnen und Schüler berichtet. Ihr könnt euch in Gruppen zusammensetzen und für die beiden Fälle Streitlösungsgespräche vorbereiten. Ein bis zwei Personen übernehmen die Rolle der Streitschlichter. Andere Gruppenmitglieder übernehmen die Rollen der Streitenden.

Fall 1: Kaputtes Mäppchen

Sascha und Jens aus der 6c sind dicke Freunde. Wenn sie etwas ärgert, passiert es schon mal, dass einer von beiden oder sogar beide Schulmäppchen von Mitschülern gegen die Wand werfen. Dieses Mal war es das Mäppchen von Tatjana, das plötzlich in hohem Bogen durch die Klasse flog. Dabei ist Tatjanas Füller zerbrochen. Sie will, dass einer der beiden den Schaden wiedergutmacht. Sie will auch, dass Jens und Sascha endlich damit aufhören. Sascha sagt, Tatjana hätte vorher extra gegen seine Schultasche getreten und gegen die von Jens. Sie hätte daher zuerst Schaden angerichtet.

Fall 2: Aisha wird gemobbt

Eigentlich mag und bewundert Jule Aisha. Sie ärgert sich aber darüber, dass Aisha in Tests immer die besseren Noten schreibt. Vor einiger Zeit war es in Biologie wieder so. Jule hatte eine Drei und Aisha als Einzige in der Klasse eine Eins. In einer großen Pause nahm Jule drei weitere Mädchen zur Seite: „Aisha ist eine Streberin", sagte sie, „habt ihr gesehen, wie eingebildet sie ist. Wir sollten ab jetzt nicht mehr mit ihr reden." Wenige Tage später wollte Aisha ihren zwölften Geburtstag feiern. Dazu lud sie die Mädchen aus der Klasse zu sich nach Hause ein. Diese nahmen die Einladung an, beschlossen dann aber, nicht hinzugehen. So blieb Aisha mit ihrer Mutter alleine am Geburtstagstisch sitzen. Aisha war unendlich traurig und konnte es nicht fassen, dass Jule und viele aus ihrer Klasse nicht mit ihr redeten. Wochen später erzählte sie der Klassensprecherin, die auch Streitschlichterin ist, was in der Klasse los ist. Diese bat Jule und Aisha zu einem Gespräch.

1. Übt die Gespräche in Gruppen ein, spielt sie anschließend vor und besprecht sie gemeinsam. (Haltet euch dabei an die in der Methodenkarte empfohlenen fünf Schritte.)
2. Nach folgenden Merkmalen könnt ihr die Rollenspiele besprechen:
   - Wurden die fünf empfohlenen Schritte richtig beachtet?
   - Haben die Teilnehmer ihre Rollen glaubwürdig gespielt?

27

Hier hast du die Gelegenheit, Gelerntes praktisch anzuwenden – mal alleine, oft zu zweit oder in Gruppenarbeit.

Ziel: „Ich habe gut geübt!"

In allen Aufmacherseiten zu neuen Kapiteln taucht dieser Detektiv auf. Er ist immer auf der Suche nach Lösungen für besonders knifflige Aufgaben. Dabei könnt ihr ihm helfen. Sein erster Auftrag lautet:

„Finde heraus, wie viele Trainingsplätze es in diesem Buch gibt?" Sind es 15, 18 oder gar 21?

Nur mit eurer Hilfe findet der Detektiv die richtigen Lösungen.

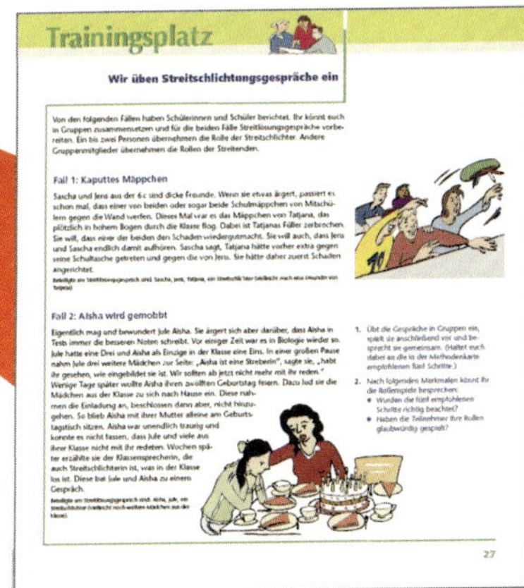

1 Meine Klasse und ich

Wir gehen fair miteinander um

Was gehört für euch zu einer guten Klassengemeinschaft? Sammelt alles, was euch dazu einfällt.

■ **Tipp: Eure Vorschläge und Wünsche könnt ihr auf Karten schreiben und an einer Pinnwand in der Klasse befestigen.**

Worum geht es?

Schülerinnen und Schüler haben sich zum Klassenfrühstück getroffen. Sie wollen eine gute Klassengemeinschaft werden. Dazu gehört, dass alle in der Gruppe fair miteinander umgehen. „Fair" heißt gerecht und den Regeln entsprechend. In eurem neuen Fach für Politik und Wirtschaft wird es immer wieder um das Zusammenleben der Menschen gehen. Dabei geht es stets auch um folgende Frage:

- Wie können Menschen friedlich, frei und ohne Angst miteinander leben?

Diese Frage beschäftigt nicht nur die Kinder am gemeinsamen Frühstückstisch, sondern auch die Menschen in einer Stadt, in einem Land und überall auf der Welt. Nie ist es einfach, kluge Antworten zu finden. Hilfreich bei der Suche danach ist es, wenn man sich zunächst mit einer Gemeinschaft beschäftigt, die für das eigene Leben besonders wichtig ist. Das ist für jede und jeden von euch die eigene Klassengemeinschaft.

In der Arbeit an diesem ersten Kapitel könnt ihr Wichtiges für euer Leben lernen, zum Beispiel:

- Welche Bedeutung haben Regeln für einen fairen Umgang miteinander?
- Was kann man tun, um Streit friedlich zu beenden?
- Was muss man lernen, um fit für das Leben in der Demokratie zu werden?

Eine Methodenkarte hilft euch dabei, ein gutes Arbeitsheft zu führen, eine andere erklärt, was man tun kann, um einen Streit friedlich zu beenden. Außerdem erhaltet ihr wichtige Tipps von älteren Schülern und könnt einem jungen Lehrer Ratschläge erteilen.

Detektivaufgabe für das ganze Kapitel: Was denkt Liu Phengzhi über das Lernen?

1 Wie werden wir ein gutes Team?

Wir erarbeiten Klassenregeln

Ein wilder Haufen ...

Saskia und Rehan besuchen seit drei Wochen eine neue Schule. Leider fühlen sich die beiden in ihrer neuen Klassengemeinschaft überhaupt nicht wohl. Könnt ihr herausfinden, woran das liegt?

Es ist Freitag und die ersten drei Wochen des neuen Schuljahres sind fast vorüber.
28 Mädchen und Jungen der 5a gehen lärmend zu ihrem Klassenraum. An der Tür gibt es ein wildes Gerangel. Peter muss mal wieder der Erste sein und schubst Manuel weg. Der fällt gegen Martina – und die gibt ihm postwendend eine Ohrfeige. Manuel ist sauer und schreit Martina an: „Du blöde Gans!"
Irgendwann gelangen dann alle in den Klassenraum hinein.
Auf Heikos Platz liegt das Mäppchen von Irene. Er wirft es quer durch die Klasse und es landet vor der Tafel auf dem Boden, wo es unbeachtet liegenbleibt.
Sonja isst noch schnell ihr Butterbrot und steckt das Papier achtlos unter die Bank, von wo es auf den Boden fällt.
Serena spitzt schon mal vorsichtshalber ihren Bleistift. In dem Moment pustet Katrin über den Tisch. Der ganze Bleistiftabfall weht auf Helgas Platz. Wütend fährt diese Katrin an, sie soll die Schweinerei wegmachen. Katrin hat überhaupt keine Lust dazu – und schon fangen die beiden an, sich lautstark zu zanken.
Ben und Mischa sind schon wieder in einem Handgemenge, sie können einander einfach nicht ausstehen.
Hendrik will die beiden auseinanderhalten und bekommt einen Fußtritt ab.
Angela und Natascha tuscheln über Heike, die beide grässlich finden, weil sie ständig losheult, wenn sie etwas nicht weiß oder kann. Heike, die das alles mithört, sitzt unterdessen still am Tisch und lässt den Kopf hängen.
Da betritt Frau Schümke, die Klassenlehrerin, den Raum.
Sie versucht sofort, die Kämpfenden auseinanderzubringen, doch diese wollen keine Ruhe geben.
Jede Partei versucht, sich zu rechtfertigen und benutzt dabei die schlimmsten Ausdrücke. Insgesamt zehn Minuten vergehen, bis die Klasse endlich leise ist. Der Unterricht beginnt. Mehr als die Hälfte der Klasse passt heute nicht auf und gibt sich auch keine Mühe beim Lernen. Viele beginnen erst leise – dann immer lauter – Privatgespräche. Als dann Mehmed noch eine falsche Antwort gibt und die Klasse laut darüber lacht, ist Frau Schümke am Ende ihrer Nerven: „Was soll ich bloß machen mit euch? So werdet ihr nie ein gutes Team – ihr seid eher ein wilder Haufen ...!"

1. Saskia und Rehan fühlen sich in dieser 5a nicht wohl, weil ...
   Führt diesen Satz zu Ende und sammelt gemeinsam eure Antworten.
2. Frau Schümke möchte, dass ihre 5a von einem wilden Haufen zu einem guten Team wird. Könnt ihr dabei helfen und Verbesserungsvorschläge machen?

Lest euch auch die folgende Seite durch. Ihr erhaltet dort wertvolle Tipps für eure eigene Klassengemeinschaft.

Ältere Schüler geben jüngeren Schülern Tipps

Hier kommen die Zehntklässler Stephanie, Katja und Philipp zu Wort. Sie haben für euch jüngere Schülerinnen und Schüler aufgeschrieben, wie sie sich das Zusammenleben in der Klasse vorstellen. Was haltet ihr von den Tipps, die sie euch geben?

Stephanie

Katja

Philipp

Mehr Spaß beim Lernen

Eine gute Klassengemeinschaft ist die Voraussetzung für ein gutes Lernklima. Das Lernen macht mehr Spaß, wenn es in einer Klassengemeinschaft geschieht, in der alle zusammenhalten. Zudem werden die guten Klassengemeinschaften von den Lehrern höher angesehen. Sie unterrichten gerne in Klassen, die teamfähig sind. Doch um eine gute Klassengemeinschaft aufbauen zu können, bedarf es einiger Voraussetzungen:
Da wäre erst einmal der Umgang miteinander. Man sollte respektvoll mit seinen Klassenkameraden reden und ihnen zuhören, wenn sie etwas zu sagen haben. Wenn Probleme in der Klasse auftreten, sollte man sie gemeinsam besprechen und zusammen nach einer geeigneten Lösung suchen. Gift für eine gute Klassengemeinschaft ist zum Beispiel, wenn sich die Schüler in unterschiedlichen Cliquen zusammenschließen, die dann miteinander streiten. Vermeiden sollte man ständige Streitereien, Ausgrenzung einzelner Schüler oder Unzuverlässlichkeit. Stattdessen sollte eine Klasse eine funktionierende Gruppe sein, in der die besseren Schüler die schlechteren Schüler unterstützen. Wenn jeder dem anderen hilft, werden die Schwächen geringer, der Neid kleiner und man tritt gemeinsam als Klassengemeinschaft vor andere.

Stephanie Johaentges und Katja Wallrich

Niemand soll benachteiligt werden

In der Grundschule und vielleicht auch schon im Kindergarten ist es euch wahrscheinlich schon einmal passiert, dass ihr euch über andere geärgert habt oder dass ihr andere nicht leiden konntet. Das ist normal, solange es nicht zum Dauerzustand wird. Wenn es aber ständig Streit in der Klasse gibt, ist die Atmosphäre vergiftet und keiner fühlt sich richtig wohl. Deshalb solltet ihr alles tun, damit ihr zu einer guten Klassengemeinschaft werdet. Schließlich werdet ihr wahrscheinlich mehrere Jahre miteinander verbringen.
Man braucht seine Mitschüler zum Beispiel, wenn man Gruppenarbeit macht oder wenn man gemeinsam ein Referat vorbereitet. Andere Schüler können einem helfen, wenn man eine Mathearbeit verhagelt hat oder wenn man die Hausaufgabenstellung nicht kapiert. Sich gegenseitig zu helfen, ist viel besser, als sich gegenseitig zu ärgern.
Ihr müsst allerdings einiges tun, damit die Klassengemeinschaft immer besser werden kann. Meiner Meinung nach solltet ihr öfter mal die Sitzordnung ändern und ihr solltet einige Regeln aufstellen, an die alle sich halten müssen. Achtet darauf, dass niemand schikaniert oder benachteiligt wird.

Philipp Hermesdorf

3. Welche Vorschläge von Katja, Stephanie und Philipp gefallen euch besonders gut?

4. Was könntet ihr in eurer Klasse tun, um eine noch bessere Gemeinschaft zu werden?

Regeln

1. Erklärt, was gute und was schlechte Regeln sind.
2. Überlegt, welche Maßnahmen notwendig sind, damit die Regeln in einer Klasse eingehalten werden.
3. Warum müssen sich die Menschen auch in einem Staat an Regeln halten? Könnt ihr dazu Beispiele finden und in der Klasse vorstellen?

Wozu braucht man Regeln?

Eine Regel ist eine Vorschrift, an die sich alle Mitglieder einer Gemeinschaft halten müssen. Menschen brauchen Regeln, um vernünftig miteinander leben zu können. Das ist so in der Familie, im Freundeskreis, im Verein und natürlich auch in der Schulklasse. Regeln machen deutlich, was man tun darf und was nicht. Im Zusammenleben sind sie ein Schutz für alle Gemeinschaftsmitglieder, wenn man davon ausgehen kann, dass sich alle an die vorhandenen Regeln halten. Regeln sind Vereinbarungen. Gemeinsame Vereinbarungen sind die Voraussetzung dafür, dass eine Klassengemeinschaft zu einem guten Team werden kann.

Was sind gute, was sind schlechte Regeln?

Wahrscheinlich habt ihr schon einmal die Regel gehört: „Der Chef hat immer Recht." Eine solche Regel passt nicht mehr in die heutige Zeit, denn sie führt dazu, dass einer oder ein kleiner Teil einer Gruppe alles bestimmen kann und viele andere unter dieser Macht leiden müssen. Gute Regeln machen keinen Unterschied zwischen Mädchen und Jungen, Starken und Schwachen usw. Sie orientieren sich an wünschenswerten Eigenschaften des Zusammenlebens miteinander, wie zum Beispiel gegenseitige Rücksichtnahme, fairer Umgang, Verzicht auf Gewalt.

In dieser Klasse haben die Schülerinnen und Schüler Regeln vereinbart und fühlen sich wohl dabei.

Wie können Regeln eingehalten werden?

Regeln werden dann am besten eingehalten, wenn man sie gemeinsam erarbeitet. Schlimm ist ein Zustand, in dem sich niemand an die vereinbarten Regeln hält oder in dem Einzelne sich das Recht nehmen, die Regeln immer wieder zu verletzen.
Es muss daher Maßnahmen geben, welche die Mitglieder einer Gruppe dazu veranlassen, sich an die Regeln zu halten. Das können Belohnungen sein für ein regelgerechtes Verhalten, das können aber auch Strafen sein, die den Regelverletzern klarmachen, dass ihr Verhalten nicht geduldet werden kann.

Warum beschäftigen wir uns im Politikunterricht mit Regeln?

Im sozialen Zusammenleben der Menschen steht die Frage nach den Regeln immer im Mittelpunkt. Das ist in der Schule und auch in der großen Politik so. Auch die Menschen in einem Staat müssen sich an Regeln halten, damit ein friedliches und geordnetes Zusammenleben möglich ist. In einem Staat sind die Regeln die Gesetze. Wer sie verletzt, kann von einem Gericht dafür bestraft werden.
Im Fach für Politik und Wirtschaft wird der Umgang mit Regeln behandelt, weil man so zwei Dinge lernen kann: erstens, die eigenen Rechte wahrzunehmen und zweitens, die Rechte anderer zu achten.

Trainingsplatz

Wir formulieren Regeln für unsere Klasse

Mithilfe dieses Trainingsplatzes könnt ihr für vier wichtige Bereiche des Zusammenlebens in der Schulklasse Regeln zusammenstellen. Das kann man einzeln, zu zweit oder auch in Kleingruppen tun. Ihr könnt die Arbeit aufteilen oder versuchen, alles zu bearbeiten. In dem Topf unten findet ihr Vorschläge für fertig formulierte Regeln, die sich den Bereichen A bis D zuordnen lassen. Ihr könnt natürlich auch nach weiteren Vorschlägen und nach anderen Formulierungen suchen. Fertige Regeln könnt ihr auf Plakate übertragen und in der Klasse aufhängen.

A Regeln für das Verhalten vor Beginn der Unterrichtsstunden:

1.

2.

3.

B Regeln für das Verhalten gegenüber Mitschülerinnen und Mitschülern:

1.

2.

3.

C Regeln für die Art des Miteinanderredens im Unterricht:

1.

2.

3.

D Regeln für die Erledigung von Hausaufgaben:

1.

2.

3.

Unmittelbar nach dem Klingeln zum Unterrichtsbeginn setze ich mich auf meinen Platz. ❀ Ich notiere die Hausaufgaben immer in mein Aufgabenheft. ❀ Ich tue keiner Mitschülerin und keinem Mitschüler weh. ❀ Wenn ich im Unterricht etwas sagen will, melde ich mich. ❀ Ich höre gut zu, wenn andere in der Klasse einen Beitrag zum Unterricht leisten. ❀ Ich mache mich über keine Mitschülerin und keinen Mitschüler lustig. ❀ Wenn ich bei den Hausaufgaben etwas nicht kann, schreibe ich genau auf, was ich nicht kann. ❀ Vor Stundenbeginn lege ich mein Schulbuch und mein Arbeitsheft auf den Tisch. ❀ Ich warte auf den Lehrer und verhalte mich ruhig. ❀ Ich schaue jeden Abend nach, ob ich alle Hausaufgaben für den nächsten Tag gemacht habe. ❀ Ich mache nichts kaputt, was anderen gehört. ❀ Ich mache keine abfälligen Bemerkungen über die Beiträge von anderen im Unterricht.

Lehrer Hilbig will die Klassengemeinschaft stärken. Könnt ihr ihn dabei beraten?

Das ist Lehrer Christian Hilbig. Er hat vor Kurzem seine Lehrerausbildung beendet und tritt nun seine erste Stelle an. Als Klassenlehrer übernimmt er die 5 d in den Fächern Deutsch und Politik. Herr Hilbig freut sich auf seine Aufgabe. Er möchte, dass seine 26 Schülerinnen und Schüler sich wohlfühlen, möglichst viel lernen und eine gute Klassengemeinschaft bilden. Nach einigen Wochen merkt er allerdings, dass das gar nicht so einfach ist. Einige Situationen verlangen schwierige Entscheidungen von ihm. Könnt ihr Herrn Hilbig beraten?

■ **Tipp:** Ihr könnt die Fälle der Reihe nach durchgehen. Ihr könnt sie aber auch erst einmal in Ruhe durchlesen. Danach wählt ihr einen oder mehrere Fälle aus, für die ihr nach vernünftigen Lösungen sucht.

1. Undiszipliniertes Verhalten

Von den neuen fünften Klassen in der Schule gilt die 5 d als die undiszipliniertestе. Einige Lehrerinnen und Lehrer beschweren sich schon bei Herrn Hilbig über die vielen Unterrichtsstörungen. Wie soll er reagieren?

A Er soll gar nicht reagieren auf das, was die anderen Lehrer sagen.

B Er soll streng durchgreifen und den Unterrichtsstörern klarmachen, dass deren Benehmen nicht geduldet wird.

C Er soll weiterhin nett und freundlich zu seiner 5 d bleiben, weil so die Schülerinnen und Schüler am ehesten auch nett und freundlich werden.

2. Zu spät kommen

Schon zum dritten Mal kommen montags dieselben drei Schüler zu spät in den Deutschunterricht von Herrn Hilbig. Jedes Mal sagen sie, sie hätten den Bus verpasst, auch diesmal. Was soll Herr Hilbig tun?

A Er soll die Entschuldigung akzeptieren und dem Vorfall keine weitere Bedeutung beimessen.

B Er soll den drei Schülern vor der Klasse ins Gewissen reden und ihnen klarmachen, dass er diese Entschuldigung in Zukunft nicht mehr akzeptieren wird.

C Er soll sie zu einem Gespräch nach dem Unterricht bitten und ihnen sagen, dass er sich immer mit den Eltern in Verbindung setzen wird, wenn Schüler wiederholt zu spät kommen.

3. Gewalt

Der Klassensprecher und die Stellvertreterin beschweren sich bei Herrn Hilbig über den Schüler Ralf. Der bekäme beim kleinsten Anlass einen Wutausbruch und würde dann seine Klassenkameraden in den großen Pausen verprügeln. Wie soll Herr Hilbig damit umgehen?

A Er soll die Gelegenheit nutzen, um im Politikunterricht Regeln für einen fairen Umgang miteinander für die gesamte Klasse zu formulieren.

B Er soll Ralf anhören, mit ihm reden und vereinbaren, dass dieser verspricht, nicht mehr zu prügeln.

C Er soll dafür sorgen, dass Ralf in eine andere Klasse versetzt wird.

4. Unordnung in der Klasse

Immer wieder liegt eine Menge Abfall in der Klasse herum. Zum Beispiel werden gebrauchte Papiertaschentücher einfach auf den Boden geschmissen. Schon mehrfach haben sich Kolleginnen und Kollegen darüber beschwert, dass man sich in der 5 d wegen des vielen Drecks nicht wohlfühlen könne. Wie soll Herr Hilbig reagieren?

A Er soll einen Ordnungsdienst einrichten, in dem abwechselnd zwei bis drei Schüler die Verantwortung für die Sauberkeit in der Klasse übernehmen.

B Er soll einen Vortrag über Ordnung und Sauberkeit halten und alle Schülerinnen und Schüler dazu aufrufen, stets den eigenen Arbeitsplatz aufzuräumen.

C Er soll sich regelmäßig in seinem Unterricht die Zeit nehmen, die Schuldigen zu ermitteln, um diese dann zum Aufräumen zu zwingen.

5. Bevorzugung

Stefanie kommt nach dem Unterricht zu Herrn Hilbig und sagt, sie hätte den Eindruck, dass sie in seinem Unterricht benachteiligt würde. Andere Schülerinnen würden immer bevorzugt behandelt. Wie soll Herr Hilbig damit umgehen?

A Er soll den Vorwurf zurückweisen, weil sonst die Schüler ständig mit Beschwerden kommen.

B Er soll Verständnis zeigen, erklären, dass ihm das nicht bewusst ist und dass er in Zukunft darauf achten wird.

C Er soll sagen, dass er zu Hause darüber nachdenken und dann wieder mit Stefanie sprechen wird.

6. Abschreiben

Bei der ersten Klassenarbeit, einem Diktat, haben Tobias und Olga, die nebeneinandersitzen, die gleichen merkwürdigen Fehler. Für Herrn Hilbig ist ziemlich klar, dass die beiden voneinander abgeschrieben haben. Was soll Herr Hilbig tun?

A Er soll das Diktat nicht bewerten und den beiden in einer Freistunde einen neuen Text als Klassenarbeit diktieren.

B Er soll den beiden eine Sechs erteilen, weil es sich um eine Täuschung handelt.

C Er soll die Sache ohne Kommentar durchgehen lassen. Schließlich ist es die erste Klassenarbeit im Fach Deutsch an der neuen Schule.

1. Sucht für jeden der Fälle die eurer Meinung nach beste Lösung. Notiert sie ins Heft oder auf einem Blatt. (Das können auch andere Lösungen sein, als die hier vorgeschlagenen.)
2. Vergleicht verschiedene Lösungsvorschläge aus der Klasse.
3. Stellt euch nun vor, ihr hättet wirklich die Aufgabe, Herrn Hilbig (oder eine andere Lehrerin, einen anderen Lehrer) zu beraten. Welche Tipps werdet ihr geben? Schreibt eure Briefe und stellt sie euch gegenseitig in der Klasse vor.

2 Wozu lernen wir?

Wir stellen dar, was man wissen und können sollte

Erweitertes Lernangebot

Dass der Mensch lernen muss, ist eigentlich eine Selbstverständlichkeit, über die man nicht zu diskutieren braucht. Wenn wir aber fragen, warum, was und wie gelernt werden soll, wird die Sache schon komplizierter. Hierzu gibt es verschiedene Ansichten. Es lohnt sich, über das Lernen nachzudenken. Die Menschen, die auf dieser Doppelseite zu Wort kommen, haben darüber nachgedacht. Wenn ihr euch mit ihnen beschäftigt, könnt ihr auch erfahren, wie man anderswo auf der Welt über das Lernen denkt.

Zeltschule in einem Flüchtlingslager: Alles ist notdürftig und trotzdem lernen die Kinder gerne. Warum?

Warum liebt Djabrail die Schule und das Lernen?

Montag, kurz vor acht Uhr morgens. Hunderte von Kindern und Jugendlichen in Köln Holweide haben ein gemeinsames Ziel. Sie steuern – manche zielstrebig, andere lustlos, mit Taschen, Rucksäcken oder modischen Schultornister – die integrierte Gesamtschule an. Die Schule hat viel aufzuweisen. Außer den Klassenzimmern gibt es noch Konferenzräume, Laborräume, eine Aula, Toiletten, Lehrerzimmer, Aufenthaltsräume, Räume für den Sportunterricht, einen Fahrradkeller mit -werkstatt, die Schulbücherei, eine Cafeteria und vieles mehr.

Montag, kurz vor acht Uhr morgens in einem Flüchtlingslager in Inguschetien. Djabrail, zwölf Jahre alt, packt schnell seine wenigen Sachen – ein paar Stifte und Hefte – zusammen. Er ist spät dran.
Gleich fängt die Schule an. Aber er hat es nicht weit, er sieht schon das Zelt. Djabrail geht nämlich in eine provisorische Zeltschule. Hier lernt er Russisch, Englisch, rechnen und ein paar andere Sachen. Als er noch zu Hause in Tschetschenien lebte, ging er in eine Schule, die aus Steinen und Beton errichtet war. Aber Fahrrad fahren oder an alten Autoteilen herumbasteln erschien ihm tausendmal besser, als in die Schule zu gehen. Inzwischen gibt es seine Schule nicht mehr, sie ist im Krieg zerstört worden. Er und seine Familie haben noch Glück gehabt. Sie konnten fliehen und leben seitdem in einem Lager im Nachbarland Inguschetien.
Was er früher nie für möglich gehalten hätte: Er liebt die Schule. Hier kann er die schrecklichen Bilder seiner Erlebnisse auf der Flucht vergessen. Hier trifft er andere Kinder, die wissen, wovon er redet. [...] Hier gibt es für ihn die Hoffnung, dass er eines Tages eine Ausbildung machen und auf dem aufbauen kann, was er jetzt lernt.
Es macht ihm nichts, dass seine Schule nur ein Zelt ist, dass sie alle sehr eng beieinandersitzen und dass es an manchem fehlt. Was sie haben, ist besser als nichts. Viel besser sogar. Zum Beispiel die eigenen Hefte, Bleistifte und natürlich die Anspitzer und Radiergummis. Und dass er sich das Kästchen mit der Wachsmalkreide mit einem anderen Kind teilen muss, ist auch in Ordnung. Wirklich, Djabrail liebt seine Schule. Und er liebt das Lernen.

(Aus: Sabine Christiansen und Janosch (Hg.): Gibt es hitzefrei in Afrika? So leben die Kinder dieser Welt, Heyne Verlag, München 2006, S. 205)

Tschetschenien ist ein Land mit einer Million Einwohnern im Kaukasus, das in einem Krieg vergeblich um seine Unabhängigkeit von Russland kämpfte und dabei fast vollständig zerstört wurde.

1. Warum liebt Djabrail die Schule und das Lernen? Findet dazu die wichtigen Aussagen im Text.

Was lernen Schülerinnen und Schüler anderswo auf der Welt?

Hier geben Schulleiterinnen und Schulleiter aus anderen Ländern Antworten aus ihrer Sicht. Achtet beim Lesen auf die Fremdwörter. Ihr solltet sie klären, um alles zu verstehen.

Torben Jessen (53 Jahre alt), Schulleiter eines Gymnasiums in der dänischen Stadt Kolding:

„Uns ist eine gute Sprach- und Literaturkenntnis wichtig. [...]
In Englisch erwarten wir, dass unsere Schüler die Sprache auf recht hohem Niveau lesen, schreiben und sprechen. Zudem sollten sie die nötigen Fachbegriffe aus der Wirtschaft kennen – schon für spätere Bewerbungen. Aber sie sollten auch aktuelle Fragen diskutieren können. [...] Wir lehren die Kinder schon früh, sich sozial zu verhalten. Und nicht zuletzt ist das ein Grund für den Erfolg der dänischen Wirtschaft."

Schulleiter Guillermo Pérez (43 Jahre alt) aus Mexiko:

„Jeder muss die ‚Odyssee' lesen. Damit wollen wir die Schüler für Bücher begeistern – nicht einfach in einem Land der Fernsehkultur. [...] Wir wollen, dass die Schule ein Ort ist, an dem sich junge Menschen begegnen und sich in Solidarität üben können. Deshalb sind uns Praktika, Gruppenarbeit und Exkursionen so wichtig. Hier lernen die Kinder eine Wirklichkeit kennen, die sich in keinem Schulzimmer vermitteln lässt."

Schuldirektorin Radhika Ogale (45 Jahre alt), Leiterin einer Schule in Poona, Indien:

„Jeder Schüler sollte fähig sein, Aufsätze zu schreiben und Bewerbungen zu verfassen. Er sollte Reden halten können und Mut zur Debatte haben. [...]
Im Unterricht machen wir Projekte in Gruppen und auch mal ein Quiz. Wir besuchen Firmen, Ausstellungen und reden mit Fachleuten. [...] Wir hoffen, unsere Schüler verlassen uns als ausgeglichene, engagierte und selbstständige Menschen."

Schuldirektorin Liu Phengzhi (61 Jahre alt), Leiterin einer Schule in Peking, China

„Wir wollen Schüler mit gefestigter Moral, die ihre Talente entfalten und ein möglichst vollkommenes Wissen erwerben. Sie sollten für die Gesellschaft wertvoll sein. Es geht uns deshalb nicht nur um abfragbares Wissen, sondern um Individualität. In Prüfungen testen wir, wie Schüler auf ungewohnte Aufgaben reagieren. [...] Wir arbeiten daran, dass unsere Schule eine der besten der Welt wird."

(Stellungnahmen aus: GEO „Bildung", Heft 9, September 2006, S. 143 ff.)

Solidarität bedeutet hier, dass man sich für andere einsetzt; *Individualität* heißt, dass jeder seinen Begabungen entsprechend gefördert werden soll. *Moral* könnt ihr übersetzen mit „guten inneren Einstellungen und gutem Verhalten". Eine *Debatte* ist eine besondere Form der Diskussion, die nach genauen Regeln abläuft.

1. Sammelt und notiert, was in den Schulen anderer Länder gelernt werden soll.
   ■ **Tipp:** Teilt die Arbeit auf, sodass jeder von euch ein Beispiel bearbeitet.
2. Was von dem, was Schüler in den anderen Ländern lernen sollen, ist auch für euch wichtig? Trefft eine Auswahl.
3. Warum ist es den erwachsenen Menschen wichtig, dass die Kinder möglichst gut und viel lernen?

Lernen

1. Kläre mithilfe des Textes:
   (a) Was ist Lernen?
   (b) Warum ist Lernen immer etwas Positives?
2. Welche inneren Einstellungen sind wichtig, damit man gut und erfolgreich lernt? Finde sie heraus.
3. Formuliere zu den acht Lernteufeln positive Aussagen, die dazu geeignet sind, die Lernteufel zu vertreiben.

8 Lernteufel

Man

1. hat nicht begriffen, dass Lernen eine Bereicherung ist,
2. findet es uncool, sich anzustrengen,
3. notiert sich die Aufgaben nicht,
4. lässt sich leicht ablenken,
5. teilt sich die Arbeit nicht ein,
6. findet seine Sachen nicht,
7. arbeitet schlampig und unsauber,
8. fängt zu spät an.

Lernen: Was ist das?

Wer lernt, sammelt neue Erfahrungen. Man lernt Vokabeln, Gedichte, Informationen über ein Thema. Man lernt, in Gruppen zu arbeiten, miteinander zu diskutieren, Regeln zu beachten. Man lernt, sich gut auszudrücken, eine neue Sprache zu sprechen, einen Vortrag zu halten. Man lernt das Schwimmen oder ein Musikinstrument zu spielen, ein Moped zu fahren, mit dem Computer umzugehen. Im Unterricht für Politik und Wirtschaft lernt man, wie man mit Geld vernünftig umgeht, welche Rechte und Pflichten man hat, welche Bedeutung die Gesetze haben, wie die Menschen die Politik mitgestalten können und vieles andere mehr. Eigentlich hört man nie damit auf zu lernen. Was immer es auch ist, das man lernt: Man weiß und man kann hinterher mehr als vorher.

Unter Lernen verstehen wir alle Tätigkeiten, bei der ein Mensch sich aufgrund von Erfahrungen geistig entwickelt und verändert. Weil immer etwas Neues dazukommt, ist das Lernen eine persönliche Bereicherung. Wer lernt, hat mehr Möglichkeiten als derjenige, der nicht lernen kann oder nicht lernen will. Lernen ist also etwas Positives. Man muss es nur wollen.

Warum lernen manche gut und manche schlecht?

Man könnte meinen, dass die einen erfolgreich lernen, weil sie begabt und klug sind und andere ohne Erfolg, weil sie eher dumm und unbegabt sind. Es mag unterschiedliche Begabungen geben. Sie sind aber für den Lernerfolg weniger ausschlaggebend als manche annehmen. Wichtig ist vor allem die Bereitschaft, sich anzustrengen. Von zwei gleich gut begabten Schülern lernt oft der eine schlecht, weil er entweder keine Lust dazu hat oder unorganisiert ist, und der andere lernt mit Erfolg, weil er etwas lernen will und weil er weiß, wie das geht. Die Lust am Lernen kann von vielen Dingen abhängen. Aber letztlich braucht man dazu keine Eltern und keinen Lehrer. Man macht sich die Lust selbst, indem man sich sagt: „Ich will etwas lernen!“ Diese innere Einstellung ist die wichtigste Voraussetzung und von ihr hängt es oft ab, ob die einen gut und die anderen schlecht lernen.

Das Lernen lernen: Wie macht man das?

Schüler, die gut und erfolgreich lernen, tun das, weil sie den Wunsch haben, etwas zu lernen. Sie haben gelernt, wie man sich einen Lernstoff so aneignet, dass er möglichst lange haften bleibt. Sie lernen nach ihrem eigenen Plan. Das Lernen lernen kann jeder. Zuerst einmal sollte man sich über die „Lernteufel“ im Klaren sein. Sie sorgen dafür, dass das Lernen nicht funktionieren kann. Sie musst du vertreiben, um das Lernen zu lernen.

Methodenkarte 1

Einzelarbeit | **Thema: Gute Heftführung**

A Worum geht es?

Dein Schulbuch enthält Arbeitsaufträge, die schriftlich zu erledigen sind. Dafür und für weitere Eintragungen, die sich aus dem Unterricht ergeben, solltest du ein Arbeitsheft anlegen, das du über den Verlauf des gesamten Jahresunterrichts sorgfältig und regelmäßig führen wirst.

B Warum ist es wichtig, ein gutes Heft zu führen?

Wenn du alle Aufgaben und Arbeitsergebnisse übersichtlich und ordentlich in einem Heft dokumentierst, hast du eine Arbeitsgrundlage, mit der du den Unterrichtsstoff wiederholen und dich auf Überprüfungen vorbereiten kannst.
Ein zweiter Grund ist aber noch entscheidender: Während des Aufschreibens lernst du auf eine sehr intensive Art und Weise. Je mehr Mühe du dir dabei gibst, desto besser wirst du alles behalten, was du in das Heft eingetragen hast. Mit einer guten Heftführung erzieht man sich selbst zu einer guten Arbeitshaltung.
Ein gut geführtes Heft ist wie eine persönliche Visitenkarte. Es zeigt deinen Lehrern und deinen Eltern, wie fleißig und interessiert du arbeitest und lernst. Jede Schülerin und jeder Schüler ist dazu befähigt, ein ordentliches Heft zu führen und kann dadurch seine Noten verbessern.

C Wie führt man ein gutes Heft? Sechs wichtige Regeln

1. Das Heft muss äußerlich einen guten Eindruck machen. Achte darauf, dass der Umschlag sauber bleibt und die Seiten im Inneren ansprechend gestaltet sind.

2. Das Heft muss ordentlich, mit Sorgfalt und übersichtlich geführt werden. Bemühe dich stets um eine gut lesbare Schrift und um sauberes Zeichnen.

3. Das Heft wird regelmäßig und immer parallel zum Unterricht geführt.

4. Wenn Arbeitsaufträge aus TEAM schriftlich zu bearbeiten sind, solltest du immer die Fragen und die dazugehörige Seitenzahl über den Antworten in deinem Heft notieren.

5. Jede Eintragung wird mit einem Datum und mit dem Hinweis versehen, ob sie als Schularbeit oder als Hausaufgabe angelegt wurde.

6. Deine Heftführung wird besonders interessant werden, wenn du zu den einzelnen Themen selbst auf die Suche nach weiteren Materialien gehst, z. B. indem du passende Zeitungsartikel, Fotos und anderes mehr hinzufügst. Hefte nur solche Zusatzmaterialien ein, die du auch bearbeitet hast.

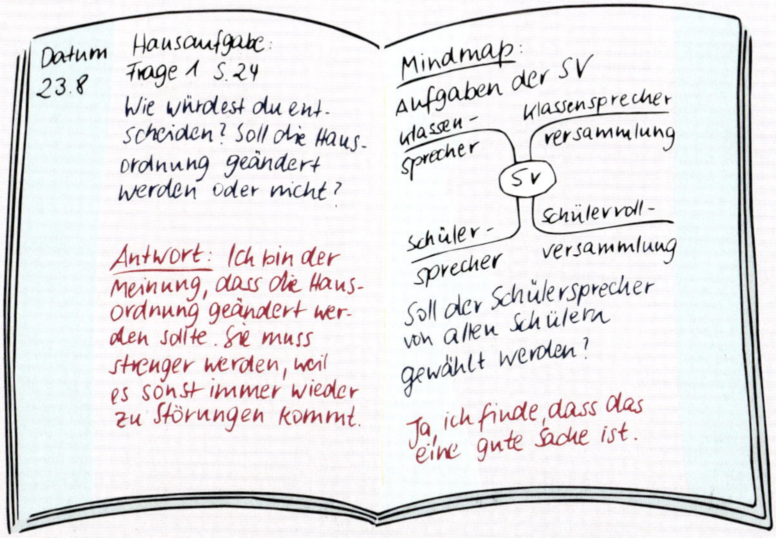

Heftkrankheiten

- Unvollständigkeit
- Flecken Schmutz
- Schmierereien
- Eselsohren
- Durcheinander
- Abgerissene Seiten
- Plötzliches und unerklärliches Verschwinden

3 Streit zwischen Klassenkameraden friedlich lösen: Wie geht das?

Wir planen Lösungen für Streitfälle in Gruppen

Die Autoren von TEAM baten Schülerinnen und Schüler aus den Klassen 5 und 6 darum, von typischen Streitsituationen zu berichten. Den folgenden Fall hat Nathalie (12 Jahre alt) aus einer sechsten Klasse erzählt.

Warum ist Nathalie so traurig?

An dem Morgen, an dem es passierte, war ich sowieso schon unheimlich gereizt gewesen. Ich hatte mich geärgert, dass Aida mein Englischheft, das ich ihr geliehen hatte, nicht mit in die Schule gebracht hatte. Moritz war wohl auch sauer. Wie er später sagte, hatte Nicole ihn angegiftet und es kochte innerlich in ihm.
Der Streit begann im Sportunterricht. Wir übten Bodenturnen. Moritz hatte sich auf einen kleinen Bock gesetzt und ich hatte das Gefühl, dass er unheimlich eingebildet über mich hinwegsah. Ich ging zu dem Bock hin und stellte einen Fuß neben seinen Sitzplatz. Schlecht gelaunt meinte er: „Hol deinen Fuß da runter!" Darauf ich: „Ich kann meinen Fuß auf den Bock setzen, so lange ich will. Das ist ja wohl nicht nervig!" „Doch, das ist es!", schrie er mich an, „du nervst total!" Ich begriff gar nicht, warum er so sauer reagierte. Als er meinem Fuß runterstieß, schnauzte ich ihn ebenfalls an: „Hör auf mit dem Quatsch, du hast sie wohl nicht mehr alle!" Jetzt schien er völlig von der Rolle zu sein: „Weißt du eigentlich, dass du immer noch dieses blöde Entengesicht hast?"
Das sagte er so laut, dass auch die anderen es hören konnten. Ich war unglaublich beleidigt und wütend darüber. Und ich trat ihm ganz fest in den Rücken. Das hat dem Moritz sehr weh getan. Nach der Sportstunde, als ich in die große Pause gehen wollte, rief er mir noch einmal vor allen anderen hinterher: „Du blödes Entengesicht!" „Ist ja schon gut", murmelte ich traurig und ging schnell weg.

1. Findet ihr eine Erklärung dafür, warum dieser kleine Vorfall zu einem so heftigen Streit führen konnte?
2. Nathalie berichtete weiter, dass sie mindestens zwei Wochen lang wütend und beleidigt gewesen sei. Moritz meinte, er habe nichts mehr mit Nathalie zu tun haben wollen, obwohl er sie bis dahin eigentlich ganz gut leiden konnte. Warum kann ein Streit so schlimme Folgen haben?
3. Habt ihr Vorschläge, wie dieser Streit beendet werden könnte? Lest dazu auch die folgenden Seiten.

Streit

1. Wann ist Streit schlimm und wann nicht?
2. Im Text werden drei mögliche Streitlösungen genannt. Was unterscheidet sie und welche ist die beste?
3. Versucht einmal, eine wahre oder eine erfundene Geschichte zu erzählen, in der es zwischen Klassenkameraden zum Streit kam und in der eine gute Lösung gefunden wurde.

Streit unter Jungen: oft mit Gewalt?

Gehört Streit immer dazu?

Unter einem Streit versteht man eine heftige Auseinandersetzung zwischen einzelnen Personen oder Gruppen. Streiten gehört zum Alltag und muss nicht unbedingt etwas Schlechtes sein. Man kann streiten und sich hinterher wieder vertragen. Wenn man mit fairen Mitteln streitet und am Ende eine Lösung findet, war der Streit nicht schlimm.
Negativ ist ein Streit, wenn er nicht zu Ende geht und wenn die Mittel, mit denen er geführt wird, immer heftiger werden. Besonders schlimm wird ein Streit, wenn Gewalt ins Spiel kommt oder wenn er dazu führt, dass ein Mensch auf Dauer ausgegrenzt wird. Jemanden auf Dauer aus der Gemeinschaft auszuschließen, wird als Mobbing bezeichnet. Das ist eine besonders schlimme Form von Streit, weil die Opfer oft gar nichts dafür können und weil Mobbing Gewalt an der Seele ist. Mobbing macht Menschen einsam, traurig und sogar krank.

Streit unter Mädchen: oft mit Mobbing?

Streitursachen in der Klasse

Streitauslöser können sein, dass man nicht aufpasst und etwas kaputt macht, was anderen gehört, oder dass man jemand anderem etwas wegnimmt. Oft sagen Schüler, sie hätten etwas „nur zum Spaß" gemacht. Dabei haben sie in Wahrheit einen Mitschüler oder eine Mitschülerin seelisch oder körperlich verletzt. Eine häufige Streitursache sind Beleidigungen. Manchmal haben die Stärkeren einfach Lust, kleinere oder schwächere Schüler zu quälen. So entsteht Streit aus Gedankenlosigkeit.

Schlechte Streitlösungen

Gewalt ist immer die schlechteste Lösung. Damit ist nicht die spielerische Rauferei gemeint, sondern die Gewalt, bei der es Opfer gibt, die leiden müssen. Der häufigste Fehler der Streitenden ist, dass sie sich total auf ihre eigene Sichtweise versteifen und ihren Gegner am liebsten fertigmachen wollen.

Im schlimmsten Fall hat ein Streit nur Verlierer, zum Beispiel weil eine Freundschaft durch einen Streit zerbricht. Man spricht dann von einer *Verlierer-Verlierer-Lösung*. Alle Beteiligten haben dabei Schaden erlitten. Nicht viel besser ist die *Gewinner-Verlierer-Lösung*. Hier gibt es Sieger und Besiegte und der Streit kann nur beigelegt werden, weil einer der Beteiligten den gesamten Schaden erträgt.

Gute Streitlösungen

Wenn es zum Streit kommt, sollten die Streitenden nach der ersten Wut eine Verschnaufpause einlegen. Oft ist es gut, wenn man sich zunächst einmal aus dem Weg geht. Danach sollte man das Gespräch suchen. Dabei sollten die Streitenden ihre Sicht der Dinge sagen können und dann gemeinsam darüber beraten, wie der Streit versöhnlich beendet werden kann. Hilfreich ist es immer, wenn ein sogenannter Streitschlichter, also eine neutrale Person, im Streitgespräch anwesend ist, um zwischen den Streitenden zu vermitteln.
Als gute Streitlösung sollte eine *Gewinner-Gewinner-Lösung* angestrebt werden. Sie bedeutet, dass alle Beteiligten mit der Lösung einverstanden sind und mit einem guten Gefühl auseinandergehen.

Wie kann der Streit zwischen Nathalie und Moritz friedlich beigelegt werden?

Streitschlichterin Ariane vermittelt

Wir kehren noch einmal zum Streit zwischen Nathalie und Moritz zurück. Moritz fühlte sich verletzt und Nathalie war lange Zeit traurig und deprimiert. Das ist sicherlich kein gutes Streitende. Eigentlich kamen die beiden erst wieder ins Gespräch miteinander, nachdem Nathalie den Vorfall in einer Klassenversammlung berichtet hatte. Die Schülerin Ariane, 15 Jahre alt, die zur Streitschlichterin ausgebildet wurde, nahm sich der Sache an und bat Nathalie und Moritz zu einem Gespräch. Die Fotos zeigen die beiden Streitenden und die Streitschlichterin Ariane beim Schlichtungsgespräch. Schlichten bedeutet „ebnen, glätten, Streitigkeiten friedlich beilegen". Der Verlauf des Gesprächs lässt sich gut mit verteilten Rollen lesen. Die Streitschlichterin führt das Gespräch nach einer vorher geplanten Vorgehensweise.

Ariane: Wir gehen so vor, dass jeder von euch zunächst die Gründe für den Streit aus seiner Sicht darstellt. Fängst du bitte an, Nathalie.
Nathalie: Es war gemein von Moritz, dass er mich so schlimm beleidigt hat. Nach der Sportstunde hat er seine Beleidigung sogar noch einmal wiederholt – vor anderen Schülern aus der Klasse. Ich hab' das Gefühl, dass ich seitdem von einigen aus der Klasse nicht mehr beachtet werde.
Ariane: Und du, Moritz, wo siehst du den Grund?
Moritz: Sie hat mir in den Rücken getreten. Das kann ich mir nicht gefallen lassen. Außerdem gab es dafür überhaupt keinen Grund. Was ich gesagt habe, war doch nur im Spaß gemeint.
Nathalie: Du bist vielleicht gut. Das ist doch kein Spaß, wenn du jemanden vor allen anderen zweimal beleidigst.
Ariane: Moment, bitte fallt euch nicht ins Wort. Jeder soll ausreden können. Willst du zu den Gründen für den Streit noch etwas sagen, Moritz?
Moritz: Nathalie hat angefangen. Hätte sie mich in Ruhe gelassen, wäre nichts passiert.
Ariane: Der Streit ist jetzt schon drei Wochen her. Vielleicht könnt ihr mittlerweile den Anlass dafür etwas cooler betrachten. War der Streit wirklich unvermeidlich?
Nathalie: Das mit dem Fuß auf dem Hocker war schon irgendwie blöd von mir. Ich war aber schon sowieso sauer an diesem Morgen.
Moritz: Ich war auch genervt, weil Nicole, unsere Klassensprecherin, mich wegen einer anderen Sache angegiftet hatte.
Ariane: Nathalie, versuche du einmal, den Streit aus der Sicht von Moritz zu sehen, und du, Moritz, aus der Sicht von Nathalie.
Nathalie: Na ja, ich kann irgendwie schon verstehen, dass du sauer warst, als ich nach dir getreten habe. Vor den anderen Jungen aus der Klasse kam das wahrscheinlich ganz schlecht bei dir an.
Moritz: Das ist noch ziemlich untertrieben. War wahrscheinlich auch blöd von mir, dass ich das mit der Ente zweimal gesagt habe. Die Mädchen reagieren ja meistens total empfindlich auf sowas. Ehrlich gesagt: Ich wollte es dir heimzahlen.
Ariane: Könnt ihr euch jetzt gegenseitig sagen, was für euch das Ziel dieses Gesprächs sein soll?
Nathalie: Ich finde es schade, dass wir nicht mehr miteinander reden und

dass die anderen so komisch zu mir sind. Ich fühle mich seit dem Streit nicht mehr so wohl in der Klasse wie vorher. Ich würde mich gerne wieder mit dir vertragen und ich hätte gerne, dass du den anderen sagst, dass wir keinen Streit mehr miteinander haben.
MORITZ: Ich würde auch wieder gerne mit dir befreundet sein. Das mit der Beleidigung war ein Fehler. Das tut mir leid.
ARIANE: Wie wollt ihr in Zukunft miteinander umgehen?
NATHALIE: Mir tut leid, was passiert ist. Ich werde versuchen, dich nicht mehr so viel zu ärgern. Ich werde dich auch bestimmt nicht mehr treten. Das verspreche ich dir.
MORITZ: Ich werde versuchen, mir einen anderen Umgangston mit dir anzugewöhnen. Ich hoffe, dass ich insgesamt höflicher mit den Mädchen umgehen werde.
ARIANE: Gut, dann lasst uns das jetzt in einem Vertrag festhalten, den ihr bitte beide unterschreibt.

Streitschlichtervertrag

zwischen

Moritz.................

und

Nathalie.............

In Zukunft wollen wir uns höflicher benehmen und uns bemühen, einander nicht mehr durch Worte und Taten zu verletzen.

Nathalie : .Nathalie...........

Moritz: .Moritz...............

Streitschlichterin: .Ariane..................

1. Wie bewertet ihr den Verlauf und das Ergebnis dieses Gesprächs?
2. Was unternimmt Ariane, damit das Gespräch fair verläuft und einen guten Ausgang nimmt? Sammelt die einzelnen Schritte, nach denen die Streitschlichterin vorgeht.

■ **Tipp:** Es ist schwierig, sich in einem Streitgespräch vernünftig zu verhalten. Aber man kann dieses Verhalten lernen und einüben – und zwar sowohl als Betroffene oder Betroffener in einem Streit als auch in der Rolle eines Streitschlichters. Schaut euch dazu die Methodenkarte auf der nächsten Seite an. Übt dann die Streitschlichtung mithilfe des Trainingsplatzes auf der übernächsten Seite.

Methodenkarte 2

Streitschlichtungsgespräch | Thema: Einen Streit in der Klasse friedlich beenden

A Worum geht es?

Streit schlichten zu können, ist eine schwierige Aufgabe. Vielleicht existiert an eurer Schule ein Streitschlichterprogramm, in dem Schülerinnen und Schüler auf die Aufgabe der Streitschlichtung vorbereitet werden. Auch wenn ihr nicht zu diesen Schülern gehört, könnt ihr die Streitschlichtung trainieren, zum Beispiel indem ihr Rollenspiele durchführt, die von Streit handeln. In vielen Situationen im Leben werdet ihr die Fähigkeiten anwenden können, die ihr in der Klasse spielerisch eingeübt habt.

B Was ist die Rolle einer Streitschlichterin oder eines Streitschlichters?

Streitschlichter vermitteln zwischen den streitenden Parteien. Sie können ihre Aufgabe einzeln oder zu zweit ausführen. Sie verhalten sich neutral, dürfen also nicht für die eine oder andere Seite Partei ergreifen und auch keine Strafen aussprechen. Bei ihrer Gesprächsführung gehen sie nach einem Plan vor, der aus fünf Schritten besteht. Alles, was ihnen von den Streitenden erzählt wird, behandeln sie streng vertraulich. Am Ende des Gesprächs formulieren sie gemeinsam mit den Streitenden eine schriftliche Vereinbarung, die von den Betroffenen unterschrieben wird.

C Die fünf Schritte in einem Streitschlichtungsgespräch

1. Die Streitschlichter erklären den Streitenden wichtige Gesprächsregeln.

Als wichtigste Regel gilt, dass die Streitenden sich gegenseitig gut zuhören und sich nicht ins Wort fallen dürfen. Der Schlichter bittet die Teilnehmer um Offenheit und Ehrlichkeit und ermahnt sie dazu, jede Art von Beleidigung zu unterlassen.

2. Jede der streitenden Parteien erläutert die eigene Sicht des Streites.

Wichtig ist, dass die Streitenden Gelegenheit zur ausführlichen Darstellung ihrer Sichtweise haben. Gegebenenfalls kann der Schlichter Nachfragen stellen: Worin siehst du die Ursache für den Streit? Wie sehr bist du über den Vorfall verärgert? …

3. Der Schlichter fordert dazu auf, die Sichtweise des jeweils anderen einzunehmen.

Das ist vielleicht der schwierigste, aber auch der wichtigste Teil in einem Streitschlichtungsgespräch. Nur wenn es den Streitenden gelingt, sich in die Lage des anderen hineinzuversetzen, können sie Verständnis füreinander entwickeln. Verständnis füreinander ist eine wichtige Voraussetzung für zufriedenstellende Lösungen.

4. Die Parteien entwickeln Vorschläge zur Streitlösung.

Hierbei sollte sich der Streitschlichter so weit wie möglich zurückhalten, denn es ist erfolgversprechender, wenn die Streitenden ihren eigenen Lösungsvorschlägen folgen.

5. Die Lösung wird schriftlich festgehalten und von den Streitenden vertraglich besiegelt.

Ein erfolgreiches Streitschlichtungsgespräch endet damit, dass sich ursprünglich zerstrittene Parteien die Hand zur Versöhnung reichen.

Trainingsplatz

Wir üben Streitschlichtungsgespräche ein

Von den folgenden Fällen haben Schülerinnen und Schüler berichtet. Ihr könnt euch in Gruppen zusammensetzen und für die beiden Fälle Streitlösungsgespräche vorbereiten. Ein bis zwei Personen übernehmen die Rolle der Streitschlichter. Andere Gruppenmitglieder übernehmen die Rollen der Streitenden.

Fall 1: Kaputtes Mäppchen

Sascha und Jens aus der 6c sind dicke Freunde. Wenn sie etwas ärgert, passiert es schon mal, dass einer von beiden oder sogar beide Schulmäppchen von Mitschülern gegen die Wand werfen. Dieses Mal war es das Mäppchen von Tatjana, das plötzlich in hohem Bogen durch die Klasse flog. Dabei ist Tatjanas Füller zerbrochen. Sie will, dass einer der beiden den Schaden wiedergutmacht. Sie will auch, dass Jens und Sascha endlich damit aufhören. Sascha sagt, Tatjana hätte vorher extra gegen seine Schultasche getreten und gegen die von Jens. Sie hätte daher zuerst Schaden angerichtet.

Beteiligte am Streitlösungsgespräch sind: Sascha, Jens, Tatjana, ein Streitschlichter (vielleicht noch eine Freundin von Tatjana).

Fall 2: Aisha wird gemobbt

Eigentlich mag und bewundert Jule Aisha. Sie ärgert sich aber darüber, dass Aisha in Tests immer die besseren Noten schreibt. Vor einiger Zeit war es in Biologie wieder so. Jule hatte eine Drei und Aisha als Einzige in der Klasse eine Eins. In einer großen Pause nahm Jule drei weitere Mädchen zur Seite: „Aisha ist eine Streberin", sagte sie, „habt ihr gesehen, wie eingebildet sie ist. Wir sollten ab jetzt nicht mehr mit ihr reden." Wenige Tage später wollte Aisha ihren zwölften Geburtstag feiern. Dazu lud sie die Mädchen aus der Klasse zu sich nach Hause ein. Diese nahmen die Einladung an, beschlossen dann aber, nicht hinzugehen. So blieb Aisha mit ihrer Mutter alleine am Geburtstagstisch sitzen. Aisha war unendlich traurig und konnte es nicht fassen, dass Jule und viele aus ihrer Klasse nicht mit ihr redeten. Wochen später erzählte sie der Klassensprecherin, die auch Streitschlichterin ist, was in der Klasse los ist. Diese bat Jule und Aisha zu einem Gespräch.

Beteiligte am Streitlösungsgespräch sind: Aisha, Jule, ein Streitschlichter (vielleicht noch weitere Mädchen aus der Klasse).

1. Übt die Gespräche in Gruppen ein, spielt sie anschließend vor und besprecht sie gemeinsam. (Haltet euch dabei an die in der Methodenkarte empfohlenen fünf Schritte.)
2. Nach folgenden Merkmalen könnt ihr die Rollenspiele besprechen:
   - Wurden die fünf empfohlenen Schritte richtig beachtet?
   - Haben die Teilnehmer ihre Rollen glaubwürdig gespielt?

Was unternehmen andere gegen Mobbing und Gewalt?

Immer häufiger gibt es Schülerinnen und Schüler, die sich gegen Mobbing wehren. Es gibt auch ganze Klassengemeinschaften, die gegen Mobbing und Gewalt aktiv sind. Zum Beispiel hatte die fünfte Klasse einer Realschule in Blaubeuren die Idee, Mobbing in Schachteln zu packen. Sie bemalten die Böden von Pappschachteln mit dem, was ihnen zum Thema Mobbing einfiel, und setzten dann die Deckel auf die Schachteln. Ihre Sorgen sollten so in den Schachteln verschwinden. Andere Schülerinnen und Schüler entwarfen eine Anti-Mobbing-Ordnung im Verlauf eines Thementages. Die Theater-AG der Saldier-Realschule in Waiblingen hat das Thema auf wieder andere Weise aufgegriffen. Hier stellten Schülerinnen und Schüler ein Theaterstück gegen Mobbing auf die Beine. Die Vorlage für ihr Stück fanden sie im Buch von Annika Thor „Ich hätte Nein sagen können“.

Unsere Regeln gegen Mobbing und Gewalt
Klasse 6 a der Ludwig-Simon-Realschule

A Wir verpflichten uns,
- niemanden auf Dauer aus unserer Klassengemeinschaft auszuschließen,
- niemanden zu benachteiligen, weil er anders aussieht, anders spricht oder sich sonst irgendwie von den anderen Schülern unterscheidet,
- nicht mitzumachen, wenn andere mobben, Mitschüler schikanieren oder quälen,
- hilfsbereit zu sein, wenn jemand, der sich von Mobbing betroffen fühlt, ein Gespräch mit uns wünscht.

B Wir prüfen uns,
- ob wir schon einmal andere gemobbt haben,
- ob wir mitmachen, wenn andere ausgeschlossen, gequält oder beleidigt werden.
- Wenn wir das auch schon einmal gemacht haben, hören wir ab sofort damit auf.

C Wir erwarten von den Tätern,
- dass sie sofort damit aufhören und sich entschuldigen, wenn die Klassengemeinschaft das von ihnen verlangt.

D Wir fordern die Opfer dazu auf,
- nicht zu schweigen, sondern sich mit ihren Problemen an den Klassensprecher, seine Vertreter oder an andere Klassenkameraden zu wenden.

Angst vor Mobbing kommt in die Schachtel

1. Welche der genannten Aktivitäten gegen Mobbing können eurer Ansicht nach besonders wirkungsvoll sein?

2. Zwei Schülermeinungen aus den Diskussionen über die Regeln gegen Mobbing und Gewalt der Klasse 6 a lauteten:
A Solche Regeln sind das Papier nicht wert, auf dem sie gedruckt sind, weil die Mobbing-Täter sich davon nicht abhalten lassen.
B Solche Regeln garantieren zwar noch nicht, dass nicht mehr gemobbt wird, sind aber dennoch ein wichtiger Schritt auf dem Weg zu einer Schule ohne Mobbing.

Memorystationen

Station 1 Wie werden wir ein gutes Team?

Von einer Freundin oder einem Freund aus einer anderen Stadt erhältst du die folgende Mail:

Hallo,
vielleicht kannst du mir helfen. Unsere Klassenlehrerin Frau Helferich meint, unsere Klasse sei ein ziemlich wilder Haufen. Es könne so nicht weitergehen. Als Hausaufgabe hat sie uns aufgegeben, Regeln zu überlegen, wie wir in Zukunft besser miteinander umgehen können, und zwar:

- *zwei Regeln zu unserem Verhalten vor Unterrichtsbeginn,*
- *zwei Regeln für das Verhalten gegenüber Klassenkameraden,*
- *zwei Regeln für die Gesprächsführung im Unterricht.*

Kannst du mir deine Vorschläge schicken? Ich weiß ja, dass du Experte bist.

Station 2 Wozu lernen wir?

5 Lernteufel
von den insgesamt 8, die du in diesem Unterkapitel kennengelernt hast, solltest du noch beim Namen nennen können.

5 Mittel zu ihrer Vertreibung
kannst du notieren, also für jeden Teufel ein passendes Mittel.

5 Regeln
für eine gute Heftführung solltest du aufschreiben, damit du sie in deiner Schullaufbahn nicht mehr vergisst.

Station 3 Streit friedlich lösen

Ergänze die Übersicht:

2 Leben in der Schulgemeinschaft

Das Foto wurde in einer Schule gemacht, in der die Schülerinnen und Schüler ihren Schülersprecher und deren Stellvertreter wählen.
Was gehört innerhalb des Unterrichtes in der eigenen Klasse zu einer guten Schulgemeinschaft?

Wir lernen Demokratie

Was gehört zu einer Schule dazu, in die man gerne geht und in der man gerne lernt?

Sammelt alle Merkmale, die euch dazu einfallen.

Worum geht es?

Stellt euch vor, eure Schule wäre ein Staat. Das Staatsvolk wären in diesem Fall alle Mitglieder der Schulgemeinschaft. Die Schulordnung wäre die Verfassung. Staaten haben nämlich eine Verfassung. Darin sind die Regeln aufgeschrieben, nach denen der Staat funktioniert. Und die Regierung? Ganz klar, die Schulleitung ist die Regierung im Staat Schule. Es regieren nämlich die, welche die wichtigen Entscheidungen treffen. So gesehen gehören die gewählten Elternvertretungen auch zur Regierung und – vor allem – die Schülervertretung, die SV. Sie entscheidet zwar nicht in Alleinherrschaft, was gemacht wird, aber sie wirkt bei vielen Entscheidungen mit und ist damit an der Regierung beteiligt.

In dem folgenden Kapitel könnt ihr euch beschäftigen

- mit der Wahl und den Aufgaben von Klassensprecherinnen und Klassensprechern,
- mit den Rechten und Pflichten, die jede Schülerin und jeder Schüler hat,
- und mit den Möglichkeiten der SV.

Darüber hinaus könnt ihr euch über die Bedeutung von Wahlen informieren und über umstrittene Fragen miteinander diskutieren, zum Beispiel ob einheitliche Schulkleidung sinnvoll ist oder nicht. Im Kleinen könnt ihr so auch lernen, wie demokratische Mitwirkung im Großen funktioniert.

Ihr könnt euch vornehmen, besonderen Wert auf gute Teamarbeit zu legen. Eine Methodenkarte mit den wichtigsten Erfolgsregeln für Gruppenarbeit wird euch dabei unterstützen.

Detektivaufgabe für das ganze Kapitel:
Welche Idee findet Amelie toll?

1 Wer hat das Zeug zur Klassensprecherin oder zum Klassensprecher?

Wir ermitteln die wichtigsten Eigenschaften

Wählen und mitbestimmen zu können, ist ein Grundmerkmal der Demokratie. Die Gründe für eine Wahlentscheidung sollten allerdings stets gut überlegt sein. Schließlich muss man selbst die Folgen tragen, wenn man eine unüberlegte Wahlentscheidung getroffen hat. Das ist bei der Klassensprecherwahl ebenso wichtig wie bei allen anderen Wahlen in der Demokratie auch.

Warum ist Jasmin sauer?

Jasmin knallt ihre Schultasche in die Ecke und verschwindet in ihr Zimmer. Als nach einer Stunde ihr Vater an ihre Tür klopft, hört er nur: „Lass mich in Ruhe. Ich bin sauer!"
Erst am Nachmittag setzt sich Jasmin mit dick verheulten Augen an den Küchentisch zu ihrem Vater: „So eine Ungerechtigkeit, diese Idioten", jammert sie. „Was ist denn los? Erzähl doch mal!"
„Ach Mensch, heute war Klassensprecherwahl. Alle meine Freundinnen, auch meine Freunde Dimitrij und Kamil, haben mich überredet zu kandidieren. Erst wollte ich nicht. Aber dann hat Leonie mich vorgeschlagen."
„Prima, dass sie dich vorgeschlagen hat, da bin ich ja richtig stolz auf meine Tochter!", versucht ihr Vater zu trösten. „Spar dir das! Gewählt haben sie nämlich den blöden Adrian und im zweiten Wahlgang seinen Freund Lars. Von den beiden hat noch keiner etwas Gutes für die Klasse gemacht. Adrian, wenn ich den schon sehe! Der hat immer eine große Klappe, wenn er mit seiner Clique zusammensteht und erzählt, was er alles machen würde, wenn er der Chef in der Klasse wäre. Wenn es aber darauf ankommt, dann hält er schön brav seinen Mund.
Als wir neulich in der Klassenversammlung darüber gesprochen haben, ob wir für alle, die in der letzten Mathearbeit eine Fünf geschrieben haben, ein Helfersystem einrichten sollen, hat er sich überhaupt nicht an dem Gespräch beteiligt. Zufällig habe ich mitgekriegt, wie er zu seinem Freund Lars gesagt hat: ‚Ich hab' doch eine Zwei in der Arbeit. Was soll ich mich um die Blöden kümmern.'"
„Wie viele aus der Klasse haben ihn denn gewählt?" „13 von 24, und genauso viele haben im zweiten Wahlgang Lars zum Stellvertreter gewählt."
„Ich finde, du solltest nicht traurig sein", meint ihr Vater, „wenn man zu einer Wahl antritt, muss man damit rechnen, dass man verlieren kann. Das ist doch ganz normal."
„Es wäre mir ja auch egal, ob ich Klassensprecherin bin oder nicht, aber dass sie ausgerechnet Adrian gewählt haben, das finde ich so doof. Als wir in Deutsch Gruppenarbeit gemacht haben, waren wir zusammen in einer Gruppe. Weil die Stunde zu Ende war, bevor wir mit der Arbeit fertig waren, sollte einer zu Hause die Folie für unseren Gruppenvortrag ausfüllen. Natürlich hat er sie mitgenommen und dann am nächsten Tag gefehlt. Seinen Freunden hat er erzählt, dass er einen Tag blaugemacht hätte. Wir standen da ohne unser Arbeitsergebnis.
Leonie und ich, Kamil und Dimitrij, wir haben uns darum gekümmert, dass der Klassenraum schön gestaltet wird. Aber das spielte bei der Wahl überhaupt keine Rolle."

1. Habt ihr Verständnis für Jasmins Ärger oder nicht? Äußert alle eure Meinung.
2. Zur gleichen Wahl hat Tim folgende Meinung: „Ich habe Adrian gewählt, weil er cool ist. Der hat auch keine Angst vor den Lehrern. Adrian und Lars, die sind groß und stark. Auch deshalb habe ich sie gewählt." Wie bewertet ihr die Gründe für Tims Entscheidung?

Trainingsplatz

Wir ermitteln Eigenschaften, die wichtig sind für Klassensprecherinnen und Klassensprecher

Klassensprecherinnen oder Klassensprecher sollen …

1. besonders stark sein.
2. für Ruhe sorgen, wenn kein Lehrer da ist.
3. sich Zeit für die Sorgen und Probleme einzelner Mitschüler nehmen.
4. Ideen zur Verbesserung der Klassengemeinschaft haben.
5. in der Klasse beliebt sein.
6. Leute sein, auf deren Wort man sich verlassen kann.
7. bei Streitigkeiten als Streitschlichter auftreten können.
8. sich besonders für schwächere Schüler einsetzen.
9. die Schülerinnen und Schüler ermahnen, wenn die Klasse in einem unsauberen Zustand ist.
10. mit dem Klassenlehrer sprechen, wenn in der Klasse etwas nicht klappt.
11. die Klasse über wichtige schulische Dinge informieren.
12. immer nur ihre eigene Meinung vertreten.
13. über starkes Durchsetzungsvermögen verfügen.
14. den Klassenlehrer beim Einsammeln von Geld, Formularen usw. unterstützen.
15. Ansprechpartner für alle in der Klasse sein.
16. bereit sein, sich auch außerhalb der Unterrichtszeit für die Klasse zu engagieren.
17. Freude an diesem Amt haben.
18. verschwiegen sein, wenn ihnen Mitschüler etwas anvertrauen.
19. vor allem die Meinung ihrer besten Freunde vertreten.
20. SV-Stunden in der Klasse gut leiten können.

Arbeitet den Fragebogen durch und schreibt die Eigenschaften heraus, die ihr für unbedingt notwendig haltet. Notiert auch solche, die eurer Meinung nach unwichtig sind. Das kann zunächst jede und jeder in Einzelarbeit leisten. Danach könnt ihr gemeinsam eine Liste erstellen. Beachtet auch, dass die Klassensprecher schnell auf verlorenem Posten stehen, wenn sie von den eigenen Klassenkameraden nicht genügend unterstützt werden. Sucht daher nach Antworten auf zwei Fragen:

- Was erwarten wir von guten Klassensprechern?
- Was kann die Klasse tun, um den Klassensprechern eine gute Arbeit zu ermöglichen?

Wir wählen: Wie machen wir es richtig?

Schüler einer sechsten Klasse berichten

Wir wählen unsere Klassensprecher durch eine geheime Wahl. Als Erstes schlagen wir Kandidaten vor. Alle Mitschülerinnen und Mitschüler haben das passive Wahlrecht. Das heißt, sie kommen alle als Kandidatinnen oder Kandidaten infrage und zwar unabhängig von ihrer Staatsangehörigkeit. Die anwesenden Kandidaten werden gefragt, ob sie für das Amt kandidieren wollen.
Wenn ja, stehen sie kurz auf und erklären, warum sie für das Amt kandidieren möchten. Ihre Namen werden an die Tafel geschrieben. Dann bekommt jede/jeder einen Zettel und schreibt den Namen einer/eines Kandidaten/in auf den Zettel und faltet ihn einmal in der Mitte. Man kann sich aber auch enthalten. Das heißt, dass es keine Wahlpflicht gibt. Daraufhin werden die Zettel in einem Behältnis gesammelt. Danach wird ein Zettel nach dem anderen geöffnet und vorgelesen. Die Namen der Kandidaten auf den Zetteln werden auf der Tafel festgehalten. Wir sind 24 Schüler in der Klasse. Gewählt ist der Kandidat, der die meisten Stimmen erhält. Stehen zum Beispiel drei Kandidaten zur Wahl, die jeweils zehn, acht und sechs Stimmen erhalten, so ist der mit den 10 Stimmen gewählt. Bei Stimmengleichheit findet zwischen zwei Kandidaten eine Stichwahl statt. Die stellvertretenden Klassensprecher werden in einer getrennten Wahl nach dem selben Verfahren gewählt. Nach der Wahl haben die Gewählten zu erklären, ob sie die Wahl annehmen. Sie sind dann für die Dauer des gesamten Schuljahres gewählt und können nur abgewählt werden, wenn zwei Drittel der Klassenmitglieder sich für einen neuen Klassensprecher entscheiden. Da wir es für besser halten, wenn die Klassensprecher im Team arbeiten, wählen wir noch eine weitere Person, welche die Arbeit der Klassensprecher unterstützt. Zu dritt bereitet dieses Team unsere Klassenversammlungen vor, die wir einmal im Monat durchführen. Das Wahlergebnis halten wir in einem schriftlichen Protokoll fest. Davon erhalten unser Klassenlehrer und die Schulleitung eine Abschrift.

Ina T. und Markus S., 11 Jahre

Gesetzlich geregelte Aufgaben

Klassensprecherinnen und Klassensprecher gehören zur Schülervertretung (SV). Die grundlegenden Aufgaben der SV sind in Nordrhein-Westfalen und in allen anderen Bundesländern im Schulgesetz geregelt. Daneben gibt es noch einen SV-Erlass, der die Aufgaben, Rechte und Pflichten der SV ganz genau regelt. „Leider" ist TEAM der Text daraus über die Aufgaben der Klassensprecher auseinandergefallen.

1 Die Klassensprecherin oder der Klassensprecher vertritt die

2 Sie oder er führt die Beschlüsse

3 Die Klassensprecherin oder der Klassensprecher informiert die Klasse über

4 Sie oder er bereitet die

SV-Stunde vor und leitet sie.

der Klasse aus.

wichtige Angelegenheiten der SV und solche,

die für sie von allgemeiner Bedeutung sind.

Interessen der Klasse.

1. Entwerft (in Stichworten) ein Informationsblatt, in dem ihr einen korrekt durchgeführten Wahlvorgang Schritt für Schritt erklärt.
2. Fügt den auseinandergefallenen Text unter der Überschrift „Klassensprecheraufgaben" in eurem Heft zusammen.
3. Erleichtert es oder erschwert es die Arbeit der Klassensprecher, wenn zusätzlich eine dritte Person gewählt wird?

Wahlen und ihre grundlegende Bedeutung für die Demokratie

1. Erklärt, was man unter dem aktiven und dem passiven Wahlrecht versteht.
2. Welche grundlegenden Merkmale von Demokratie werden im Text genannt?
3. Warum kann es ohne Wahlen keine Demokratie geben? Formuliert eine Erklärung für diesen Zusammenhang.

Klassensprecherwahl: Demokratie erleben in der Schule

Wahlen überall

Schülerinnen und Schüler haben mehrere Möglichkeiten, an Wahlen teilzunehmen. Sie wählen ihre Klassensprecher und deren Stellvertreter. Im Schülerrat oder als Schülervollversammlung wählen sie Schülersprecher und Stellvertreter. Der Schülerrat wählt je nach Größe der Schule – zwischen einem und drei Verbindungslehrern. Auch die Eltern und Lehrer nehmen an Wahlen in der Schule teil.
Wenn man jemanden wählt, ist man aktiv. Deshalb bezeichnet man das Recht zu wählen auch als das *aktive Wahlrecht.* Wenn man sich als Kandidat einer Wahl stellt, ist man passiv. Deshalb nennt man das Recht, gewählt zu werden, das *passive Wahlrecht.* Bei der Klassensprecherwahl haben alle Schülerinnen und Schüler einer Klasse das aktive und das passive Wahlrecht.

Der Zusammenhang zwischen Demokratie und Wahlen

Die Möglichkeit, wählen zu können, gehört zu den grundlegenden Merkmalen einer Demokratie. Wir haben das Wort Demokratie von den alten Griechen übernommen, weil diese vor 2500 Jahren diese Staatsform erfunden haben. In griechischer Sprache heißt *demos* Volk und *kratein* herrschen. Wörtlich übersetzt heißt Demokratie also *Herrschaft des Volkes.* In der heutigen Zeit herrscht das Volk zwar nicht selbst. Es wählt aber für diese Aufgabe Vertreterinnen und Vertreter. Demokratie bedeutet in einem modernen Sinn, dass das Volk darüber entscheidet, wer für eine gewisse Zeitspanne bestimmen darf, was gemacht wird und was nicht. Weil jeder Mensch im Volk das gleiche Recht zur Mitwirkung hat, kann diese Entscheidung nur in der Form einer Wahl stattfinden.
Man kann also sagen, dass es ohne das Recht, wählen zu können, gar keine Demokratie geben kann. Bei der Klassensprecherwahl ist die Klasse sozusagen das Volk, das aus seiner Mitte mithilfe einer Wahl entscheidet, wer für die Dauer eines Jahres die Interessen der Klasse vertritt.

Wahlen können offen oder geheim durchgeführt werden. Bei einer geheimen Wahl ist eher garantiert, dass jeder Wähler frei und unbeeinflusst seine Stimme abgeben kann. Deshalb finden zum Beispiel Klassensprecherwahlen in geheimer Wahl statt.
Das Recht, wählen zu können, hatten die Menschen nicht immer. Früher war es üblich, dass ein König oder Kaiser oder ein anderer Herrscher über das Schicksal der Menschen bestimmte.

Mehrheitsentscheidungen und Minderheitenschutz

In einer Demokratie hat jeder das Recht auf seine eigene Meinung. Meinungsfreiheit ist ein weiteres grundlegendes Merkmal einer Demokratie.
Dieses Merkmal führt dazu, dass es bei Wahlen fast unmöglich ist, dass alle gleicher Meinung sind und die gleichen Personen wählen. Also entscheidet die Mehrheit. Entscheidungen nach dem Mehrheitsprinzip sind ebenfalls ein wichtiges Merkmal.
Man kann auch eine andere Meinung haben als die Mehrheit. Man darf nicht benachteiligt werden, wenn man mit seiner Meinung einer Minderheit angehört. Der Schutz von Minderheiten ist ein weiteres Merkmal von Demokratie, das von allen Seiten respektiert werden muss.

2 Welche Rechte und Pflichten sollen wir haben?

Wir arbeiten in Gruppen

Menschen wollen Rechte haben. Die Frage ist, ob Menschen, die ihre Rechte in Anspruch nehmen, auch bereit sind, dafür Pflichten zu übernehmen. In dem folgenden Fall steht dieses Problem im Mittelpunkt.

Ein Klassenaquarium für die 6 d

Wie bewegt sich ein Fisch nach vorne und zurück, zur Seite und von oben nach unten?
Fasziniert schauen die Sechstklässler der Ludwig-Simon-Realschule den Film über das Leben im Wasser an, den Lehrer Mallmann in die Biostunde mitgebracht hat.
„Nach vorne zu schwimmen, ist für Fische kein Problem“, sagt Rabia, „dazu haben sie ja die Flossen.“
„Prima! Wie aber hat sich der Kugelfisch, den ihr gesehen habt, nach oben und nach unten bewegt?“ Die 25 Schülerinnen und Schüler überlegen: „Wenn er seine Schwimmblase mit Luft füllt, wird er kugelrund und steigt nach oben und wenn er die Luft rauslässt, sinkt er ab.“
An dieser Stelle meldet sich Amelie, die Klassensprecherin: „Eine Freundin, die in eine andere Schule geht, hat mir erzählt, dass sie ein Aquarium in der Klasse eingerichtet haben. Das könnten wir doch auch machen. Dann könnten wir Fische tagtäglich beobachten und erforschen, wie sie leben.“ Mit ihrem Vorschlag löst Amelie helle Begeisterung in der Klasse aus. „O ja, das sollten wir machen.“ So und ähnlich lauten fast alle Beiträge. Als alle durcheinanderreden, macht Herr Mallmann das Ruhezeichen und dazu noch sein Gesicht mit den Sorgenfalten: „Ich weiß, wie so etwas läuft,“ sagt er, „erst herrscht große Begeisterung und dann, wenn die laufenden Pflichten zu erfüllen sind, ist es damit schnell vorbei.“ „Welche Pflichten meinen Sie?“, fragt Katharina.
„Nun, Fische sind Lebewesen, kein Spielzeug. Sie benötigen Futter, regelmäßige Pflege, die Wasserqualität muss stimmen. Habt ihr bedacht, dass Fische nicht in Urlaub fahren? Sie müssen auch in den Ferien versorgt werden.“
„Typisch Lehrer“, seufzt Noah, „sagen Sie doch gleich, dass sie dagegen sind und dass wir wieder einmal keine Rechte haben.“
„Doch“, lautet die Antwort, „ihr habt das Recht dazu und ich finde eure Idee auch gut. Wir könnten viel über das Leben der Fische lernen und alle hätten wir unsere Freude daran.“
Dann erzählt Herr Mallmann von einem Vorfall, der sich in einer anderen Klasse ereignet hat: „Wir hatten ein sehr schönes Aquarium eingerichtet, konnten sogar beobachten, wie im Aquarium geborene Fische allmählich heranwuchsen. Doch dann, eines Nachmittags, haben Schüler eine ganze Dose Trockenfutter ins Wasser gekippt. Am nächsten Tag trieben alle Fische tot an der Oberfläche. Wahrscheinlich hatten die Schüler das nicht böse gemeint. Sie waren nur mit der Verantwortung überfordert. Ihr versteht, dass ich das nicht noch einmal erleben möchte. Wenn ihr das Recht in Anspruch nehmen wollt, ein Aquarium einzurichten, werde ich euch unterstützen, vorausgesetzt, ihr bedenkt Folgendes: Wer Rechte hat, der muss auch Pflichten übernehmen!“
Noch einmal meldet sich Amelie: „Ich finde unsere Idee trotzdem toll. Wenn wir gut planen, kriegen wir das mit dem Aquarium auch hin.“

1. Ein Aquarium in der Klasse: Was haltet ihr von Amelies Vorschlag und von Herrn Mallmanns Sorgen?
2. Welche Pflichten müsste die Klassengemeinschaft übernehmen? Erstellt eine Liste.
3. „Wer Rechte hat, der muss auch Pflichten übernehmen!“, sagt Herr Mallmann. Welche Beispiele aus dem Schulleben fallen euch ein, die zu diesem Spruch passen?

Methodenkarte 3

Erfolgsregeln für Gruppenarbeit

Thema: Schülerrechte und Schülerpflichten

A Warum ist Gruppenarbeit sinnvoll?

Wenn man in einer Gruppe lernt, ist man nicht alleine. Viele Aufgabenstellungen lassen sich besser lösen, wenn man es gemeinsam tut. Das sind zwei der Gründe, warum Gruppenarbeit wichtig ist. Allerdings: Gruppenarbeit beinhaltet nicht nur Chancen, sondern auch Risiken. Erfolgreich kann die Methode nur funktionieren, wenn alle Beteiligten bestimmte Regeln einhalten. Die folgenden fünf Regeln sollten grundsätzlich eingehalten werden.

B Fünf Regeln für erfolgreiche Gruppenarbeit

1. Alle Gruppenmitglieder sind gleichberechtigt.

In einer guten Gruppe arbeiten alle Gruppenmitglieder gleichberechtigt mit. Niemand wird ausgeschlossen, niemand bestimmt andauernd über die anderen.

2. Jede Gruppe beginnt zügig mit der Arbeit.

Nach dem Beginn legen alle Gruppenmitglieder ihre Arbeitsmaterialien zurecht. Die Zeit wird nicht vertrödelt. Am Anfang solltet ihr besprechen, wie ihr vorgehen wollt und wer welche Aufgabe übernimmt.

3. Alle Gruppenmitglieder notieren die wichtigen Arbeitsergebnisse.

In schlecht funktionierenden Gruppen notiert nur ein Gruppenmitglied die notwendigen Ergebnisse und die anderen schauen zu. Die Gruppe steht dann hilflos da, wenn erst in der nächsten Stunde die Ergebnisse präsentiert werden sollen und das Gruppenmitglied fehlt, das alles aufgeschrieben hat. Es ist daher gut, wenn alle Gruppenmitglieder sich Notizen machen.

4. Alle Gruppen gehen rücksichtsvoll mit den anderen Gruppen um.

In der Gruppe sollte man jemanden bestimmen, der aufpasst, dass die Gruppe nicht zu laut wird und so die anderen Gruppen im Raum stört. Benutzt ein vereinbartes Stillezeichen. Lasst jeden ausreden.

5. Alle Gruppenmitglieder arbeiten an einem guten Ergebnis.

Gruppenarbeit macht keinen Spaß, wenn einige wenige Gruppenmitglieder viel Arbeit übernehmen, andere dagegen nur von der Arbeit der Fleißigen profitieren wollen. Wenn das vorkommt, darf die Gruppe die Faulpelze ermahnen. Sollten Gruppenarbeit und Arbeitsergebnisse benotet werden, können die, die nichts geleistet haben, nicht erwarten, auch die guten Noten der übrigen Teilnehmer zu bekommen.

C Worauf solltet ihr besonders achten?

Wenn eine Gruppe ihr Ergebnis vorstellt, hören und schauen die übrigen Gruppen aufmerksam zu. Sie kümmern sich jetzt nicht mehr um ihre eigenen Sachen, sondern widmen den vortragenden Gruppen ihre Aufmerksamkeit.

■ **Tipp:** Die beiden Beispiele auf der folgenden Doppelseite können in Gruppenarbeit bearbeitet werden. Zum Beispiel können jeweils drei Gruppen Beispiel 1 und 2 bearbeiten und dabei die Erfolgsregeln anwenden.

Rechte und Pflichten, Beispiel 1: Einheitliche Schulkleidung: ja oder nein?

In den Schulen Nordrhein-Westfalens kann seit Sommer 2005 einheitliche Schulkleidung eingeführt werden. Die Voraussetzung dafür ist, dass die Schülerinnen und Schüler in der Schulkonferenz dies einstimmig beschließen.

Soll man sein persönliches Recht, seine Kleidung frei wählen zu dürfen, einschränken, um so ein besseres Gemeinschaftsgefühl zu entwickeln?

Das ist die Frage, über die ihr in der Gruppe diskutieren könnt.

Mittelschule in Sachsen führt einheitliche Schulkleidung ein

Nicht selten entscheidet die Kleidung über die Zugehörigkeit zu einem Freundeskreis und über die Akzeptanz in der Klasse.
Nicht so an der Freien Schule Rietschen im Niederschlesischen Oberlausitzkreis. Hier tragen Schüler und Lehrer seit drei Wochen einheitliche Schulkleidung. „Wir bekennen damit nach außen, dass wir Schüler und Lehrer der Freien Schule Rietschen sind", sagt Schulleiterin Ilona Fehler.
Nach dem Vorbild einer Potsdamer Grundschule entschlossen sich Eltern, Schüler und Lehrer einstimmig nach drei Monaten Bedenkzeit für einheitliche Polo-, Sweat-, Kapuzen- und T-Shirts sowie einen Anorak mit hauseigenem Logo. Die Kollektion präsentiert sich in strahlendem Blau, Grün, Gelb und Weiß und kostet insgesamt 98 Euro. „Wir haben es den Eltern aber freigestellt, wie viele Teile sie erwerben", erläutert der Vorsitzende des Schulträgervereins, Lutz Ackermann. In Planung sind Basecapes und Westen. Auf Wunsch der Kinder sind auch karierte Hosen und Röcke vorgesehen. Auch die Lehrer tragen die Pullover. „Was ich von den Kindern erwarten kann, kann ich nur durch Vorleben steuern", sagt die Schulleiterin. Auch Deutschlehrerin Karin Claus ist mit dem Outfit zufrieden. Sie habe nur etwas dagegen, wenn es als Uniform bezeichnet werde. Mit der einheitlichen Bekleidung wird aber nicht nur ein Zusammengehörigkeitsgefühl nach außen dokumentiert. Guter Nebeneffekt sei, dass damit der Trend nach Markenklamotten umgangen werde, der Kinder aus sozial schwachen Familien zunehmend ausgrenze, betont Fehler. „Allein mit der Frisur kann man sich bei uns noch abheben." [...] „Die Schüler, vor allem die Jungen, konzentrieren sich besser", weiß die Pädagogin. Für den elfjährigen Julius Zinke zählt die Wirkung: „Wenn man eine gute Tat vollbracht hat, weiß jeder, dass wir von der Schule Rietschen sind." Die zehnjährige Valerie Weise sagt, jetzt könne niemand mehr wegen seiner Kleidung gehänselt werden. [...]

(Jeannette Tandel, in: Lausitzer Rundschau vom 4.3.2006, www.bl-online.de)

Das sollt ihr in der Gruppe tun:

1. Fertigt Notizen an, mit deren Hilfe ihr das Beispiel aus Sachsen euren Mitschülerinnen und Mitschülern vorstellen könnt.
2. Sammelt gemeinsam Gründe, die für und die gegen eine einheitliche Schulkleidung sprechen. Schreibt sie auf, damit ihr sie in der Klasse vorstellen könnt.
3. Formuliert eure eigenen Ansichten zum Thema, schreibt Begründungen dazu auf und stellt sie nach der Gruppenarbeit in der Klasse vor.

Rechte und Pflichten, Beispiel 2: Sollen Schülerinnen und Schüler ihre Schule selbst reinigen?

Sicherlich gibt es Tätigkeiten, die Schüler lieber machen, als die eigene Schule auf Hochglanz zu bringen. Aber: Sollen immer nur andere den Dreck wegmachen, den man selbst mitverursacht hat?

Welche Vor- und Nachteile hat es, wenn Schülerinnen und Schüler sich dazu verpflichten, zumindest gelegentlich eine gemeinsame Putzaktion in ihrer Schule zu starten?

Das ist die Frage, über die ihr in der Gruppe diskutieren könnt.

Das Foto zeigt Schülerinnen und Schüler der Helene-Lange-Schule in Wiesbaden bei einer Putzaktion. Regelmäßiger Reinigungsdienst gehört hier zum Schulalltag. Mit dem eingesparten Geld für Putzdienste werden das Schultheater und Anschaffungen finanziert.

Frühjahrsputz am MPG

Am letzten Schultag vor den Osterferien griffen die Schüler des Max-Planck-Gymnasiums zu Eimer und Wischmob. „Putzen statt Lernen" hieß das Motto. [...]
Kurz nach halb elf machten sich die Jungen und die Mädchen an die Arbeit. Mit Eimer, Putzlappen und Scheuerpulver bewaffnet rückten sie dem Dreck zu Leibe. Vorbei war es da mit der Ruhe vor den Ferien. Im Max-Planck-Gymnasium ging es zu wie in einem Bienenhaus. Generalstabsmäßig hatte beispielsweise die Klasse 6 a den Frühjahrsputz geplant. Erst waren die Tische an der Reihe, dann schrubbten die Schüler die Fenster. Nur von innen natürlich – aus Sicherheitsgründen. Kurz nach elf stapeln sich dann Tische und Stühle in der hintersten Ecke des Klassenzimmers. Ein sicheres Anzeichen dafür, dass bald der Fußboden an der Reihe ist. Selbst vor noch so hartnäckigem Schmutz macht das Atta-Ballett nicht Halt. So gehörten nicht nur diverse Allesreiniger zur Ausrüstung der Nachwuchs-Raumpfleger, sondern auch Ako-Pads und Metall-Spachtel – für hartnäckige unter dem Tisch klebende Kaugummis.
Die Idee zum Großreinemachen hatten die Schüler selbst. „Es ärgert mich schon", sagt Olga B., während sie mit dem Fensterwischer über die Glasscheibe fährt. „Aber: Es ist wirklich nötig." Dabei müssen die Schüler sich auch an die eigene Nase fassen. So finden sich unter den Tischen auch Getränkedosen, die Überreste von Süßigkeiten und immer wieder Kaugummis. Tobias E. hat die Nase voll: „Ich habe die Kaugummis nicht dahin geklebt", schimpft er vor sich hin und holt mit einer großen Spachtel Schwung.

(Christian Dohle, in: Trierischer Volksfreund vom 15./16.4.2000, S. 11)

Meinungen zum Thema

„Durch gemeinsame Putzaktionen lernen die Schülerinnen und Schüler, Verantwortung für ihre Schule zu übernehmen. Auch tragen sie dazu bei, dass alle sich in ihrer Schule wohlfühlen. Das ist eine gute Sache."

Regina R., Schulleiterin einer Realschule

„Ich sehe nicht ein, dass ich Dreck wegmachen soll, den ich nicht selbst gemacht habe. Auch sollen Schüler nicht zum Putzen in die Schule gehen."

Christian H., Realschüler, 12 Jahre

„Ich fand die Putzaktion klasse und war mit Begeisterung dabei."

Nele, Gymnasiastin, Klasse 5

Das sollt ihr in der Gruppe tun:

1. Fertigt Notizen an, mit deren Hilfe ihr das Beispiel der Putzaktion euren Mitschülerinnen und Mitschülern vorstellen könnt.
2. Sucht gemeinsam nach Gründen, die für und die gegen gemeinsame Putzaktionen sprechen. Schreibt sie auf, damit ihr sie in der Klasse vorstellen könnt.
3. Formuliert eure eigenen Ansichten zum Thema. Schreibt Begründungen dazu auf und stellt sie nach der Gruppenarbeit in der Klasse vor.

Rechte und Pflichten, die Schülerinnen und Schüler kennen sollen

Rechte wahrnehmen in der Schule und ...

Unter einem Recht versteht man etwas, was man tun darf. Ein Recht ist eine garantierte Freiheit. Nicht alle Rechte, die den Erwachsenen zustehen, stehen auch schon Kindern und Jugendlichen zu. Zum Beispiel haben Kinder noch nicht das Recht, einen Führerschein zu erwerben oder Kaufverträge über große Summen abzuschließen. Rechte nehmen allmählich zu, weil man einem Kind keinen Gefallen tut, wenn man ihm zu früh zu viele Rechte und damit auch zu viel an Verantwortung übergibt. Nie hat jemand grenzenlose Rechte. Zum Beispiel darf niemand, der das Recht hat, ein Motorrad zu fahren, eine rote Ampel missachten, und das Recht auf eine eigene Meinung darf nicht dazu missbraucht werden, Menschen zu beleidigen und Dinge auszuplaudern, die geheim zu halten sind.
Unter einer Pflicht versteht man eine Aufgabe, die man zu erfüllen hat. Schüler haben zum Beispiel die Aufgabe, etwas zu lernen in der Schule. Sie können nicht tun und lassen, was sie wollen, sondern sind an die Einhaltung von Pflichten gebunden.

Rechte und Pflichten im Schulgesetz

Das wichtigste Recht der Schülerinnen und Schüler steht im Schulgesetz direkt im ersten Abschnitt. Darin heißt es:

„Jeder junge Mensch hat ohne Rücksicht auf seine wirtschaftliche Lage und Herkunft und sein Geschlecht ein Recht auf schulische Bildung."

Komisches Recht, mag da manch einer denken, weil er das eher als eine Pflicht empfindet. Man stelle sich vor, es gäbe dieses Recht nicht und nur reiche Leute könnten sich schulische Bildung leisten. Dem Recht auf Bildung steht die Pflicht zum Schulbesuch gegenüber. Mindestens neun Jahre ist jedes Kind und jeder Jugendliche schulpflichtig in Deutschland. So endet die Schulpflicht in der Regel im Alter von 16 Jahren. Weiterhin legt das Schulgesetz folgende Rechte und Pflichten fest:

„Schülerinnen und Schüler haben das Recht, im Rahmen dieses Gesetzes an der Bildungs- und Erziehungsarbeit der Schule mitzuwirken und ihre Interessen wahrzunehmen. Sie sind ihrem Alter entsprechend über die Unterrichtsplanung zu informieren und an der Gestaltung des Unterrichtes zu beteiligen.

Schülerinnen und Schüler sind insbesondere verpflichtet, sich auf den Unterricht vorzubereiten, sich aktiv daran zu beteiligen, die erforderlichen Arbeiten anzufertigen und die Hausaufgaben zu erledigen."

(Textauszüge aus dem Schulgesetz für Nordrhein-Westfalen, § 1 und 42 in der Fassung vom 27. Juni 2006)

... lernen, Pflichten zu erfüllen.

1. Angenommen, du lebst in einem Land, in dem die Mädchen kein Recht auf Bildung haben und daher auch kein Recht, eine Schule zu besuchen (leider gibt es das noch). Schreibe einen Tagebucheintrag:
a) Wie es mir als Mädchen in einem Land geht, in dem ich kein Recht auf Schulbildung habe.
b) Wie es mir als Junge in einem Land geht, in dem nur Jungen Schulen besuchen dürfen.
Lest euch die Texte gegenseitig vor.

Trainingsplatz

Wir erstellen eine Übersicht über Schülerrechte und Schülerpflichten

Wer seine Rechte wahrnehmen und seine Pflichten ordnungsgemäß erfüllen will, sollte sie kennen. In dem Topf auf dieser Seite findet ihr wichtige Schülerrechte und -pflichten. Ihr könnt Ordnung in diese Liste bringen, indem ihr eine Übersicht erstellt. Das kann in Gruppenarbeit geschehen (aber auch alleine oder zu zweit).

■ **Tipp:** Teilt das Aufschreiben der Rechte und Pflichten auf.

1. Entwerft eine Übersicht, die sich als Folienvorlage oder als Tafelbild eignet.
2. Sucht für einzelne Rechte und Pflichten nach Beispielen, die ihr aus eurem Schulalltag kennt.
3. Tragt nach der Arbeit die Rechte und Pflichten und einzelne Beispiele dazu vor der Klasse vor (möglichst frei).

Rechte und Pflichten

Themen vorschlagen, die im Unterricht behandelt werden sollen ❀ die Schule unverzüglich durch die Eltern informieren, falls man krank ist oder aus sonstigen Gründen fehlt ❀ Teilnahme an Arbeitsgemeinschaften ❀ regelmäßige und pünktliche Teilnahme am Unterricht ❀ Informationen einholen über den eigenen Leistungsstand ❀ Anordnungen der Lehrer und der Schulleitung befolgen ❀ innerhalb der Schule eine eigene Meinung in Wort, Schrift und Bild frei äußern ❀ Mitarbeit im Unterricht ❀ Leistungen erbringen ❀ sich bei der Schulleitung beschweren, wenn man sich in seinen Rechten verletzt fühlt ❀ Einhaltung der Klassen- und Hausordnung ❀ Klassensprecher wählen und sich selbst zur Wahl stellen ❀ informiert werden über wichtige Angelegenheiten, welche die Schüler betreffen ❀ schulische Einrichtungen pfleglich behandeln ❀ Veröffentlichung eigener Artikel in der Schülerzeitung ❀ Hausaufgaben anfertigen ❀ Mitarbeit in der Schülervertretung

Die Aufstellung bezieht sich auf das Schulgesetz für Nordrhein-Westfalen in der Fassung vom 27.06.2006, besonders die Paragraphen 42 bis 45; andere Schulgesetze enthalten vergleichbare Bestimmungen.

3 Schülerinnen und Schüler regieren in der Schule mit

Wir veranschaulichen die Rolle der SV

Beispielhaft wird hier die Arbeitsweise eines Schülerrates geschildert. Achtet beim Lesen darauf, welche Aktivitäten der Schülervertretung hier zur Sprache kommen.

Der Schülerrat tagt

Jessica, die gewählte Schülersprecherin aus der 9c, leitet die Sitzung des Schülerrates. Neben ihr hat ihre „Regierungsmannschaft" Platz genommen: Ercan, ihr Stellvertreter, die beiden zusätzlichen Mitglieder im Leitungsteam Nathalia und Paul, die vom Schülerrat gewählt wurden, um Jessica und Ercan bei ihrer Arbeit zu unterstützen, und, ganz wichtig, Magdalena, die das Amt des Kassenwarts innehat. Magdalena ist hier sozusagen die Finanzministerin. Aufgeschlagen liegt das Kassenbuch vor ihr auf dem Tisch.
Jessica ruft den ersten Tagesordnungspunkt auf.

TOP 1: Ehrung der Klasse 6a

Jessica erklärt: „Die 6a ist die Bläserklasse in unserer Schule und hat im letzten Schuljahr mehrere Konzerte gegeben, eines im Seniorenheim am Schilfweiher und zwei auf dem Weihnachtsmarkt. Dabei kamen Spenden in Höhe von 500 Euro zusammen. Die Klasse hat das Geld zu gleichen Teilen an das Tierheim in der Moltkestraße und an ein SOS-Kinderdorf in Tibet gespendet. Dafür ehren wir heute die Klasse 6a."
Stolz nimmt Klassensprecher Jakub Applaus und Ehrung zur Kenntnis und freut sich schon darauf, seine Klasse in der nächsten SV-Stunde zu informieren.

TOP 2: Rückblick auf die Aktivitäten im vergangenen Schuljahr

Abwechselnd tragen Jessica und Ercan vor, was die SV unternommen hat: „Das gemischte Fußballturnier der Klassen 5 bis 7 im Frühjahr war ein Erfolg. Die Unterstufendisco, die Rock-Gegen-Rechts-Party der Neuner und Zehner sowie die Karnevalsfeier waren gut organisiert und sind gut angekommen. Das zweitägige SV-Seminar unter der Leitung unserer Verbindungslehrerin Frau Warnke hat die Klassensprecher gut auf ihre Aufgaben vorbereitet. Wir haben damit angefangen, einen Schulgarten einzurichten. Doch der befindet sich noch in einem bescheidenen Zustand. Wir übergeben das Wort an unseren Kassenwart."

TOP 3: Bericht des Kassenwartes

Magdalena ist gut vorbereitet. In einer Bilanz hat sie die Einnahmen von insgesamt 1400 Euro den Ausgaben von 800 Euro gegenübergestellt. Bleiben 600 Euro Überschuss. Magdalena eröffnet die Diskussion. Was soll mit dem Geld geschehen?
Adile, Klassensprecherin aus der 5e, möchte einen Zuschuss von 200 Euro für das Schulaquarium haben. Luca aus der 6d will für 100 Euro neue Spiele für die Spielsammlung.
Alexander weist darauf hin, dass der Kühlschrank im Schülercafé Schuca dabei ist, seinen Geist aufzugeben. Luisa will einen Zuschuss von 150 Euro zur Aufstockung der Schülerbibliothek, um die sich ihre 7b intensiv kümmert.
Für alle Wünsche reicht das vorhandene Geld nicht. Schließlich meint Anna aus der 8a, man solle das Geld sparen und abwarten, bis mehr da ist.
Der letzte Tagesordnungspunkt in dieser Sitzung lautet:

TOP 4: Planung neuer Aktivitäten

Die Großen wünschen sich die Einrichtung eines Internetcafés, andere wollen, dass man sich jetzt auf den Schulgarten konzentrieren solle. Eine Wiederholung der Feste wird von allen akzeptiert und zum Schluss fordert Mia aus der 9c, die SV solle ein Projekt „Unsere umweltfreundliche Schule" starten und begleiten.

1. Wofür hättet ihr das eingenommene Geld ausgegeben?
2. Welche der Aktivitäten in diesem Schülerrat hältst du für so sinnvoll, dass ihr sie auch in eurer Schule gerne verwirklichen würdet?

Aufgaben und Zusammensetzung der Schülervertretung (SV)

Mit dem folgenden Text macht das für die Schulen zuständige Ministerium in Nordrhein-Westfalen Schülerinnen und Schülern Mut zur Mitarbeit in der SV.

Schülerinnen und Schüler haben ein wichtiges Wort mitzureden

Ihr könnt an eurer Schule etwas bewegen – auch wenn ihr nicht Klassensprecher seid. Es lohnt sich, mitzuentscheiden, wenn es um euren Unterricht, das Schulleben oder das Schulprogramm geht.
Vielleicht habt ihr Lust, ein Fotolabor zu betreiben, Sportveranstaltungen zu organisieren, Theaterstücke zu inszenieren oder auch ein Café einzurichten. Es tut der Schule gut, wenn sich möglichst viele Schülerinnen und Schüler am Schulleben beteiligen. [...] Gute Schulen gibt es überall dort, wo Kinder und Jugendliche sich selbst und ihre Interessen einbringen. Auch eure Schule braucht tatkräftige und ideenreiche Schülerinnen und Schüler. Fangt doch einfach an!

(Ministerium für Schule, Weiterbildung und Forschung des Landes Nordrhein-Westfalen)

Recht auf Mitgestaltung

Die wichtigsten Aufgaben der Schülervertretungen bestehen darin, die Rechte der Schülerinnen und Schüler wahrzunehmen und deren Interessen zu vertreten. Die Vertreter der SV sind in ihren Entscheidungen frei, jedoch der Schülerschaft verantwortlich. Für ihre Arbeit gelten folgende Grundsätze: Die SV soll partnerschaftlich mit den Lehrkräften und der Schulleitung zusammenwirken. Sie sollte offen und fair mit allen Beteiligten diskutieren, sachlich argumentieren und in Konfliktfällen nach gemeinsamen und nicht nach einseitigen Lösungen suchen.

Die Zusammensetzung der SV

A Schülersprecher
Die Schülersprecherin oder der Schülersprecher ist Vorsitzender des Schülerrates und Sprecherin oder Sprecher der SV. Schülersprecher berufen den Schülerrat ein, leiten die Sitzungen und führen die Beschlüsse des Schülerrates aus. Sie sind dem Schülerrat gegenüber verantwortlich. Schülersprecher und Stellvertreter werden vom Schülerrat aus seiner Mitte gewählt. Auf Antrag von 20 von Hundert der Gesamtzahl der Schüler können der Schülersprecher und seine Stellvertreter von den Schülern ab Klasse 5 gewählt werden. Den Kandidaten ist Gelegenheit zur Vorstellung zu geben. An einer Schule können mehrere Stellvertreter des Schülersprechers gewählt werden. Sie sollen die Sprecherin bzw. den Sprecher bei seinen Aufgaben unterstützen.

B Schülerrat
Der Schülerrat ist für alle Fragen der SV zuständig, die über den Bereich der einzelnen Klasse oder Jahrgangsstufe hinausgehen. Er setzt sich aus den Klassensprecherinnen und Klassensprechern und den Sprecherinnen und Sprechern der Jahrgangsstufen zusammen. Auf Beschluss des Schülerrates können stellvertretende Klassensprecher an den Sitzungen teilnehmen, sofern für sie dadurch kein Unterricht ausfällt.

C Klassensprecher
Die Klassensprecher sind Bestandteil der SV. Sie vertreten im Schülerrat die Interessen ihrer Klasse, sind aber in ihren Entscheidungen frei. Sie informieren ihre Klassen über wichtige Angelegenheiten und Beschlüsse. Dazu können sie die SV-Stunde nutzen, die ihnen einmal im Monat zur Verfügung steht.

Der Text folgt den rechtlichen Grundsätzen, die im SV-Erlass geregelt sind (Nordrhein-Westfalen). Wer sich genauer informieren will, kann in diesem Erlass nachschauen. **Tipp:** Ihr findet ihn in den meisten Aufgabenheften.

3. Erstellt eine Übersicht, in der ihr wichtige Aufgaben, die Grundsätze der Zusammenarbeit und die Zusammensetzung der SV anschaulich darstellt.

4. Das Schulministerium ermuntert Schülerinnen und Schüler zur aktiven Mitwirkung am Schulleben. Lohnt es sich, mitzuarbeiten oder lohnt es sich nicht? Tauscht dazu eure Meinungen aus.

Trainingsplatz

10 aus 25 – Wir erstellen eine Liste von Maßnahmen, die die SV durchführen sollte

1. Ein Pausencafé organisieren
2. Projektideen für eine geplante Projektwoche entwickeln
3. Einen Flohmarkt für einen guten Zweck durchführen
4. Bei Konflikten mit Lehrerinnen oder Lehrern beraten
5. Für das regelmäßige Erscheinen einer Schülerzeitung sorgen
6. Patenschaften zwischen älteren und jüngeren Schülern organisieren
7. Bei der Planung und Durchführung eines Schulfestes aktiv sein
8. Einen Schüleraufenthaltsraum schön gestalten
9. Für Verschönerungen in den Schulfluren sorgen
10. Eine Infowand über die Arbeit der SV einrichten
11. Mithilfe der Verbindungslehrer ein SV-Seminar über Gewaltvermeidung durchführen
12. Eine Hausaufgabenhilfe von Älteren für Jüngere einführen
13. Einen Kummerkasten für die Sorgen von Schülerinnen und Schülern einrichten
14. Die Aufstellung von Getränkeautomaten fordern
15. Streitschlichter ausbilden, die in Konfliktfällen vermitteln können
16. Schulinterne Sportfeste organisieren (Tischtennis, Handball, Volleyball)
17. Pausenradio organisieren
18. Die schönsten Klassenräume prämieren
19. Die beliebteste Lehrerin oder den beliebtesten Lehrer wählen
20. Eine Fahrradwerkstatt einrichten
21. Die Ausgabe von Pausenspielen organisieren
22. Interessante Ideen für Unterrichtsthemen und Unterrichtsformen entwickeln
23. Über E-Mail Kontakte zu Partnerschulen und anderen Schulen aufnehmen
24. An der Gestaltung der Homepage der Schule mitwirken
25. Kleinen Schülerinnen und Schülern Hilfe anbieten, die von den Großen geärgert wurden

sehr wichtig

???

einigermaßen wichtig

???

eher unwichtig

???

Und was noch?

Hier findet ihr eine Reihe von Dingen, die Schülervertretungen planen können. Welche davon haltet ihr für sehr wichtig, welche für einigermaßen wichtig und welche für eher unwichtig?

Erstellt eine Liste aller wichtigen Maßnahmen und setzt dabei die wichtigste auf Platz eins, die zweitwichtigste auf Platz zwei usw. Das kann man gut in Gruppenarbeit tun. Einigt euch am Ende auf eine gemeinsame Klassenliste. (Vielleicht könnt ihr sie dem Schülerrat eurer Schule zukommen lassen oder in der Schülerzeitung veröffentlichen.)

Wir diskutieren: Soll die Schülersprecherin oder der Schülersprecher vom Schülerrat oder von allen Schülerinnen und Schülern gewählt werden?

Stellt euch folgende Situation vor: Ihr befindet euch in einer Sitzung des Schülerrats und diskutiert über die Wahl des neuen Schülersprechers. Das Schulgesetz sieht dafür zwei Möglichkeiten vor. Ihr sollt nun eine Entscheidung herbeiführen. Bis jetzt haben sich zwei Schüler gemeldet und ihre Meinung vertreten, Canan und Thomas.

Canan sagt:

Ich bin nicht sicher, dass die beste Kandidatin oder der beste Kandidat Schülersprecher wird, wenn sie oder er von allen Schülern gewählt wird. So eine Schülerversammlung kann leicht in einem Chaos enden. Gewählt wird dann derjenige, der die beste Show abziehen kann. Ich bin dafür, dass wir als Schülerrat den neuen Schülersprecher und seine Stellvertreter wählen. Wir sind doch die gewählten Sprecherinnen und Sprecher unserer Klassen. Wir kennen die Bewerber durch die gemeinsamen Sitzungen und können besser beurteilen, wer für die Aufgabe geeignet ist und wer nicht.

Thomas meldet sich zu Wort:

Ich bin dafür, dass wir den neuen Schülersprecher von allen Schülerinnen und Schülern wählen lassen. So kann jeder Schüler an unserer Schule mitentscheiden und die Kandidatin oder den Kandidaten seiner Wahl direkt wählen. Wenn alle wählen dürfen, ist das die demokratischste Art, wie ein Schülersprecher gewählt werden kann.

Diskutieren lernen

Um Demokratie zu lernen, muss man miteinander diskutieren können. Fünf Regeln sind dabei unverzichtbar.

1. Beteilige dich aktiv.
2. Sprich in vollständigen Sätzen.
3. Lass die anderen ausreden.
4. Mach dich nicht über andere lustig.
5. Lass auch andere Meinungen gelten.

A Die Schülersprecherin oder der Schülersprecher und ihre oder seine Stellvertreterinnen und Stellvertreter werden vom Schülerrat aus seiner Mitte gewählt. (SV-Erlass NRW, 3.5.2)

B Auf Antrag von 20 von Hundert der Gesamtzahl der Schülerinnen und Schüler können die Schülersprecherinnen und -sprecher auch aus der gesamten Schülerschaft ab Klasse 5 gewählt werden. (SV-Erlass NRW, 3.5.2)

1. Sammelt: Was spricht für die direkte Wahl des Schülersprechers und was für die Wahl durch den Schülerrat?
2. Stell dir vor: Du bist nun an der Reihe. Welche Meinung vertrittst du?

Die SV-Verfügungsstunde: Wie kann man sie sinnvoll planen und vernünftig gestalten?

Der SV-Erlass sieht vor, dass den Schülerinnen und Schülern ab Klasse 5 einmal im Monat eine Stunde während der allgemeinen Unterrichtszeit als SV-Stunde zu gewähren ist. Hier soll alles besprochen werden, was für die Klassengemeinschaft und für die SV wichtig ist. In den Klassen 5 bis 7 ist die Anwesenheit des Klassenlehrers Pflicht. SV-Stunden können zum Ärgernis werden, wie das Beispiel 1 zeigt.
Überlegt, was ihr tun könnt, damit sie sinnvoll ablaufen.

Beispiel 1: Die Chaosklasse

Sabine verrammelt die Klassentür von innen, indem sie das Pult vor die Tür schiebt, dieses mit zwei Stühlen beschwert und das Lineal als zusätzliche Sicherheit unter die Klinke klemmt. Paul und Thomas bearbeiten den kleinen schreienden Sebastian mit ihren Fäusten. Manuela bemalt die Tafel mit anzüglichen Zeichnungen, während Karl den neuesten Hit der toten Hosen zum Besten gibt. Claudia und Sarah beschießen sich mit Papierkügelchen, Frederike strickt. Bernhard versucht mit dem Kartenständer den Schrank zu erklimmen und Nureia bekritzelt inzwischen Jessicas Etui. Dina und Martin versuchen, ihre Hausaufgaben zu erledigen, was aber nicht gelingen will, da Martina die Lautstärke ihres CD-Players erprobt.
Die 8a hat Verfügungsstunde – einmal im Monat die Angelegenheiten der Klasse besprechen und alles regeln und das ohne Lehrer.

(Aus: SV macht Schule: Schriftenreihe zur Lehrerfort- und -weiterbildung, Bezirksregierung Münster, Seite 17, ohne Jahrgang)

Beispiel 2: SV-Stunden in der 6c

Frau Mader führt die Klasse seit dem fünften Schuljahr und sie hat schon viele SV-Stunden mitgestaltet. Vom fünften Schuljahr an hat sie mit ihrer Klasse vereinbart, dass sie zunächst die SV-Stunden leiten wird, weil das schwierig ist und weil man es erst lernen muss. Jetzt übernehmen die Schülerinnen und Schüler nach und nach das Geschäft. In früheren SV-Stunden hat man sich im Vorfeld auf gemeinsame Themen geeinigt, wie zum Beispiel: Aufgaben des Klassensprechers, der SV, unsere Rechte und Pflichten. Gemeinsam haben die Schülerinnen und Schüler eine Liste von Themen erstellt, die jetzt und in Zukunft in den SV-Stunden besprochen werden können. Diese Liste hängt in der Klasse aus.

Themen für unsere SV-Verfügungsstunden
- Berichte unserer Klassensprecher aus dem Schülerrat
- Informationen unserer Klassenlehrerin an die Klasse
- Wie kann unser Klassenraum schöner gestaltet werden?
- Was tun wir, wenn jemand Geburtstag hat?
- Wie helfen wir, wenn jemand längere Zeit krank war?
- Wie verhindern wir Mobbing und Gewalt?
- Sorgenrunden: Wer hat wen ungerecht behandelt?
- Wie können wir die Klassensprecher besser unterstützen?
- Welche Themen soll der Schülerrat behandeln?
- Was können wir tun, wenn wir Ärger mit Lehrerinnen oder Lehrern haben?

1. Erstellt eine Liste: Unsere SV-Stunden: Wie sollen sie ablaufen ☺ und wie nicht ☹?

Memorystationen

Leben in der Schulgemeinschaft

Station 1 Klassensprecher wählen

Ein Fernsehinterview

Stell dir folgende Situation vor: Ein örtlicher Fernsehsender besucht eure Schule und hat dich für ein Interview ausgesucht. Die Fragen hat man dir vorher zur Verfügung gestellt. Nun bereitest du dich auf das Interview vor und machst dir Notizen.

1. Frage: Kannst du unseren Zuschauern zwei Aufgaben nennen, die ein Klassensprecher zu erfüllen hat?

2. Frage: Hast du in deiner Schülervertretung schon das Recht, an einer Wahl teilzunehmen oder nicht?

3. Frage: Erkläre uns doch bitte, warum Wahlen zu den unverzichtbaren Merkmalen einer Demokratie gehören?

4. Frage: Was heißt Demokratie eigentlich wörtlich übersetzt?

Station 2 Rechte und Pflichten

Sätze zusammenfügen

Hier ist ein Text über Rechte und Pflichten auseinandergefallen. Du wirst ihn wieder richtig zusammenfügen.

1. Ein Recht ist eine …
2. Nie hat jemand …
3. Das wichtigste Recht in der Schule ist …
4. Das Recht auf eine eigene Meinung darf nicht dazu …
5. Unter einer Pflicht versteht man …
6. Eine wichtige Schülerpflicht ist …

a. grenzenlose Rechte.
b. garantierte Freiheit.
c. die Pflicht zum regelmäßigen Schulbesuch.
d. das Recht auf Bildung.
e. eine Aufgabe, die man zu erfüllen hat.
f. missbraucht werden, andere zu beleidigen.

Station 3 Schülerinnen und Schüler regieren in der Schule mit

Wahlmöglichkeit A

Wahlmöglichkeit B

1. Erkläre den Unterschied:	Welche beiden Möglichkeiten bei der Wahl des Schülersprechers zeigen die Zeichnungen?
2. Formuliere jeweils einen Grund:	Was spricht für die Möglichkeit A und was für die Möglichkeit B?
3. Begründe deine eigene Meinung:	Für welche Möglichkeit entscheidest du dich?

3 Zusammenleben in der Familie

Wir stellen ihre Bedeutung dar

Was braucht ein Kind, um gesund und glücklich aufwachsen zu können?

Sammelt, was euch dazu einfällt.

Worum geht es?

Eine junge Familie beim gemeinsamen Frühstück. Ist es nur das gemeinsame Essen, das die Familie für alle Beteiligten so wichtig macht?
Fast alle Kinder und Jugendliche sagen, dass die Familie die wichtigste Gruppe in ihrem Leben ist. Sie ist der Ort, wo man Geborgenheit findet, Trost bei Enttäuschungen und wo man geliebt wird. Sie ist aber auch ein Ort, wo gestritten wird, wo Probleme entstehen können, die das Zusammenleben belasten und es in seltenen Fällen sogar unmöglich werden lassen. In diesem Kapitel könnt ihr solche Situationen genauer unter die Lupe nehmen und dabei der Frage nachgehen, wie sich das familiäre Zusammenleben auf die Entwicklung von Kindern auswirkt, welche Art der Erziehung dazu beiträgt, dass später aus Kindern starke und verantwortungsbewusste Erwachsene werden. Ihr könnt untersuchen, ob Unterschiede in der Behandlung von Mädchen und Jungen noch zeitgemäß sind. Familien sind aber nicht nur Orte von Harmonie und Glück. Manchmal entstehen Situationen, in der die Familie Hilfe von außen benötigt. Hier kommt der Staat ins Spiel.

Am Ende des Kapitels

- wisst ihr, wie Familien in unserem Land aussehen,
- kennt ihr die wichtigsten Aufgaben der Familie,
- versteht ihr, warum eine so persönliche Sache wie Familie durchaus etwas mit einer so öffentlichen Sache wie Politik zu tun hat.

Detektivaufgabe für das ganze Kapitel:
Warum steht Carla Schaminski unter Volldampf?

1 Wie leben Kinder in unterschiedlichen Familien?

Wir machen ein Rollenspiel

Vater, Mutter, Kind – so stellen sich viele eine Familie vor. Familien können aber auch ganz anders aussehen. Drei Familien werden euch hier vorgestellt.
Was haben diese Familien gemeinsam? Wodurch unterscheiden sie sich? Ihr könnt euch in Gruppen aufteilen und diese Fragen gemeinsam beantworten.

Beispiel Nr. 1: Caroline Hilpert (12 Jahre) findet es schön, dass sie eigentlich drei Familien hat

„Wir sind fünf Kinder in der Familie. Alle staunen, wenn ich von meiner großen Familie erzähle. Aber eigentlich habe ich etwas dick aufgetragen: Denn wir haben nicht alle dieselben Eltern. Nur mein kleiner Bruder Lars (9 Jahre) und ich sind aus der jetzigen Ehe meiner Eltern. Marc (16 Jahre) stammt aus Mutters erster Ehe, hat also einen anderen Vater. Marc lebt aber bei uns. Meine Eltern sind beide tagsüber nicht da, weil sie berufstätig sind. Mittags, wenn wir aus der Schule nach Hause kommen, essen wir Kinder immer zusammen. Meistens ist schon etwas am Abend vorbereitet worden, so dass wir nicht so viel Arbeit haben. Trotzdem gibt es manchmal Streit, wer was macht. Im Großen und Ganzen sind wir aber ein gut eingespieltes Team: Lars muss den Tisch decken, Marc und ich kochen und spülen.
Papa hat aus erster Ehe ebenfalls zwei Kinder: Martin (23 Jahre) ist schon erwachsen und studiert, Stefanie lebt bei ihrer Mutter. Martin und Stefanie kommen oft am Wochenende zu Besuch. Sie schlafen dann in unserem Gästezimmer. Meistens bin ich froh, dass ich so viele verschiedene Verwandte habe. Bei uns ist es deswegen auch nie langweilig.
Und wenn ich mal Hilfe brauche, finde ich es schön, dass ich einen schon fast erwachsenen Bruder habe. Schließlich will man ja nicht alles mit Mama oder Papa besprechen.“

Beispiel Nr. 2: Anika Baptiste (10 Jahre) wohnt allein mit ihrer Mutter und ihrer kleinen Schwester zusammen

Ihr Vater ist Engländer und arbeitet in Arabien.
„Ich stehe jeden Morgen um 6.30 Uhr auf, dann brauche ich eine halbe Stunde. Meine Mutter macht mir immer die Brote, bevor ich in die Schule gehe – im Winter mit dem Bus, im Sommer mit dem Rad. Seit diesem Jahr bin ich im Gymnasium, da hab' ich Kunst und

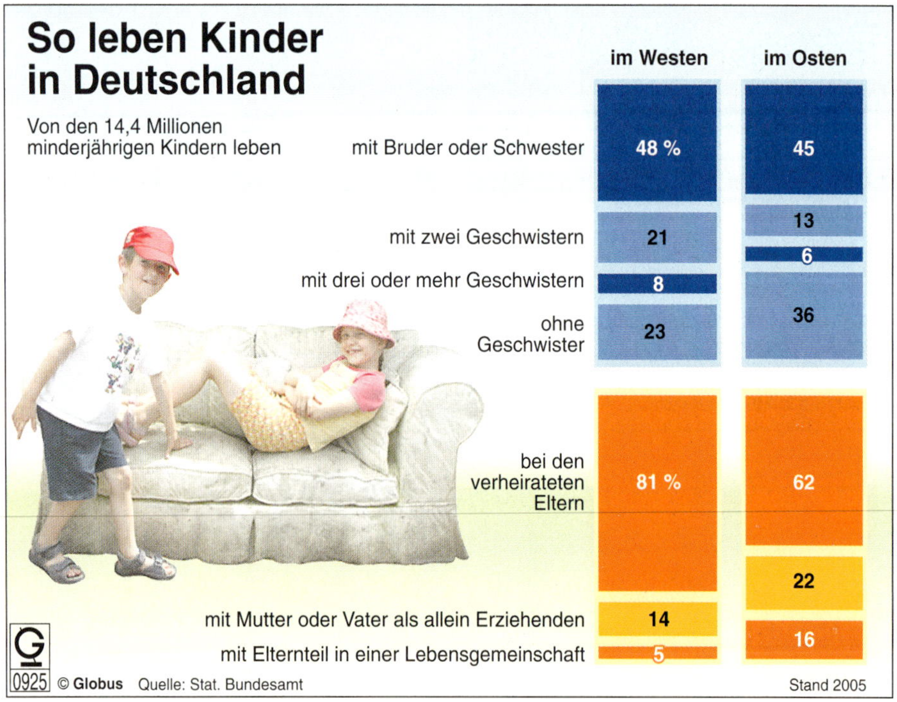

Info zum Schaubild: Bei den Zahlen handelt es sich um Prozentangaben. Diese kannst du folgendermaßen lesen: 81 % (Prozent) bedeutet, dass von 100 Kindern 81 bei den verheirateten Eltern leben (im Westen). Wenn du jetzt die anderen Prozentangaben lesen willst, musst du nur noch die „81" durch eine andere Zahl aus dem Schaubild ersetzen.

Franziska und ihre Familie

Sport am liebsten, aber manchmal auch Mathe. […] Die Schule dauert bis drei Uhr, montags hab' ich noch Chor, mittwochs Geige, danach gehe ich nach Hause. Wenn meine Mutter kocht, pass' ich auch mal auf Mia auf. Zweimal in der Woche oder so ruft Papa an, dann erzähl ich ihm, wie es mir so geht, was ich für Noten hab' und was in der Schule so los ist. Ich würde ihn schon gerne mal wieder besuchen – ich glaube, meine Mutter weiß das schon."

(Aus: Gebina Doencke, Meine Familie und ich, in: Süddeutsche Zeitung Nr. 82 vom 10. April 2007, S. 9)

Beispiel Nr. 3: Franziska (11 Jahre) hat sechs Geschwister

Über zu wenig Leben im Haus muss sich Franziska keine Gedanken machen. Denn wenn Franziska am Mittagstisch Platz nimmt, dann sitzen dort neben ihren Eltern auch noch ihre sechs Geschwister im Alter von acht bis 20 Jahren mit am Tisch: die achtjährige Paula, die 14 und 15 Jahre alten Geschwister Antonia und Constanze, der 18-jährige und einzige Bruder Matthias sowie die beiden ältesten Geschwister Marie-Louise (19) und Barbara (20). […] Auf ihre ungewöhnlich große Kinderschar angesprochen, meint Mutter Agnes, sie sei überzeugt, dass ihren Kindern kein Nachteil entstanden sei. „Ich denke, sie bekommen dadurch ein ganz anderes Sozialverhalten, von dem sie auch später im Berufsleben profitieren könnten. Mit anderen Menschen zu diskutieren oder einen zu Wort kommen zu lassen – so etwas lernt man nicht in zwei Wochen." […]

Im neunköpfigen Haushalt der Familie Hack ist das aber eine Selbstverständlichkeit. […]
Wenn es Situationen gibt, die bei allen Familienmitgliedern wenig Begeisterung wecken, dann gehört der Einkauf mit Sicherheit dazu. Wenn Franziska dabei helfen muss, dann bekommt auch sie mit, dass die Leute manchmal komisch gucken. Denn ein Einkaufswagen reicht in der Regel nicht, um alle in dieser Großfamilie satt zu bekommen. […]

(Nach: Uwe Hentschel, Eigentlich nur Hausfrau und Mutter, in: Trierischer Volksfreund Nr. 24 vom 29. Januar 2007, S. 3)

1. Stellt die Familien in der Klasse vor. Erstellt dazu für jede Familie einen Familiensteckbrief (Eltern, Geschwister, Pflichten, Vorteile, Besonderheiten …).
2. Angenommen, du solltest zwei Wochen als Gast in einer dieser Familien wohnen: Welche suchst du dir aus? Begründe deine Entscheidung.
3. Warum stellt Franziskas Familiensituation eine Ausnahme dar? Beantworte diese Frage mithilfe des Schaubildes.

Mädchensache – Jungensache: Wie können die Rollen in der Familie gerecht verteilt werden?

Kinder werden geboren, Eltern lassen sich scheiden, alleinerziehende Eltern heiraten wieder. Immer dann, wenn die Familie sich ändert, muss über die bisherige Verteilung der Rollen, das sind Erwartungen an das Verhalten in einer bestimmten Gruppe, neu nachgedacht werden. Damit verbunden ist immer die Frage, wer zukünftig welche Aufgaben in der Familie übernehmen soll.
Genau in dieser Situation ist die Familie Schaminski. Sie ist wahrscheinlich etwas anders als die meisten Familien, die ihr kennt. Warum? Das findet ihr beim Lesen am besten selbst heraus.

Das ist Arno Schaminski – die Seele der Familie. Unermüdlich sorgt er für die Seinen: einkaufen, kochen, putzen, bügeln, Schulaufgaben beaufsichtigen, Streit schlichten, quengelige Kinder trösten. Seine größte Schwäche: Er telefoniert leidenschaftlich gerne – oft stundenlang – mit seinen Freunden. Da blüht er auf: Einmal pro Woche trifft er sich mit seinen Freunden zum Kaffeekränzchen. Dort werden die neuesten Klatschgeschichten ausgetauscht, drehen sich die Gespräche um Kochrezepte, Kindererziehung, Krabbelgruppen und Elternabende – einfach rund um den Hausmannsalltag. „So schön wie du möchte ich's auch einmal haben", bekommt er dann abends von seiner Frau zu hören. In solchen Momenten sehnt sich Arno danach, wieder in seinen Beruf zurückzukehren, natürlich erst, wenn die Kinder größer sind und – Teilzeit natürlich.
Carla Schaminski steht als Geschäftsführerin der Mega-Motorenwerke meist unter Volldampf. Ihre Familie bekommt sie – leider, leider, wie sie gerne betont – nur selten zu Gesicht. „Um den Haushalt und den ganzen Kinderkram kann ich mich beim besten Willen nicht auch noch kümmern", pflegt sie zu sagen. „Arno hat ja auch von Natur aus wirklich ein Händchen für Kinder."
Ihre Leidenschaft: die Politik. Für ihre Partei würde sie alles liegen und stehen lassen. Ihr Hobby: Dienstags und freitags trifft sie sich mit ihren Skatschwestern auf ein Bierchen im Freihof. „Ein bisschen Entspannung steht mir als Ernährerin der Familie ja schließlich zu", meint sie dann.

Chris hat wirklich nur noch Fußball im Kopf. Jeden Tag trainiert sie; vielleicht wird's doch noch was mit der erträumten Profikarriere. Sonst kann sie ja immer noch Baggerführerin werden.

Franzi bringt ihren Papa mit ihren Wutanfällen manchmal ganz schön auf die Palme.

Andi nimmt sich viel Zeit, wenn es um seine Topfblumen geht. Liebevoll hegt und pflegt er jedes einzelne Pflänzchen seiner großen Sammlung. Riesig stolz ist Andi, dass es ihm gelungen ist, eine Kalanchoe aus Samen zu ziehen. „Den Tipp mit dem Mini-Gewächshaus habe ich aus der Zeitschrift ‚Zimmerpflanzen-Hits'. Die lese ich regelmäßig", erklärt er den Gästen von Papas Kafeerunde.

Ampelspiel

Vorbereitung:
Jeder Schüler und jede Schülerin sucht sich einen gut erkennbaren roten und grünen Gegenstand. Das kann zum Beispiel ein Stift sein.
Formuliert nun in Partnerarbeit Aussagesätze, in denen ihr beschreibt, welche Aufgabenverteilung und Verhaltensweisen ihr euch für eure Familie wünscht, zum Beispiel: Der Vater bringt die Kinder ins Bett.

Spiel:
Jedes Team liest seine Sätze vor. Nach jedem Satz stimmt die Klasse ab. Wer der Aussage zustimmt, hebt den grünen Gegenstand; wer nicht damit einverstanden ist, hält den roten Gegenstand hoch. Eine Schülerin oder ein Schüler notiert die Abstimmungsergebnisse an der Tafel.

Auswertung:
Betrachtet die Ergebnisse: Bei welchen Aussagen war sich die Klasse ziemlich einig? Wo liegen die größten Unterschiede in der Bewertung? Diskutiert anschließend in der Klasse darüber.

1. Sind die Schaminskis eher eine normale oder eine verrückte Familie? Formuliere deine Meinung.
2. Was wünscht ihr euch für eure Familie? Diese Frage könnt ihr mithilfe des Ampelspiels beantworten.
3. Franzi besucht nunmehr seit einem halben Jahr den Kindergarten. Dort gefällt es ihr sehr gut, sie mag ihre Erzieherin und versteht sich prächtig mit den anderen Kindern. Arno ist jetzt jeden Morgen allein zu Hause. Immer häufiger denkt er darüber nach, in seinen alten Beruf als Koch zurückzukehren. Doch dann würde sich in Zukunft einiges in der Familie Schaminski ändern.
   - Stellt fest, wie die Aufgaben bei den Schaminskis bislang verteilt waren.
   - Erstellt einen Plan, wer in Zukunft was machen soll.
   - Stellt eure Ergebnisse im Rollenspiel vor. Lest dazu zuerst die Methodenkarte auf der nächsten Seite.

Rollenspiel | Thema: Arbeitsteilung in der Familie Schaminski

A Was ist ein Rollenspiel?

Im Rollenspiel schlüpfen die Spielerinnen und Spieler in die Haut einer anderen Person. Das ist ungefähr so wie bei einer Theaterrolle. Allerdings ist das Spiel nicht genau festgelegt. Denn ihr müsst euch überlegen, wie sich die Person, die ihr spielt, in dieser Situation verhalten würde. Damit das gelingt, müsst ihr euch in die Person hineinversetzen, ihr müsst euch vorstellen, was sie empfindet und denkt.

B Wie geht man dabei am besten vor?

Ein Rollenspiel gliedert sich in Vorbereitung, Spiel und Besprechung.

1. Vorbereitung

Teilt zuerst eure Klasse in Spielgruppen auf. Die Anzahl der Rollen, die zu besetzen sind, bestimmt die Gruppenstärke. In unserem Fall sind die Rollen von Arno, Carla, Chris und Andi zu besetzen. Danach bekommt jeder eine Rolle zugeteilt.

- Überlegt euch zuerst, welche Pflichten die betreffende Person bereits übernommen hat.
- Denkt dann darüber nach, welche Meinung diese Person vertreten wird.
- Welche Vorschläge zur Lösung könnte sie machen?
- Welche Vorschläge wird sie wohl auf keinen Fall akzeptieren?

Sprecht in der Gruppe darüber, wie sich die einzelnen Personen verhalten sollen und welche Lösung ihr darstellen wollt.

2. Spiel

Im Rollenspiel muss jeder abwechselnd spielen oder beobachten.

Wenn ich spiele, …
- achte ich darauf, meine Rolle einzuhalten,
- äußere ich meine eigene Meinung nicht,
- versuche ich, die Familienkonferenz so zu spielen, wie sie tatsächlich stattgefunden habe könnte.

Wenn ich beobachte, …
- bin ich konzentriert und leise,
- achte ich besonders auf folgende Fragen:
  Haben die Spieler ihre Rollen glaubwürdig dargestellt? Bin ich mit den Lösungen einverstanden?

3. Besprechung

Nach jedem Rollenspiel gibt es eine kurze Besprechungsrunde, in der sich die Beobachter äußern. Wenn alle Rollenspiele vorgespielt sind, könnt ihr gemeinsam die Ergebnisse vergleichen und darüber reden, welche Lösungen euch am besten gefallen haben und welche Vorschläge nicht akzeptabel sind. Alle Spielerinnen und Spieler sind nun nicht mehr an ihre Rolle und Gruppe gebunden und können sich frei äußern.

Trainingsplatz

Wir tauschen in der Familie die Rollen

Schreibt eine Geschichte, in der ähnlich wie bei den Schaminskis die Rollen in der Familie getauscht werden.
Wenn du ein Junge bist, dann schreibe aus der Sicht eines Mädchens; bist du ein Mädchen, dann schreibe deine Geschichte so, als ob du ein Junge wärst. Die Geschichte kann eine tatsächlich erlebte Situation beschreiben oder auch frei erfunden sein.

Nachdem ihr eure Geschichten in der Klasse vorgetragen habt, könnt ihr darüber diskutieren, wie sich die Mädchen- oder Jungenrollen in der Familie ändern sollten.

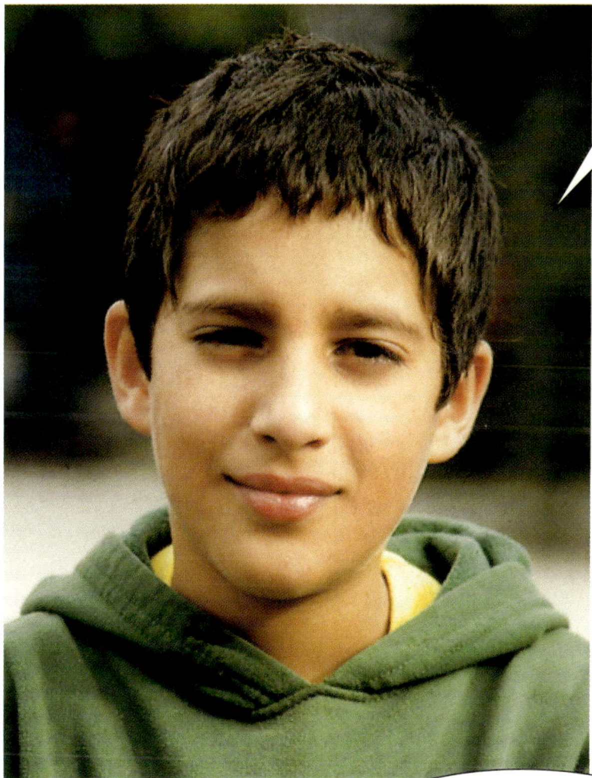

2 Was sind die wichtigsten Aufgaben der Familie?

Wir erstellen eine Liste von Erziehungszielen

Erweitertes Lernangebot

In diesem Kapitel könnt ihr darüber nachdenken, welche Aufgaben die Familie für euch übernimmt. Dabei helfen euch die Fotos auf der gegenüberliegenden Seite. Sie zeigen vieles, was in einer Familie wichtig sein kann.

1. Schritt: Sucht Begriffe, die zu den Bildern der gegenüberliegenden Seite passen. In unserem Begriffstopf findet ihr Anregungen, die euch dabei helfen.

2. Schritt: Stellt eure persönliche Hitliste der wichtigsten Aufgaben und Eigenschaften, die eine Familie ausmachen, zusammen. Präsentiert sie eurer Klasse.

3. Schritt: Manche Eigenschaften sind bei euren Präsentationen vermutlich häufiger genannt worden. Sie sind offensichtlich allen Familien gemeinsam oder besonders wichtig. Welche sind das? Einigt euch auf eine Klassenliste.
Da man über die Wichtigkeit der verschiedenen Aufgaben durchaus unterschiedlicher Meinung sein kann, solltet ihr die Reihenfolge der Aufgaben in der Hitliste in einer Diskussion klären.

Vertrauen:
Wenn ich Streit mit meinen Freundinnen habe oder Ärger in der Schule, kann ich immer zu meiner Mutter gehen und mit ihr darüber sprechen. Sie nimmt mich immer ernst und danach geht es mir meistens wieder besser.

Auf dem Foto seht ihr Kathrin. Sie ist in der neunten Klasse und besucht eine Realschule. In der Woche vor den Sommerferien fand an ihrer Schule ein Projekttag zu dem Thema „Soziales Lernen" statt. Kathrin entschied sich damals, in dem Projekt „Familie" mitzuarbeiten. Hier präsentiert sie Schülerinnen und Schülern aus anderen Projekten ihre Familiengeschichten.
Das könnt ihr auch. Denn zu den Merkmalen, die eine Familie ausmachen, lassen sich Geschichten erzählen, Bilder zeichnen, Fotos finden und vieles mehr. Wenn ihr eine Pinnwand in eurer Klasse habt, dann sammelt euer Material dort und stellt es euren Mitschülerinnen und Mitschülern vor.

A

B

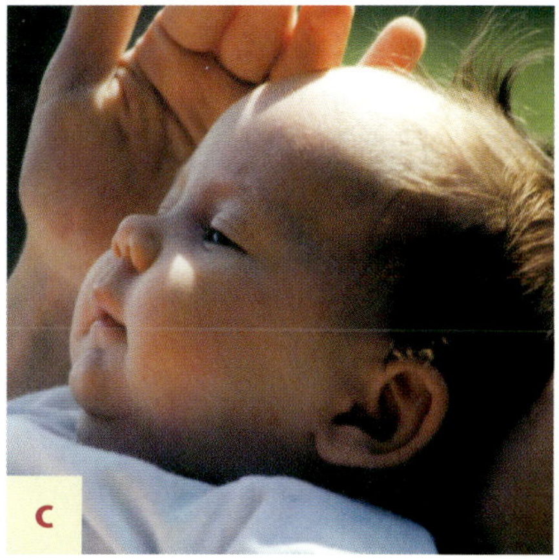
C

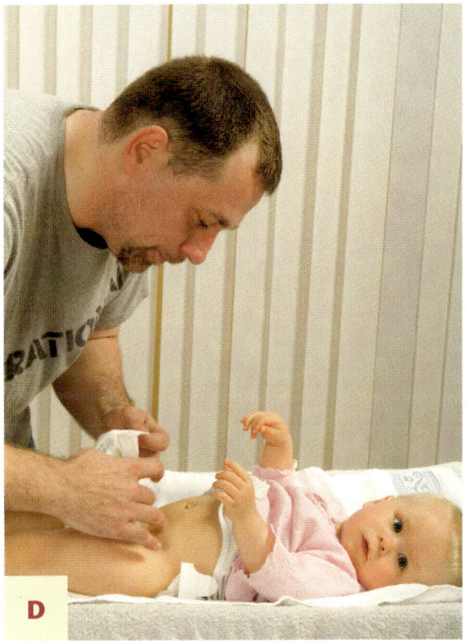
D

E

F

G

H

I

Aufgabe 1: Für eine gute Entwicklung sorgen

Nicht immer läuft in Familien alles so, wie man das erwartet. Was passiert, wenn etwas in der Familie schiefläuft, das erzählt euch die folgende Geschichte von Petra und ihrer Familie.

Petra braucht Hilfe

Wütend knallt Petra ihre Schultasche auf den Küchentisch. Schon wieder eine Fünf in Mathe! In letzter Zeit haben ihre Leistungen in der Schule sehr nachgelassen. Kein Wunder, denn sie schwänzte häufig den Unterricht.
Ihr Magen meldet sich. Im Kühlschrank findet sie nur ein paar vergammelte Wurstreste, Bierdosen und Katzenfutter vor. Also läuft sie schnell zum Kiosk an der Ecke und kauft sich eine große Portion Pommes mit Majo und eine Cola. Dass sie noch ein paar Schokoriegel mitgehen lässt, bemerkt der Kioskbesitzer zum Glück nicht.
Im Nebenzimmer schnarcht Mami leise. Vollständig angezogen liegt sie auf dem Bett, wahrscheinlich ist sie wieder betrunken. Seit Papa vor einem Jahr zu seiner Freundin gezogen ist, passiert das immer häufiger.
So gerne hätte sie eine Freundin. Trotzdem hat sich Petra in letzter Zeit immer mehr von den anderen Kindern zurückgezogen. Niemand in ihrer Klasse weiß von ihren Sorgen. Sie schämt sich so wegen dieser unordentlichen Wohnung, wegen ihrer betrunkenen Mutter. Längst bräuchte sie neue Hosen und Schuhe, auch ein Besuch beim Friseur ist dringend notwendig; aber Mami scheint das gar nicht zu bemerken. Petra ist im letzten Jahr nicht nur in die Länge gewachsen. Richtig dick ist sie geworden. Sie kann einfach nicht aufhören zu essen. Unmengen von Süßigkeiten und Chips schlingt sie gierig hinunter. So frisst sie ihren Kummer förmlich in sich hinein.

„Ach Petra, ich möchte dir so gerne eine gute Mutter sein. Ich sehe ja, wie sehr du unter dieser schlimmen Situation leidest. Von heute an werde ich mit dem Trinken aufhören", hat Mami ihr schon mehrmals versprochen. Aber geändert hat sich bisher nichts, wahrscheinlich fehlt Mami einfach die Kraft dazu. Immer wieder hat sie sich um eine Arbeitsstelle bemüht, aber die Leute merkten meist schnell, was mit ihr los war. Dabei könnten sie so dringend Geld gebrauchen. Papi unterstützt sie nur sehr unregelmäßig. „Du gibst es ja doch wieder für deinen Alkohol aus", meint er meist, wenn Mami ihn verzweifelt um Geld bittet.
„Petra, ich finde, es ist höchste Zeit, dass wir beide uns mal in Ruhe unterhalten", nimmt die Klassenlehrerin Petra nach der Stunde zur Seite. „Hast du heute nach dem Unterricht noch etwas Zeit?"
„Ja, sicher", stimmt Petra zu.

(Nach einem wirklichen Fall erzählt)

1. Was die Babys auf der gegenüberliegenden Seite brauchen, das braucht auch Petra. Was bekommt sie von ihrer Familie, was fehlt ihr?
2. Überlegt gemeinsam, wie man Petra helfen könnte? Was kann die Klassenlehrerin tun? Was können ihre Mitschülerinnen und Mitschüler tun?

Was ein Baby braucht

Vor vielen hundert Jahren wollte der Kaiser Friedrich II. herausfinden, in welcher Sprache Kinder zu sprechen beginnen, wenn sie gar nicht von außen beeinflusst werden. Also machte er ein Experiment: Er ließ verwaiste Säuglinge von Ammen ernähren und säubern. Der Kaiser verbot den Ammen, mit den Babys zu sprechen oder ihnen sonst irgendeine Zuwendung zu zeigen. Er wollte, dass die Kinder unbeeinflusst aufwachsen, auch unbeeinflusst von Liebe.
Keines der Kinder fing zu sprechen an. Noch schlimmer: Keines überlebte das Experiment. Heute wissen wir: Es reicht nicht aus, ein Baby nur mit Nahrung zu versorgen. Es braucht spürbaren Kontakt zu anderen Menschen, vor allem zu seinen Eltern. Mit Babys muss man sprechen, sie in den Arm nehmen, sie trösten, wenn sie weinen. Vor allem brauchen Babys Liebe. Die Liebe der Eltern ist die wichtigste Voraussetzung für eine gute Entwicklung. Bekommen Kinder in ihren ersten Lebensjahren nicht genug Liebe und Zuwendung, dann verkümmern sie in ihrer Entwicklung. Sie werden als Jugendliche und Erwachsene Probleme damit haben, auf andere zuzugehen und andere Menschen zu lieben. Außerdem werden sie später in Schule und Beruf wahrscheinlich weniger leistungsfähig sein, als Kinder, die ihre Eltern als liebevolle Bezugspersonen erleben.

Bezugspersonen

Früher dachte man, dass nur die Mutter als Bezugsperson geeignet sei. Heute weiß man jedoch, dass auch Väter und andere Personen, die ständig in Kontakt mit dem Kind sind, als Bezugsperson infrage kommen. Wichtig ist nur, dass feste Bezugspersonen da sind, die dem Kind das Gefühl vermitteln, geborgen zu sein und geliebt zu werden. Dadurch entsteht beim Kind ein Urvertrauen in die Welt. Es ist das Fundament jeder guten Entwicklung.

Kindliche Entwicklung

Unter der kindlichen Entwicklung verstehen wir den Prozess, in dem sich die Fähigkeiten und Talente, die in jedem Neugeborenen angelegt sind, allmählich entfalten. Besonders in den ersten Lebensjahren schreitet dieser Prozess sehr schnell voran. Fachleute nennen die frühkindliche Entwicklungsphase auch „sensible Phase“. Sie drücken damit aus, dass alles, was jetzt mit dem Kind geschieht, eine große Bedeutung für die Prägung seiner Person hat und für sein späteres Leben.
Insgesamt ist die menschliche Entwicklung ein Prozess, der ein ganzes Leben lang anhält. Sie ist nie abgeschlossen. Auch Jugendliche und Erwachsene entwickeln sich noch. Sie können aber zunehmend selbst entscheiden, ob und wie sie ihre Fähigkeiten und Talente entfalten.

1. Mit welchem Experiment ist Kaiser Friedrich II. in alter Zeit gescheitert?
2. Was brauchen diese Babys, um sich gut zu entwickeln? Sammelt, was ihr dazu schon wisst, und vergleicht es mit den Aussagen im Text.
3. Was versteht man unter Entwicklung des Menschen? Nenne drei Merkmale.

Aufgabe 2: Für eine gute Erziehung sorgen

Eltern versuchen durch Erziehung, ihre Kinder möglichst gut auf das Erwachsenenleben vorzubereiten. Das tun sie, indem sie bestimmte Einstellungen und Verhaltensweisen bei ihren Kindern fördern. Die wünschenswerten Einstellungen und Verhaltensweisen nennt man Erziehungsziele. Die Art und Weise, wie Eltern dabei vorgehen, nennt man Erziehungsmittel.
Doch wenn es darum geht, sich auf gemeinsame Erziehungsziele zu einigen, dann sind Kinder und Eltern nicht immer einer Meinung. Und auch die Diskussion über die Erziehungsmittel führt häufig zu Streit in der Familie. Der folgende Fall beschreibt eine solche Situation.

Darf Sara bei ihrer Freundin übernachten?

„Warum ausgerechnet ich? Alle anderen dürfen bei Jolanda übernachten!" Sara ist sauer und fühlt sich ungerecht behandelt. Am Samstag feiert ihre beste Freundin ihren zwölften Geburtstag. Darauf freut sie sich schon die ganze Woche. Mit ihren Freundinnen hat sie sich ein tolles Geburtstagsgeschenk ausgedacht. Gemeinsam haben sie während der Woche an einem Überraschungskoffer gebastelt und ein lustiges Karaoke-Video gedreht, das war eine Wahnsinnsarbeit und wird abends als Höhepunkt der Party vorgeführt. Und das soll nun alles ohne sie stattfinden?
„Sara, musst du denn unbedingt dort übernachten? Genügt es nicht, wenn du nachmittags zum Grillen zu Jolanda gehst und ich hole dich um acht Uhr abends wieder ab?"
Seit einer Viertelstunde streiten die beiden nun schon.
„Nein, dann verpasse ich ausgerechnet das Beste, abends wird's doch erst richtig interessant."
„Sara, normalerweise wäre die Übernachtung überhaupt kein Problem. Aber du weißt genau, dass am Montag die letzte Mathearbeit geschrieben wird und auf die kommt es an."
„Ich kann doch noch am Sonntag lernen, außerdem habe ich am Samstagmorgen noch Zeit genug, was für die Schule zu tun."
„Nein Sara, Schule geht vor. Du hast die ganze Woche nichts für die Schule gemacht. Ich kenn dich doch, am Sonntag bist du totmüde, da bist du zickig und für nichts zu gebrauchen. Die Sache ist entschieden. Du kannst in deinem Leben noch oft genug irgendwo übernachten."
„Immer schreibst du mir vor, was ich zu tun habe." Sara bricht in Tränen aus und schreit: „Lass mich in Ruhe. Du hast ja keine Ahnung von mir und weißt überhaupt nicht, wie wichtig das Fest ist." Wütend wirft sie den Küchenstuhl um, auf dem sie gesessen hat, enttäuscht knallt sie die Tür zu …

1. Handelt Saras Mutter richtig? Begründet eure Meinung?
2. Versetzt euch in die Rolle der Mutter.
   A Welche Erziehungsziele werden angestrebt?
   B Welche Erziehungsmittel werden eingesetzt?

Trainingsplatz

Wir erstellen unsere Hitliste der wichtigsten Erziehungsziele

Mithilfe der Aufzählung könnt ihr ermitteln, welche Erziehungsziele für das Zusammenleben in Familie und Schule wichtig sind.
Arbeitet dazu mit eurem Banknachbarn zusammen und einigt euch auf diejenigen Erziehungsziele (mindestens 10), die euch besonders wichtig erscheinen. Notiert sie in euer Heft, stellt sie in der Klasse vor und begründet dabei eure Entscheidung.

	besonders wichtig	weniger wichtig
1. Ordnungsliebe		
2. Selbstständigkeit		
3. Warmherzigkeit		
4. Höflichkeit		
5. Fleiß		
6. Mitgefühl		
7. Sparsamkeit		
8. Mut		
9. sich gut ausdrücken können		
10. Lernbereitschaft		
11. Disziplin		
12. Gemeinschaftssinn		
13. Zuverlässigkeit		
14. Ehrlichkeit		
15. Freundlichkeit		
16. Bescheidenheit		
17. Toleranz		
18. Rücksichtnahme		
19. Selbstvertrauen		
20. Pünktlichkeit		
21. Verantwortungsbewusstsein		
22. Kritikfähigkeit		
23. gute Manieren		
24. Durchsetzungsvermögen		
25. Gehorsam		

3 Wie hilft der Staat der Familie?

Wir informieren uns über Familienpolitik

Familien stehen unter dem besonderen Schutz des Staates. Deshalb mischt der Staat sich ein, wenn es der Familie nicht gelingt, für eine gute Entwicklung und Erziehung der Kinder zu sorgen (Beispiel A). Außerdem versucht der Staat durch familienfreundliche Gesetze, Familien mit Kindern zu unterstützen (Beispiel B).

Beispiel A: Wenn die Familie versagt ...

Fall 1: „Ich bin froh, dass ich ins Heim gekommen bin"

Das Robert-Perthel-Haus in Köln: Hier finden Jugendliche mit seelischen Problemen Hilfe.

Der junge Mann (17) steht kurz vor der mittleren Reife. Anschließend will er ins technische Gymnasium, um dort das Abitur zu machen. Dennis (Name geändert) hat schon viel erlebt. Seit seinem elften Lebensjahr wohnt er nicht mehr zu Hause. Bis vor einem halben Jahr lebte er in einer Wohngruppe […] und nun alleine in einer kleinen Wohnung.
Dennis erinnert sich: „Als Kind konnte ich meine schwierige Lage schlecht einschätzen. Aber ich bin froh, dass ich ins Heim gekommen bin. Das war sehr wichtig für mein Leben, vielleicht wäre ich sonst hochgradig kriminell geworden." An die Zeit im Heim hat er viele gute Erinnerungen: „Ich hatte viel Freiraum für meine persönliche Entwicklung. Die Erzieher übten keine Macht aus, sondern entwickelten eine persönliche Bindung zu mir." […]
Die Heimunterbringung ist nur eine Möglichkeit der staatlichen Hilfen zur Erziehung. Daneben gibt es zum Beispiel Tagesgruppen, professionelle Erziehungsstellen oder Hilfen, bei denen die ganze Familie betreut wird. […]
Während Kinder unter sechs Jahren bei Bedarf in Pflegefamilien untergebracht werden, leben Ältere in familienähnlichen Wohngruppen. Dabei wird der Kontakt mit der Herkunftsfamilie möglichst aufrechterhalten. Auf die Wohngruppe folgt meist das Betreute Wohnen, ein ambulantes Betreuungs- und Beratungsangebot für Jugendliche ab 16 Jahren. Dabei leben die jungen Menschen in Einzelwohnungen und werden regelmäßig und intensiv betreut.

(Aus: Katharina Rolshausen, „Ich bin froh, dass ich ins Heim gekommen bin", in: Saarbrücker Zeitung Nr. 91 vom 19.04.2007, S. B 1)

1. Warum war für Dennis das Heim ein Glücksfall?
2. Welche anderen Möglichkeiten, um Kindern mit Familienproblemen zu helfen, werden in dem Text noch genannt?

Fall 2: Eine Stadt hilft vernachlässigten Kindern

[...] Dormagen liegt ganz vorne bei einem Thema: dem Schutz des Kindeswohls. [...] „Willkommen im Leben" – so nennt es nun den zentralen Baustein seines neuen Frühwarnsystems, an dem die Stadt seit Jahresanfang arbeitet und mit dem sie verhindern will, dass Kinder vernachlässigt und misshandelt werden.
[...] Hinter dem „Willkommen im Leben" verbirgt sich nichts anderes als ein Baby-Begrüßungspaket. Seit Anfang Oktober wird es jedem ins Haus gebracht, der Nachwuchs bekommen hat, ob er Geld hat oder keines, ob er in einem problemlosen oder einem problembeladenen Viertel wohnt. „Wir gehen zu allen, wir diskriminieren nicht", sagt der Bürgermeister [...]. In Dänemark bekomme selbst die Kronprinzessin einen derartigen Besuch, sagt Hilgers, der später einmal selbst mit dabei sein, zur Geburt des Sohnes oder der Tochter persönlich gratulieren will. Momentan macht er das noch schriftlich – und kündigt in seinem Glückwunschbrief den Besuch eines Sozialarbeiters an. Ein Terminvorschlag wird mitgeliefert. Zwölf Bezirkssozialarbeiter schwärmen dann aus. Wenn die Eltern sich nicht melden, steht zum genannten Termin trotzdem jemand vor der Tür. Wird er weggeschickt unter dem Vorwand, die Wohnung sei nicht aufgeräumt, macht er einen neuen Termin aus. Sodass keiner durch die Maschen fällt, nicht erst gehandelt werden muss, wenn schon etwas passiert ist. [...]
Der nächste Schritt soll sein, noch früher anzusetzen, schon Schwangere in schwierigen Lebensverhältnissen besser zu unterstützen und hierfür die Frauenärzte mit ins Boot zu holen. Danach sind die Kinder an der Reihe, auch ihnen soll gezeigt werden, an wen sie sich im Notfall wenden können, sei es der Lehrer oder die Erzieherin. Fehlen noch Dormagens „normale" Bürger. Die entlässt die Stadt ebenfalls nicht aus der Pflicht. Sie sollen eine Informationsbroschüre erhalten, zur Zivilcourage aufgerufen werden, aber auch dazu, überforderten Eltern einen Rat zu geben. [...]

(Aus: Cornelia von Wrangel, Willkommen im Leben, in: Frankfurter Allgemeine Sonntagszeitung Nr. 43 vom 29. Oktober 2006, S. 6)

1. Wie sieht das Rezept des Bürgermeisters von Dormagen aus?
2. Was hältst du von regelmäßigen Hausbesuchen? Sprecht darüber in der Klasse.

Beispiel B: Wenn die Familie wächst ...

Lest den Dialog und findet mithilfe der Bausteine auf der nächsten Seite heraus, mit welcher Hilfe Familien mit Kindern rechnen können.

Ann-Kathrin Sauer erwartet ihr zweites Baby. „Jetzt sind wir bald zu viert in unserer kleinen Familie“, freut sich ihr Mann Patrick.
„So klein ist unsere Familie dann gar nicht mehr“, gibt Ann-Kathrin zu bedenken. „Wenn der Kleine auf der Welt ist, wird sich einiges bei uns ändern.“

PATRICK: Das wird ganz bestimmt so sein, aber wir haben das schon einmal auf die Reihe bekommen, als Julia vor drei Jahren zur Welt kam. Und damals hatten wir weniger Geld als heute.
ANN-KATHRIN: Ja und die Babysachen von Julia sind auch noch in Ordnung. Wickeltisch, Stubenwagen, Babykleidung, das müssen wir alles nicht neu kaufen. Aber früher oder später müssen wir uns nach einer neuen Wohnung umsehen. Auf Dauer ist unsere Dreizimmerwohnung zu klein.
PATRICK: Das wird kosten ...
ANN-KATHRIN: Außerdem sollte einer von uns die erste Zeit zu Hause bleiben und sich um den Kleinen kümmern.
PATRICK: Wenn einer von uns aufhört zu arbeiten, dann sieht es mit dem Geld auch nicht mehr so rosig aus.
ANN-KATHRIN: Patrick, jetzt mach' dir nicht zu viele Sorgen. Natürlich müssen wir uns etwas einschränken. Aber wir werden das genauso gut hinbekommen wie das letzte Mal.
PATRICK: Ja, du hast völlig Recht. Außerdem gibt es für junge Familien mit Kindern ja auch noch Hilfen vom Staat. Allerdings hat sich in den letzten Jahren doch einiges in der Familienpolitik geändert. Wir sollten uns in jedem Fall informieren, was uns heute an Hilfen gesetzlich zusteht.
ANN-KATHRIN: Genau das machen wir. Zu verschenken haben wir schließlich auch nichts.

Staatliche Hilfen

Eines der wichtigsten Gesetze in Deutschland lautet: „Die Familie steht unter dem besonderen Schutz der staatlichen Ordnung.“ Dieses Gesetz ist so wichtig, dass es auf einem der ganz vorderen Plätze im Grundgesetz für die Bundesrepublik Deutschland steht, und zwar im Artikel 6. In diesem Artikel des Grundgesetzes sind zwei Aussagen von besonderer Bedeutung.
Erstens: Das Recht auf Pflege und Erziehung der Kinder liegt bei den Eltern.
Zweitens: Es handelt sich hierbei nicht nur um ein Recht, sondern um eine Pflicht, der man sich nicht entziehen kann.
Der Staat übernimmt dabei die Aufgabe, die Familie besonders zu beschützen. Um dieser Aufgabe gerecht zu werden, bietet er den Familien eine Fülle von Unterstützungsmaßnahmen an.

Staatliche Hilfen

Mutterschutz und Mutterschaftsgeld §

Für Frauen, die arbeiten, gelten während der Schwangerschaft besondere Schutzvorschriften. Sie dürfen 6 Wochen vor der Geburt bis 8 Wochen nach der Geburt nicht arbeiten.
Ihr Lohn oder Gehalt wird während der Zeit des Mutterschutzes normal weitergezahlt.
Frauen genießen in der Schwangerschaft bis zum 5. Monat nach der Entbindung Kündigungsschutz.

Elterngeld §

Nach der Geburt bleiben viele Eltern gern bei ihrem Neugeborenen zu Hause. In dieser Zeit verdienen sie weniger. Deshalb gibt es zum Ausgleich einen Zuschuss vom Staat: das Elterngeld.
Das Bundesfamilienministerium schreibt dazu auf seine Homepage: „Es beträgt […] höchstens jedoch 1 800 Euro und mindestens 300 Euro. Das Elterngeld wird an Vater und Mutter für maximal 14 Monate bezahlt."

(www.bmfsfj.de, Zugriff am 23.3.2008)

Kinderbetreuung §

Die Kommunen organisieren verschiedene Kinderbetreuungsangebote. Besonders Kindergärten und Kinderhorte erleichtern die Berufstätigkeit junger Eltern. Ab dem 3. Lebensjahr hat jedes Kind einen Anspruch auf einen Kindergartenplatz.
Für den Besuch von Kinderhort und Kindergarten müssen die Eltern allerdings eine Gebühr entrichten.

Kindergeld und Kinderzuschlag §

Unabhängig vom Einkommen wird zurzeit, im Jahr 2008, für alle Kinder bis zum 18. Lebensjahr Kindergeld bezahlt. Es beträgt für das erste, zweite und dritte Kind monatlich 154 Euro. Ab dem vierten Kind gibt der Staat monatlich 179 Euro als Zuschuss.

Elternzeit §

Eltern, die arbeiten, haben bis zum 3. Geburtstag ihres Kindes einen Rechtsanspruch auf Elternzeit. Während der Elternzeit gehen die Eltern nicht arbeiten und ihre Arbeitsstelle wird ihnen freigehalten. Allerdings verdienen sie, während sie zu Hause sind, nichts.

Steuervorteile §

Steuern sind Abgaben an den Staat. Familien mit Kindern bezahlen in der Regel weniger Steuern als Familien ohne Kinder oder Singles.

1. Ann-Kathrin und Patrick freuen sich auf ihr zweites Kind. Trotzdem machen sich beide Gedanken. Was wird sich durch die Geburt für sie ändern? Sprecht darüber in der Klasse.
2. Welche Bausteine staatlicher Familienförderung gibt es und wie helfen sie Familien mit Kindern? Legt dazu eine Tabelle in eurem Heft an.
   ■ **Tipp:** Teilt euch die Arbeit auf und präsentiert jeweils einen Baustein.
3. Können Ann-Kathrin und Patrick sich ein Kind leisten? Formuliert und begründet eure Meinung.

Trainingsplatz

Wir ordnen Informationen zur Familienförderung

Ordne den sechs staatlichen Maßnahmen zur Familienförderung je zwei passende Erklärungen zu. Lege dazu eine Tabelle in deinem Heft an.

■ **Tipp:** Versetze dich in die Lage einer jungen Familie wie Patrick und Ann-Kathrin, die sich um ihre Zukunft sorgt. Schreibe den beiden einen Brief, in dem du einige Hilfen des Staates für junge Familien vorstellst und erklärst.

Kindergärten und Hortbetreuung

Elternzeit

Mutterschutz

Kindergeld

Steuervorteile

Elterngeld

1. Eltern können sich während der ersten drei Lebensjahre ihres Kindes von ihrer Arbeit beurlauben lassen.
2. Hauptsächlich Städte und Gemeinden organisieren diese Betreuungsangebote für Kinder.
3. Eltern können in dieser Zeit nicht gekündigt werden.
4. Eltern, die ihre Kinder die ersten 12 Monate selbst betreuen, haben einen Anspruch auf diese Leistung.
5. Für den Besuch dieser Einrichtung werden in der Regel Gebühren fällig.
6. Wer Kinder hat, bezahlt weniger Abgaben auf seinen Lohn.
7. Es beträgt höchstens 1800 Euro im Monat.
8. Es beträgt für die ersten drei Kinder 154 Euro im Monat.
9. Je mehr Kinder eine Familie hat, desto geringer ist die Abgabe.
10. Schwangere Frauen dürfen 6 Wochen vor und 8 Wochen nach der Geburt nicht arbeiten.
11. Es wird mindestens bis zum 18. Lebensjahr ausgezahlt.
12. Mütter genießen in diesen besonderen Wochen Kündigungsschutz.

Zusammenleben in der Familie

Station 1 Rollenverteilung in der Familie

In der Familie Schneider – Herr Schneider, Frau Schneider, Nico (12 Jahre), Elena (10 Jahre), Sandra (3 Jahre) – müssen die Rollen und Aufgaben neu verteilt werden. Da Sandra seit Kurzem den städtischen Kindergarten besucht, will Frau Schneider, die seit der Geburt Sandras zu Hause geblieben war, wieder zurück in ihren Beruf als Bankkauffrau und halbtags bei der Sparkasse arbeiten. Wer soll in dieser Situation was tun? Verteile die Aufgaben in der Familie so, dass Frau Schneider entlastet wird. Überlege dabei, welche Aufgaben Nico und Elena übernehmen könnten, um ihre Mutter zu entlasten.

Station 3 Wie hilft der Staat der Familie?

Bei der Hotline einer Familienberatungsstelle trifft folgende Anfrage ein: Fabian und seine Freundin Steffi erwarten ein Baby. Sie möchten gerne wissen, mit welcher staatlichen Unterstützung sie rechnen können, wenn das Baby da ist.

Wer hat die meisten Tipps parat?

Station 2 Was sind die wichtigsten Aufgaben der Familie?

„Für eine gute Entwicklung und für eine gute Erziehung sorgen", das sind die beiden wichtigsten Aufgaben einer Familie.
Wie zeigt sich im Leben von Petra, dass die Familie ihre Aufgaben nicht erfüllt?
Beantworte diese Frage, indem du mindestens drei Beispiele aus Petras Leben beschreibst.

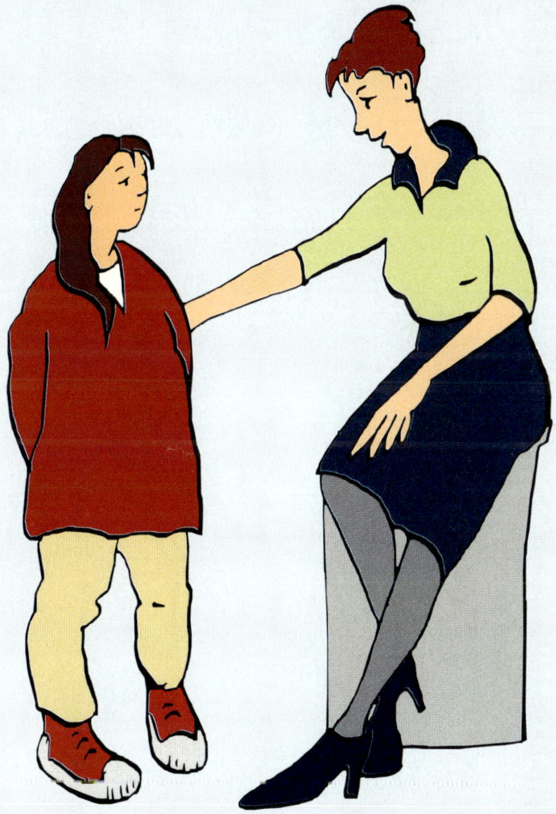

4 Demokratie in der Gemeinde

Wir reden mit

Egal, ob ihr in einem Dorf oder in einer Stadt lebt:

Was gefällt euch, wenn ihr an eure Heimatgemeinde denkt? Was gefällt euch nicht?

Worum geht es?

In den Gemeinden leben unterschiedliche Menschen zusammen: Kinder und Erwachsene, Frauen und Männer, Inländer und Ausländer, Singles und Familien mit Kindern, Autofahrer und Fußgänger usw. Es kann sich dabei um ein Dorf mit zwanzig Häusern handeln oder um eine Stadt mit mehreren hunderttausend Einwohnern.
In der Regel haben die Einwohner übereinstimmende Bedürfnisse: Sie wollen, dass die Verkehrswege in Ordnung sind, dass die Müllabfuhr regelmäßig kommt, dass immer Strom da ist und fließendes Wasser.
Manchmal sind alle zufrieden mit dem, was in ihrer Gemeinde geschieht, zum Beispiel, wenn eine neue Kläranlage für besseren Umweltschutz sorgt. Manchmal gibt es auch Streit, weil zum Beispiel die einen wollen, dass Ruhe auf den Straßen herrscht und andere, dass etwas los ist in der Stadt. Gemeinsame Bedürfnisse müssen erfüllt, Konflikte müssen gelöst und Entscheidungen müssen getroffen werden. Wer entscheidet, was gemacht wird? Welche Möglichkeiten haben Kinder und Jugendliche, wenn es um Gemeindeangelegenheiten geht? Wie kann man mit den unterschiedlichen Interessen in einer Stadt auf demokratische Art und Weise umgehen?
Das sind Fragen, mit denen ihr euch in dem folgenden Kapitel auseinandersetzen könnt.

Am Ende dieses Kapitels werdet ihr genauer wissen,

- welche Möglichkeiten Kinder haben, auf Entscheidungen in der Gemeinde Einfluss zu nehmen,
- wie man ein Problem löst, wenn die einen für die Erhaltung eines Parks sind und die anderen für den Bau eines Großkinos,
- wie Demokratie in Gemeinden funktioniert.

Ihr könnt auch aktiv werden – indem ihr euer örtliches Rathaus erkundet und eine Rolle in einem Planspiel übernehmt.

Detektivaufgabe für das ganze Kapitel:
Was macht Herr David morgens vor 8 Uhr 15?

1 Können Kinder mitmachen in der Politik?

Wir üben, unsere Interessen zu vertreten

In dieser Einheit findet ihr Beispiele dafür, wie Kinder und Jugendliche ihre Interessen durchgesetzt haben. Ihr erfahrt auch, welche Möglichkeiten Kinder haben, auf die politischen Entscheidungen in ihrer Heimatgemeinde Einfluss zu nehmen. Am Ende könnt ihr überlegen, wie man vorgehen kann, wenn man eine Forderung erfolgreich durchsetzen will.

■ **Tipp:** Teilt das Lesen von Beispiel 1 und 2 in der Klasse auf und informiert euch dann gegenseitig.

In Baesweiler geht das Kinderparlament „on Tour". Der Bürgermeister besucht Schulen mit seinen Beigeordneten. Darüber hinaus treffen sich die Klassensprecherinnen und Klassensprecher zu Sitzungen im örtlichen Rathaus.

Beispiel 1: Besuch im Kinderparlament

Baesweiler, Nordrhein-Westfalen: Bürgermeister Dr. Willi Linkens besucht das Kinderparlament in der Andreasschule.

„Gu-u-u-ten Mo-o-o-rgen, He-e-e-rr Bü-ü-ü-rgermeister", ertönte es laut und breit im Musiksaal der Andreasschule Setterich. Dr. Willi Linkens war für das Kinderparlament zu Besuch, stellte sich den Fragen der Schülerinnen und Schüler. Dabei musste er die unterschiedlichsten Antworten parat haben: Was gegen schmutzige Spielplätze getan werden könne, wie die Arbeit im Rathaus so laufe und für welchen Fußballverein aus der Bundesliga das Herz des Bürgermeisters schlage, wollten die Kinder wissen.

Fast eineinhalb Stunden lang schossen immer wieder Finger in die Höhe, reihum sprudelte es Ideen und Vorschläge. Ein Hauptanliegen war das viel zu schnelle Autofahren in den Wohngebieten. „110 Stundenkilometer in Spielstraßen haben die Autos bestimmt drauf", so die Schätzung der Schüler. Auch wenn die Autos wohl nicht ganz so schnell fahren werden, zeigte die lebhafte Diskussion, wie wichtig den Kindern Rücksicht im Verkehr ist. Dass sie ihre Umgebung und was darin vor sich geht, aufmerksam wahrnehmen, wurde an dem Thema deutlich, das allen Kindern am schwersten auf dem Herzen lag: Tierquälerei.

Gegen Tierquälerei

„Im Park haben wir gesehen, wie ein Junge mit Stöcken zwei Entenküken erschlagen hat. Die Entenmutter wollte ihre Kinder verteidigen, da hat der Junge sie am Hals gepackt und so lange geschleudert, bis sie auch tot war", erzählt Anissa.

An Lösungsvorschlägen sollte es nicht mangeln: „Ihre Mitarbeiter können sich ja mit einer Kamera im Gebüsch verstecken und wenn die Tierquäler wiederkommen, die erst filmen und dann verhaften!"

Linkens versprach, sich dem Thema anzunehmen. Dass aber wirklich etwas passiert, glauben viele Schüler nicht: „Erwachsene versprechen oft sehr viel", so der nüchterne Kommentar von Jill. Dass es das Kinderparlament gibt, findet die Zehnjährige prima ... Schulleiter Gottfried Frings freut sich: „Die Kinder haben so viel Engagement gezeigt, vielleicht können ja doch einige ihrer Wünsche umgesetzt werden." Den Anfang sollen neue Spielgeräte auf dem Schulhof machen ...

(Aus: Aachener Zeitung vom 12.05.2006, Lokales Alsdorf)

1. Welche Themen haben die Kinder aus der Andreasschule angesprochen?
2. Angenommen, ihr hättet den Bürgermeister und seine Beigeordneten eurer Gemeinde in eurer Schule zu Gast: Welche Wünsche und Ideen würdet ihr vortragen?

Beispiel 2: Anjas Einstellung ändert sich

Anja weiß heute noch genau, wann sie damit begann, sich für das zu interessieren, was in ihrer Heimatgemeinde geschieht. Es war kurz vor ihrem zwölften Geburtstag, genau am 9. März 2004. An diesem Tag las sie die örtliche Zeitung und darin stand, dass der Stadtrat von Jülich beschließen wolle, das örtliche Freibad zu schließen. Anja wollte das nicht glauben. Das schöne Freibad, das gehörte im Sommer für sie und ihre Freundinnen einfach zum Leben dazu. Das durfte doch nicht geschlossen werden!
Am nächsten Tag war die Freibadschließung großes Thema in Anjas Klasse. Alle Schülerinnen und Schüler waren empört darüber. „Das können die doch nicht machen!", war die übereinstimmende Meinung. Als Klassensprecherin der Klasse 6d nahm Anja die Gelegenheit wahr, das Problem auch im Schülerrat ihrer Schule zur Sprache zu bringen. Einige Mitglieder des Schülerrates waren gleichzeitig gewählte Vertreter im Kinderparlament von Jülich. Für die nächste Sitzung im Rathaus der Stadt setzte das Kinderparlament die Freibadschließung auf die Tagesordnung.
Dort gab ihnen die Jugendbeauftragte der Stadt wichtige Auskünfte zum Stand der Dinge: „Das Freibad müsste dringend renoviert werden, weil es mittlerweile große bauliche Mängel aufweist. Dazu sind cirka drei Millionen Euro erforderlich. Das ist für die Stadt leider viel zu teuer. Lieber will man Geld ausgeben, um ein neues und modernes Hochleistungszentrum für Schwimmer zu errichten. Kinder, Jugendliche und Familien können im Sommer an die Badeseen in der Umgebung fahren."
Anja erfuhr von den Plänen der Stadt.

Freibad von Jülich, wiedereröffnet am 1. Juli 2006

Sie war nicht der Ansicht, dass Jülich ein sportliches Hochleistungszentrum benötigte.
Bereitwillig nahm sie in der Folgezeit an allen Aktivitäten teil, welche die Kinder und Jugendlichen in Jülich zur Erhaltung ihres Freibades auf die Beine stellten. Eine Demonstration wurde organisiert. Man sammelte Unterschriften, schrieb Briefe an den Stadtrat. Erwachsene gründeten eine Bürgerinitiative, welche die Forderungen der Kinder und Jugendlichen unterstützte. Diese friedlichen Aktionen führten zu einem Umdenken in der Gemeindepolitik, und es gab wieder eine Mehrheit im Stadtrat für die Freibadrenovierung.

Am 1. Juli 2006 wurde das renovierte Freibad wiedereröffnet. Die Aachener Zeitung berichtete, dass Kinder und Jugendliche zwischen 12 und 17 Jahren maßgeblich zum Erfolg beigetragen hätten. Anja und ihre Freunde waren stolz darauf, dass sie sich für ihre Sache so intensiv starkgemacht hatten.

(vom Autor nach den tatsächlichen Fakten berichtet)

3. Was haben Anja und andere Kinder unternommen, um die Schließung des Freibads zu verhindern? Notiert alle Aktivitäten.

4. Beide Beispiele handeln davon, wie Kinder ihre Interessen vertreten haben: Können sie anderen Kindern und Jugendlichen Mut machen oder nicht? Formuliert eure Meinung.

Welche Möglichkeiten haben Kinder, um politisch zu handeln?

Kinder haben politische Rechte

Kinder können sich Gruppen und Vereinen anschließen, die es sich zur Aufgabe gemacht haben, die Interessen von Kindern zu vertreten. Überall haben sie das Recht, ihre Meinungen aktiv zu vertreten, auch wenn es um Politik geht. Allerdings können Kinder nicht Mitglied eines Gemeinderats werden und nicht an politischen Wahlen teilnehmen. Damit will man den Kindern nicht Probleme anvertrauen, die von Erwachsenen gemacht wurden und daher von diesen gelöst werden müssen.
Ab 14 können Jugendliche zusammen mit anderen schriftlich beantragen, dass der Gemeinderat sich mit einem bestimmten Thema beschäftigt. In Nordrhein-Westfalen und mehreren anderen Bundesländern können sie ab 16 Jahren an den Kommunalwahlen teilnehmen.

Aktiv werden in K-Teams

Eine gute Möglichkeit für Kinder, sich politisch zu engagieren, sind die sogenannten „K-Teams", die vom deutschen Kinderhilfswerk ins Leben gerufen wurden. K-Teams organisieren zum Beispiel Streetball-Turniere in vielen Städten. Sie setzen sich gegen zu hohe Eintrittspreise in öffentlichen Schwimmbädern ein, fordern bessere Kontrollen gegen Hunde auf öffentlichen Spielplätzen und vieles andere mehr. Mitglied in einem K-Team kann jedes Schulkind werden. Anmelden kann man sich über das Internet. Nähere Informationen erhaltet ihr unter www.kindersache.de.

Mitwirkung in Kinder- und Jugendparlamenten

In vielen kleinen und großen Städten wurden im Laufe der vergangenen Jahre Kinder- und Jugendparlamente gegründet, sogenannte KiJuPas.

Stellvertretend für die Zielsetzungen der Kinderparlamente in Deutschland zitieren wir hier aus dem Internetauftritt des Kinder- und Jugendparlaments der Stadt Herne:

[…] Kinder und Jugendliche sollen ihre Ideen in das öffentliche Leben der Stadt einbringen können.
Wer sich etwa über fehlende Freizeitmöglichkeiten, dreckige Spielplätze oder Schulhöfe ärgert, hat durch dieses „Gremium" die Möglichkeit und das ausdrückliche Recht, bei kommunalpolitischen Planungen und Entscheidungen aktiv mitzubestimmen. Bei uns bekommen die Herner Kids die Chance, ihre Vorstellungen und Verbesserungsvorschläge vorzubringen und diese in die Tat umzusetzen.
Überall da also, wo Kinderinteressen betroffen sind, soll das KiJuPa angehört und beteiligt werden, so z. B. beim Bau oder der Umgestaltung von Schulhöfen, Straßen, Spiel- und Sportplätzen, Freizeitstätten, der Ausrichtung von Veranstaltungen und bei vielem anderen mehr …

Die Wahlzeit der „Parlamentsabgeordneten" beträgt in der Regel ein Schuljahr.

(Aus: www.herne.de, verf. von Norbert Gresch)

1. Welche Möglichkeiten haben Kinder, welche nicht?
2. Welche der abgedruckten Meinungen über die Mitarbeit in Kinderparlamenten überzeugt euch am meisten? Sprecht miteinander und begründet eure Ansichten.

Trainingsplatz

Wir formulieren die Interessen von Kindern

Stellt euch die folgende Situation vor:

Auf eurem Schulhof sind von der Stadt mehrere Spielanlagen installiert worden. Auch eine Basketball-Anlage gehört dazu.
Nun könnt ihr euch nachmittags auf eurem Schulhof treffen und dort eure Freizeit verbringen. Doch schon nach wenigen Wochen gibt es großen Ärger. Mehrere Erwachsene fordern, dass die Spielanlagen umgehend wieder entfernt werden. Der Grund: Ihrer Meinung nach machen spielende Jungen und Mädchen zu viel Lärm und zu viel Schmutz. Die Klagen sind nicht ganz unberechtigt. In den ersten Tagen und Wochen war es immer extrem laut, und es lag nach den Spielnachmittagen viel Müll auf dem Schulhof. Doch nun ist das vorbei. Die SV hat einige Verhaltensregeln eingeführt und so gibt es jetzt weniger Lärm und weniger Dreck. Zum jetzigen Zeitpunkt haltet ihr die Klagen der Erwachsenen für unberechtigt. Das Spielen auf dem Schulhof kann eigentlich niemanden stören. Trotzdem müsst ihr auf die Vorwürfe der Erwachsenen reagieren. Sonst kann es mit den schönen Spielmöglichkeiten am Nachmittag schnell wieder vorbei sein.

Herr Meierling, Anwohner: „Das Aufknallen der Bälle und die Schreierei der Kinder sind jetzt nachmittags so laut, dass mich das in meiner Wohnung unglaublich stört. Die Kinder sollen woanders spielen."

Lieber Herr Meierling,

Herr Talheim, Hausmeister der Schule: „Ich bin froh, wenn die Spielgeräte wieder wegkommen. Jedes Mal nach den Spielnachmittagen sieht der Schulhof wie ein Schweinestall aus."

Lieber Herr Talheim,

Frau Sonnental, Oberbürgermeisterin eurer Stadt: „Wenn es viele Proteste gegen den Lärm und den Schmutz auf dem Schulhof gibt, müssen wir die Spielgeräte wieder entfernen lassen. Schließlich muss ich als Oberbürgermeisterin für alle Bewohner in unserer Stadt handeln."

Sehr geehrte
Frau Sonnental,

Das sollt ihr tun:

1. Bildet Teams zu dritt. Jeder in der Dreiergruppe schreibt einen Brief an einen der drei Erwachsenen. Darin müsst ihr versuchen, die Person davon zu überzeugen, dass die Vorwürfe unberechtigt sind und dass die Spielgeräte erhalten bleiben sollen.
2. Lest euch die Briefe in den Dreiergruppen gegenseitig vor. Korrigiert und überarbeitet sie gemeinsam.
3. Stellt mehrere Fassungen in der Klasse vor. Überlegt: Wer hat im Brief seine Interessen am besten vertreten?

2 Was geschieht in einem Rathaus?

Wir führen eine Erkundung durch

Vielleicht habt ihr schon einmal vor einem Rathaus in einer Stadt gestanden und euch gefragt, was eigentlich darin geschieht. Hier habt ihr die Gelegenheit, euch darüber genauer zu informieren. Vielleicht wisst ihr auch schon einiges darüber und könnt den Kindern, die hier vor dem Rathaus der Stadt Paderborn stehen, einige Antworten auf deren Fragen geben.

Blick in ein Bürgeramt eines Rathauses

Ratssitzung

Auf den folgenden Seiten könnt ihr euch genauer über die Arbeit in einem Rathaus informieren. Empfohlen wird, dass ihr die Arbeit aufteilt. Je ein Drittel der Klasse kann vorstellen, was

(A) der Bürgermeister leistet,
(B) der Stadtrat und
(C) die Verwaltung.

Anschließend könnt ihr euch in Dreiergruppen mit je einem Bearbeiter von A, B und C zusammensetzen und euch gegenseitig informieren. Gemeinsam könnt ihr dann vor der Klasse die Arbeit in einem Rathaus präsentieren. Alle Überschriften in den Materialien sind in Frageform formuliert. Diese Fragen solltet ihr in euren Vorstellungen beantworten können.

A Die Bürgermeisterin, der Bürgermeister

Oberbürgermeister David in der Kantine des Rathauses von Bielefeld

So ähnlich wie eine Direktorin oder ein Direktor die Aufgaben in einer Schule leitet, so stehen Bürgermeister an der Spitze einer Gemeinde. Sie haben ihr Büro im Rathaus. In großen Städten, die keinem Landkreis angehören, werden sie Oberbürgermeister genannt. In dem folgenden Interview stellt sich der Oberbürgermeister der Stadt Bielefeld, Eberhard David, den Fragen Jugendlicher.

Herr David, wie wird man Oberbürgermeister?

Als Oberbürgermeister wird man von den Bürgern und Bürgerinnen der Stadt für fünf Jahre gewählt. Dazu ist es wichtig, bei den Leuten bekannt zu sein. Um bekannt zu werden, muss man gern mit den Menschen sprechen, ein offenes Ohr für ihre Wünsche und Kritik haben, zu Festen und Veranstaltungen gehen, viele Besuche, z. B. in Schulen und Kindergärten, machen und einiges andere mehr.

Welche Aufgaben haben Sie als Oberbürgermeister?

Als Oberbürgermeister habe ich drei wichtige Aufgaben:
Ich bin Vorsitzender des Stadtrates und leite die Ratssitzungen mit 70 Ratsmitgliedern. Dazu gehört auch, dass ich die Sitzungen vorbereite. Das bedeutet, Vorschläge für Entscheidungen zu machen, [...] und ich beantworte Fragen und Forderungen der politischen Parteien.
Wenn ich Gäste empfange, bekannte Persönlichkeiten z. B., oder wenn hohe Politiker ins Rathaus kommen, um sich ins Goldene Buch unserer Stadt einzutragen, dann begrüße ich sie im Namen aller Bürgerinnen und Bürger der Stadt Bielefeld, des Rates und der Verwaltung unserer Stadt. [...] Der dritte ist der schwerste Teil: Ich bin der Vorgesetzte aller städtischen Mitarbeiter und Mitarbeiterinnen. Das sind fast 5 000 Menschen.

Wie sieht ein Arbeitstag bei Ihnen aus?

Um 5:30 Uhr beginnt mein Tag: Nach dem Joggen durch die Senne lese ich beim Frühstück mehrere Zeitungen, um informiert zu sein. Meistens bin ich dann um 8.15 Uhr im Büro. Dort steht schon der erste Mitarbeiter vor der Tür und bespricht mit mir, was die Presse schreibt. Danach geht es Schlag auf Schlag: Manchmal habe ich jede halbe Stunde ein Gespräch zu allen möglichen Themen: über Sport, Kultur, Jugend, Soziales, Bebauung, Wirtschaft, alles, was man sich so denken kann.

Und wann endet Ihr Tag?

So im Schnitt arbeite ich jeden Tag fast 12 bis 14 Stunden. Gegessen wird irgendwann zwischendurch, manchmal auch in der Rathaus-Kantine.

Können sich auch Kinder an Sie wenden?

Herzlich gerne, ich bekomme sehr nette Briefe von Kindern. Wobei ich immer darauf achte, ob die Briefe von Kindern selbst geschrieben wurden oder ob Erwachsene für ihre Interessen Kinder benutzen. Das kann ich sehr wohl unterscheiden. [...] Besonders gern heiße ich Schulklassen im Rathaus willkommen. Was in der Stadt passiert und entschieden wird, kann gut im Unterricht besprochen werden.

(Aus: www.kinderrathaus.de, Zugriff Januar 2008, © Stadt Bielefeld und Kidsville Redaktionsbüro GbR, Bielefeld)

Die Amtskette des Oberbürgermeisters. Sie wird nur bei offiziellen Anlässen getragen.

B Der Rat der Stadt

Was tut er?

In jeder selbstständigen Gemeinde gibt es ein Rathaus. Es heißt so, weil dort der Rat der Stadt seine Sitzungen abhält. Der Rat einer Stadt, auch Stadtrat oder Gemeinderat genannt, trifft die Entscheidungen, die für die Gemeinde wichtig sind.
Da geht es zum Beispiel um die Anschaffung von neuen Stadtbussen, um die Einrichtung eines Spielplatzes oder Stadtparks, die Renovierung des städtischen Freibades, den Umbau des städtischen Krankenhauses, Kindergartens oder Altersheims und um vieles andere mehr.

Woher kommt das Geld für die städtischen Aufgaben?

In der Stadt ist es wie überall in der Politik. Die meisten Maßnahmen kosten Geld und das Geld ist knapp und weil es so knapp ist, wird oft darüber gestritten, wofür es ausgegeben werden kann und wofür nicht. Die Entscheidungen werden nach dem Mehrheitsprinzip getroffen, wobei die Stimmen aller Ratsmitglieder gleiches Gewicht haben.
Die Stadt erhält ihr Haushaltsgeld aus drei Quellen:

- aus Steuern,
- aus Gebühren, welche die Einwohner bezahlen müssen (zum Beispiel für die Müllabfuhr oder für das Ausstellen von Pässen),
- aus weiteren Zuschüssen vom Bundesland oder aus Berlin.

Wie wird der Rat der Stadt gewählt?

In Nordrhein-Westfalen werden die Stadträte alle fünf Jahre von den Einwohnern der Gemeinden gewählt. Wahlberechtigt ist man ab 16 Jahren. Wer wählt, begibt sich in sein zuständiges Wahllokal. Dort erhält man einen Stimmzettel, bei dem man zwischen zahlreichen Kandidaten auswählen kann. Sie gehören meist verschiedenen Parteien und Wählergemeinschaften an. Mit der Größe einer Stadt nimmt auch die Zahl der Mitglieder in einem Stadtrat zu. In einer Stadt mit 10 000 Einwohnern sind es zum Beispiel 32 Mitglieder, bei 300 000 Einwohnern sind es bereits 70. Die Ratsmitglieder werden Ratsfrauen oder Ratsherren genannt. Sie üben weiterhin ihren Beruf aus und erhalten für ihre Tätigkeit im Rat eine kleine finanzielle Entschädigung. Man nennt so etwas „ein Ehrenamt ausüben".

Wie läuft eine Ratssitzung ab?

Als Beispiel dazu ein Bericht aus dem Stadtrat von Bielefeld:
Der Oberbürgermeister sitzt in den Sitzungen ganz vorne, hat ein Mikrofon und eine große Glocke vor sich.
Wenn er die Glocke läutet, müssen alle Leute im Sitzungssaal still sein. Gerecht eingeteilt wird auch die Redezeit. Wenn die Uhr abgelaufen ist, ertönt ein Klingelton.
Der Oberbürgermeister fragt alle, ob sie eine bestimmte Sache gut oder schlecht finden. Zum Beispiel, ob Bielefeld einen neuen Kindergarten oder einen Bolzplatz bekommen soll.
[...]
Am Ende fragt der Oberbürgermeister alle, ob sie dafür oder dagegen sind. Zur Abstimmung hebt jeder still die Hand, und der Oberbürgermeister zählt die Hände, die dafür sind und die, die dagegen sind. Die Sache, die am Ende die meisten Hand-Stimmen erhalten hat, gewinnt und wird umgesetzt.

(Aus: www.kinderrathaus.de, Zugriff Januar 2008, © Stadt Bielefeld und Kidsville Redaktionsbüro GbR, Bielefeld)

Hier tagt der Stadtrat von Bielefeld mit 70 Ratsmitgliedern und dem Oberbürgermeister

C Die Rolle der Gemeindeverwaltung

Was sind ihre Aufgaben?

Du möchtest einen Ausweis beantragen; jemand aus der Familie plant zu heiraten; Freund Kandil stellt einen Antrag auf Einbürgerung; deine Familie bezieht eine neue Wohnung; Sondermüll ist zu entsorgen – wann immer solche Dinge anstehen, wird die Verwaltung der Gemeinde aktiv. Eine ihrer wichtigsten Aufgaben besteht darin, den Einwohnern bei behördlichen Angelegenheiten behilflich zu sein. Weil die Verwaltungsaufgaben sehr unterschiedlich sind, gibt es die Ämter mit den unterschiedlichen Zuständigkeiten, z. B. das Einwohnermeldeamt, das Standesamt, das Jugendamt usw. Je nachdem, was man vorhat, muss man sich an das zuständige Amt wenden.
Eine weitere wichtige Aufgabe der Verwaltung ist die Unterstützung der Arbeit der Stadträte. Die Verwaltung bereitet die Ratsbeschlüsse vor und sorgt dafür, dass die Entscheidungen des Rates ordnungsgemäß durchgeführt werden. Zum Beispiel sind viele Berechnungen und Pläne notwendig, wenn die Stadt die Einrichtung eines neuen Industriegebietes beschließen möchte. Alle notwendigen Planungen werden von der Verwaltung erledigt.

Wer leitet die Verwaltung?

Oberbürgermeisterin bzw. Oberbürgermeister sind die Chefs der Verwaltung. Das bedeutet, dass diese in den Städten Vorgesetzte von mehreren hundert oder mehreren tausend Mitarbeiterinnen und Mitarbeitern sein können. Weil sie diese Aufgabe nicht alleine leisten können, stehen ihnen mehrere Dezernenten zur Seite, die für verschiedene Bereiche zuständig sind. Das Wort Dezernent bedeutet „Mitentscheider". Sie sind sozusagen die Minister in der Regierung einer Stadt und zuständig für Jugendarbeit, Sport, Kunst, Wirtschaft und anderes.

Was ist das virtuelle Rathaus?

Fast alle Rathäuser sind mittlerweile dazu übergegangen, ihre Dienstleistungen auch online anzubieten. Antragsformulare können heruntergeladen und vielfältige Informationsangebote mittels PC genutzt werden. Dazu ein Beispiel aus der Homepage der Stadt Dortmund:

„Seit 2002 bietet Ihnen die Stadt Dortmund zusätzlich die Nutzung des virtuellen Rathauses doMap an, mit dem das Stadtportal dortmund.de um ein digitales Dienstleistungs-Center ergänzt wird. Mit der doMap haben Sie die Möglichkeit, Formulardaten sicher über das Internet zu übermitteln und weitere, laufend ausgebaute E-Services zu nutzen."
(Aus: www.dortmund.de, Zugriff Januar 2008)

Ordnungsämter: wichtig oder ärgerlich?

Wer kümmert sich darum, dass Müll nicht achtlos weggeworfen wird? Wer ruft randalierende Jugendliche zur Ordnung, wenn sie nachts lärmend durch die Straßen ziehen?
Das gehört zu den Aufgaben der städtischen Ordnungsämter. Als Teil der Stadtverwaltung arbeitet das Ordnungsamt mit der örtlichen Polizei zusammen und schreitet ein, wenn bestehende Gesetze verletzt werden. Dazu kann es auch Bußgelder verhängen, die vom Stadtrat beschlossen werden.

Ein städtischer Hilfspolizist, Angestellter des Ordnungsamtes, zeigt hier einem Passanten die „Rote Karte". Viele Städte sagen Müll-Sündern den Kampf an mit Bußgeldern zwischen 20 und 35 Euro für weggeworfene Verpackungen, Kaugummis und Zigarettenkippen.

Wir sind der Stadtrat von Schönstadt und treffen Entscheidungen

Stellt euch die folgende Situation vor:

Die Verwaltung der Stadt Schönstadt hat eine Liste erstellt, auf denen alle die Vorhaben stehen, die im nächsten Haushaltsjahr von der Gemeinde durchgeführt werden sollen. Diese Liste liegt nun dem Stadtrat vor. Es soll entschieden werden, was davon verwirklicht werden soll und was nicht. Das Problem ist: Die Verwirklichung aller Maßnahmen würde 8 Millionen Euro kosten. Der Stadt stehen aber nur 4 Millionen Euro für diese Ausgaben zur Verfügung. Es muss also gespart werden.
Ihr seid der Stadtrat von Schönstadt und sollt über drei Fragen – A, B und C – entscheiden:
Setzt euch zunächst in kleinen Gruppen zusammen. Ihr seid dann die sogenannten Ausschüsse, welche die Stadtratssitzung vorbereiten. Erarbeitet Vorschläge und berechnet sie so, dass sie insgesamt nicht mehr als vier Millionen Euro kosten. Nach der Gruppenarbeit stellen die einzelnen Gruppen ihre Vorschläge in der Klasse vor. Die Klasse ist dann sozusagen der Stadtrat von Schönstadt. Jede Gruppe muss versuchen, den Stadtrat, also die gesamte Klasse, von ihren Vorschlägen zu überzeugen. Denkt euch in den Gruppen gute Begründungen aus. Die Klasse kann dann per Abstimmung über die einzelnen Punkte entscheiden und eine endgültige Liste verabschieden.

Ihr müsst entscheiden:

A Welches Vorhaben soll auf jeden Fall verwirklicht werden?

B Auf welches Vorhaben soll ganz verzichtet werden?

C Welches Vorhaben soll zu einem späteren Zeitpunkt verwirklicht werden?

Die Wunschliste	Die Kosten
1. Um das Wohngebiet Schleemannstraße müsste eine Lärmschutzmauer gebaut werden.	1 500 000 Euro
2. Das viel zu klein gewordene Fremdenverkehrsamt für die Touristen in der Stadt müsste erweitert werden.	250 000 Euro
3. Der städtische Kindergarten müsste um zwei Gruppenräume erweitert werden.	500 000 Euro
4. Ein neues Industriegebiet müsste mit Strom, Gas, Wasser und Abwasserleitungen versehen werden, damit sich neue Betriebe in Schönstadt ansiedeln können.	2 000 000 Euro
5. Alte Stadtbusse sollten durch drei neue Busse für die Beförderung von Schülerinnen und Schülern ersetzt werden.	400 000 Euro
6. Im städtischen Gymnasium ist das Dach undicht. Es müsste erneuert werden.	600 000 Euro
7. Das Seniorenheim in der Stadtgartenstraße soll vergrößert werden.	300 000 Euro
8. Die historische Rathausfassade müsste restauriert werden, da an einigen Stellen der Putz abzubröckeln droht.	300 000 Euro
9. Das Stadttheater braucht dringend einen neuen Vorhang und für mehrere Reihen neue Stühle.	100 000 Euro
10. Ein Haus soll angekauft werden, damit die Stadt ein Jugendzentrum einrichten kann.	1 000 000 Euro
11. Für mehrere Spielplätze in der Stadt müssten neue Spielgeräte angeschafft werden.	200 000 Euro
12. Die schon lange geplante Skater- und Schlittschuhbahn im Stadtpark sollte gebaut werden.	850 000 Euro
	zusammen: 8 Millionen Euro

A, B oder C?

Methodenkarte 5

Erkundung real

Thema: Wir erkunden das örtliche Rathaus

A Erkundung: Was ist das?

Erkunden heißt, etwas auskundschaften, was bis dahin unbekannt war. Hier könnt ihr euch euer örtliches Rathaus für eine Erkundung vornehmen. Die Erkundung kann außerhalb der Unterrichtszeit durchgeführt werden. Ihr sollt dabei möglichst viel über die Arbeit in einem Rathaus erfahren. Ihr müsst euch also die Dinge vor Ort anschauen und versuchen, mit den Menschen ins Gespräch zu kommen.

B Wie macht man das?

1. Schreibt auf, was ihr in Erfahrung bringen wollt.

Setzt euch zusammen und überlegt, was ihr wissen wollt. Formuliert Fragen wie zum Beispiel: Wie viele Menschen arbeiten im Rathaus? Was wird dort speziell für Kinder und Jugendliche getan? Welche Aufgaben sind zurzeit besonders aktuell? und andere Fragen mehr.

2. Vereinbart einen Termin für die Erkundung.

Setzt euch mindestens zwei Wochen vor der geplanten Erkundung mit dem Rathaus telefonisch in Verbindung. Sagt, was ihr vorhabt, vereinbart einen Termin, bittet darum, dass euch jemand für eure Fragen zur Verfügung steht und euch durch das Rathaus führt. Vielleicht nimmt sich ja der Bürgermeister oder einer seiner Beigeordneten persönlich Zeit für euch.

3. Teilt die Erkundungsaufgaben untereinander auf.

In der Vorbereitung solltet ihr genau festlegen, wer was fragt, wer Fotos macht und wer was notiert. Besprecht, ob ihr eine Gruppe von Schülerinnen und Schülern die Erkundung durchführen lasst oder ob die gesamte Klasse daran teilnehmen soll.

4. Besorgt die Medien, mit denen ihr die Erkundungsergebnisse festhalten werdet.

Es wäre schade, wenn ihr bei eurer Erkundung keine Möglichkeit hättet, die Beobachtungen und Gesprächsergebnisse festzuhalten. Denkt an Notizblöcke, eventuell auch daran, einen Fotoapparat mitzunehmen.

5. Überlegt, wie das Erkundungsergebnis präsentiert werden soll.

Wenn nur ein Teil eurer Klasse die Erkundung aktiv durchführt, solltet ihr eine wirkungsvolle Präsentation für die Ergebnisse überlegen. Ihr könnt euch wieder die Arbeit aufteilen und eine Teampräsentation vorbereiten.

C Worauf solltet ihr besonders achten?

Wahrscheinlich seid ihr ein wenig aufgeregt, wenn ihr ein Rathaus betretet und dort mit Menschen sprechen wollt. Ihr braucht aber keine Angst zu haben, denn die Mitarbeiter werden es für gut und wichtig halten, dass sich Schülerinnen und Schüler aus der Stadt für das eigene Rathaus interessieren. Wichtig ist, dass ihr höflich seid, euch angemessen vorstellt, die getroffenen Vereinbarungen einhaltet und genau sagt, was ihr wollt.

Methodenkarte 6

Erkundung online | Thema: Wir erkunden das virtuelle Rathaus

A Virtuelles Rathaus – was ist das?

Es gibt das wirkliche Rathaus in deiner Stadt und es gibt zusätzlich das virtuelle Rathaus. Virtuell heißt „nicht wirklich". Ein virtuelles Rathaus ist eigentlich kein Haus. Es existiert nur in der Welt des Computers. In den virtuellen Rathäusern werden jedem, der daran interessiert ist, über das Internet zahlreiche Angebote der Stadtverwaltung zur Verfügung gestellt.
Wenn ihr keine Möglichkeit habt, an einer realen Erkundung eures Rathauses teilzunehmen, könnt ihr es auch online im virtuellen Rathaus tun. Das ist bei diesem Thema ganz einfach.

B Wie macht man das?

Haltet euch bei der Vorgehensweise an die folgenden drei Schritte.

1. Überlegt, welche Informationen ihr sammeln wollt.

Ihr sollt nach Informationen über eure Stadt oder euer Dorf suchen. Ihr sollt sie durcharbeiten und dann in einem kleinen Vortrag vor der Klasse vorstellen. Das kann auch gut in Partnerarbeit oder in einer Gruppe gemacht werden.

2. Arbeitet gezielt mit dem Internetauftritt eurer Gemeinde.

Ihr gebt einfach den Namen eurer Heimatgemeinde in die Adressenspalte ein, z. B. www.koeln.de. Es erscheint die Homepage des gewählten Ortes. Nun klickt ihr die Links Rathaus, Stadtrat, Stadtverwaltung, Bürgermeister an. Nach und nach könnt ihr zu den Themen auf einem Stichwortzettel Informationen einsammeln.

3. Stellt Material für eine Präsentation zusammen.

Schreibt zu den Punkten, die ihr herausfinden sollt, Informationen heraus, die ihr später in eurer Präsentation verwenden werdet. Schaubilder, Fotos etc. könnt ihr als Dokument kopieren und später mithilfe einer Folie oder einem Computerprogramm (z. B. PowerPoint) in eurer Präsentation verwenden.

C Worauf solltet ihr besonders achten?

Bei der Informationssuche im Internet kann es leicht passieren, dass man sich ablenken lässt. Konzentriert euch daher auf euren Auftrag. Druckt nur solche Materialien aus, die ihr wirklich für euren Vortrag verwenden könnt.

Das sollt ihr herausfinden:
- Einwohnerzahl eurer Gemeinde (und weitere interessante Zahlen)
- Der Bürgermeister, die Bürgermeisterin (Name, Partei, seit wann im Amt, weitere Infos ...)
- Der Gemeinderat bzw. Stadtrat (Zahl der Mitglieder, Zusammensetzung nach Parteien)
- Wichtige Ämter im Rathaus (Was erledigt man wo?)
- Einrichtungen und Aktivitäten für Kinder und Jugendliche (Gibt es ein Kinderbüro, einen Kinderbeauftragten? Werden Freizeitaktivitäten angeboten?)
- Weitere interessante Informationen aus dem Internet über eure Stadt

3 Park oder Kino? Was soll mit dem Grundstück der Stadt geschehen?

Ein Planspiel

In den Schulen der kleinen Stadt Schönstadt finden zurzeit heftige Diskussionen statt. Dabei geht es nicht um die Schule oder um Ärger mit den Lehrern. Es sind die Zustände in der Innenstadt von Schönstadt, welche die Kinder und die Jugendlichen in zwei gegnerische Lager spalten. Welches Ereignis in einer Stadt kann zu solch heftigem Streit unter Jugendlichen führen?

Der Grund liegt in der Schönstädter Fußgängerzone. Hier gibt es noch ein großes unbebautes Grundstück, das sich im Besitz der Stadt befindet. Ursprünglich befand sich hier einmal das städtische Arbeitsamt, das aber vor vielen Jahren abgerissen werden musste und in einen größeren Bau an anderer Stelle umzog. Die Stadt ließ dann auf dem freien Grundstück eine Grünanlage einrichten mit Blumenbeeten, einer Wiese und einem Spielplatz für Kinder. Der besondere Clou: Vor drei Jahren hat die Stadt die Einrichtung einer Skateranlage innerhalb dieser Fläche genehmigt, die von einer Sportartikelfirma finanziell gesponsert wurde. Diese Anlage mit Plattform, Coping-Ramp, Fun-Ramp und Fly-Ramp erfreut sich nun bei den 10- bis 16-Jährigen großer Beliebtheit. Die Kinder und Jugendlichen können hier ihrem Hobby nachgehen, ohne jemanden zu stören. So hat sich der kleine Park am Rande der Fußgängerzone zum beliebtesten Freizeittreff der Schönstädter Kids entwickelt. Und damit soll jetzt Schluss sein.

Das Kinounternehmen **Kinomax** hat der Stadt das Angebot gemacht, das Grundstück zu kaufen, um dort ein modernes Großkino zu bauen. Zwar existiert in Schönstadt eine Kinoanlage mit mehreren Sälen, sie liegt aber außerhalb des Stadtzentrums. Die Firma Kinomax plant die Einrichtung von sechs supermodernen Kinosälen und einer Tiefgarage für 300 Autos unterhalb der Anlage. Und genau dieser Plan ist der Grund für den Streit unter den Schönstädter Jugendlichen.
Eine Gruppe, die sich **Skaterkids** nennt, ist empört. Sie will erreichen, dass ihr Park und ihre Skateranlage auf jeden Fall erhalten bleibt. Diese Jugendlichen fordern von der Stadt, dass sie das Grundstück unter keinen Umständen verkauft.
Demgegenüber steht aber eine Gruppe von Jugendlichen, die sich **Filmfreaks** nennt. Diese Gruppe wäre froh, wenn Schönstadt eine zentral gelegene Kinoanlage bekäme. Ihre Sprecher haben den Bürgermeister und die Stadt in einem Zeitungsartikel dazu aufgefordert, das Grundstück für einen guten Preis zu verkaufen.
Beide Jugendgruppen haben Verbündete unter den Erwachsenen. Die Gruppe der Skaterkids wird von zahlreichen Eltern unterstützt, die sich in der Bürgerinitiative **Rettet unseren Park** zusammengeschlossen haben. Sie wollen kein Großkino mit riesiger Tiefgarage. Sie wollen auch nicht auf die letzte grüne Lunge in der Innenstadt von Schönstadt verzichten.

Die jugendlichen Filmfreaks werden kräftig von der Firma Kinomax unterstützt. Kinomax wirbt mit dem Argument, dass ein modernes Kinozentrum heutzutage zum Bild eines attraktiven Stadtzentrums gehört.
Der **Stadtrat von Schönstadt** muss entscheiden. Soll der Park entfernt und das Grundstück verkauft werden oder nicht?
Einerseits bringt der Verkauf eine willkommene Summe Geld in die ziemlich leere Stadtkasse von Schönstadt. Andererseits nehmen Bürgermeister und Ratsmitglieder die Sorgen der Kinder, Jugendlichen und Eltern ernst, die für den Erhalt des Parks kämpfen.
Was ist zu tun? Auf diese Frage sollt ihr in einem Planspiel eine Lösung finden.

Das sind eure Rollen im Planspiel

Für die Durchführung müsst ihr euch auf fünf Gruppen aufteilen.

Stadtrat von Schönstadt

Ihr müsst zusammentragen, welche Gründe für den Erhalt des Parks sprechen und welche für den Bau des Großkinos. In einer Versammlung mit allen Gruppen werdet ihr am Anfang eure Überlegungen vortragen, dann die verschiedenen Gruppen anhören und am Ende eine Entscheidung treffen. Ihr müsst mit allen Beteiligten höflich umgehen, weil ihr ja wiedergewählt werden wollt. Im Stadtrat müssen nicht alle einer Meinung sein, sondern ihr könnt nach der Mehrheit entscheiden.

Pro Kino

Geschäftsleitung der Firma Kinomax

Ihr wollt die Kinoanlage unbedingt bauen. Für euch kommt nur ein Standort im Zentrum infrage. Ihr bietet der Stadt für das Grundstück einen Preis von drei Millionen Euro. Ihr würdet die Stadt auch an den Einnahmen aus dem Parkhaus beteiligen. Versucht, die anderen Jugendlichen und die Eltern von den Vorzügen eines modernen Kinos zu überzeugen.

Jugendgruppe Filmfreaks

Ihr müsst möglichst viele gute Begründungen für den Bau eines modernen Großkinos zusammentragen. Ihr müsst versuchen, die gegnerischen Jugendlichen davon zu überzeugen, dass auch sie Vorteile von einem Kinoneubau haben. Die Einwände der Eltern und des Stadtrates gegen ein Kino müsst ihr mit guten Argumenten entkräften.

Kontra Kino

Bürgerinitiative „Rettet unseren Park"

Ihr seid Eltern von kleinen und großen Kindern, die auf keinen Fall auf Park und Freizeittreff in der Innenstadt verzichten wollen. Ihr seid der Meinung, dass es beim geplanten Kino wieder einmal nur um das Geld und gegen die Umwelt geht. Ihr müsst die Versammlung davon überzeugen, dass die letzte grüne Lunge im Zentrum der Stadt für alle Bewohner unbedingt erhalten werden muss.

Jugendgruppe Skaterkids

Ihr müsst mit vielen guten Begründungen verhindern, dass euer Park und eure Skateranlage zerstört wird. Ihr seid zwar keine Kinogegner, meint aber, dass ein neues Kino nicht an der Stelle des Parks gebaut werden darf. Erklärt den übrigen Teilnehmern auch, warum ein Park umweltfreundlicher ist als ein Kino mit Tiefgarage.

Streit in Schönstadt

So oder so?

Blick auf Innenstadt, Park und Fußgängerzone; der rot umrandete Bereich müsste für Kino und Tiefgarage geopfert werden.

So verläuft das Planspiel:

Gruppe: ____________________

Unser Ziel:

____

____

Unsere Argumente:

1 ____________________

____

2 ____________________

____

3 ____________________

____

Erste Phase: Vorbereitung der gemeinsamen Versammlung

1. Bildet in der Klasse die fünf beteiligten Gruppen.
2. Schreibt in jeder Gruppe auf, wie eurer Meinung nach die Lösung in diesem Streit aussehen soll.
3. Sucht nach möglichst vielen Argumenten, mit denen ihr in der Versammlung den Stadtrat und die übrigen Teilnehmer überzeugen wollt und notiert sie.
4. Nehmt mit anderen Gruppen per Brief Kontakt auf, mit denen ihr euch vielleicht verbünden könnt oder denen ihr einen Vorschlag zu machen habt.
5. Einigt euch auf euer Vorgehen in der Versammlung und überlegt, wer welche Argumente vortragen wird.

Zweite Phase: Durchführung der Versammlung

1. Die Diskussionsleiterin bzw. der Diskussionsleiter eröffnet die Sitzung und begrüßt die Teilnehmer.
2. Der Stadtrat informiert die Versammlung über den Stand der Überlegungen.
3. Alle weiteren Gruppen tragen der Reihe nach ihre Ansichten vor.
4. Die Versammlung diskutiert.
5. Der Stadtrat zieht sich zur Beratung zurück.
6. Der Stadtrat teilt der Versammlung den Beschluss des Rates mit und begründet die Entscheidung.

Brief

Mitteilung an

Gruppe: ____________________

von: ____________________

Vorschlag:

____

____

Termin für ein Gespräch:

____

Demokratie in der Gemeinde

1. Erkläre, was „Keimzelle der Demokratie" und „Recht zur kommunalen Selbstverwaltung" bedeuten.
2. Welche Möglichkeiten der politischen Mitwirkung werden im Text genannt? Notiere sie stichwortartig.
3. Die Zeichnung zeigt die Demokratie als eine Baustelle, an der ständig gearbeitet werden muss. Versuche, diese Darstellung mit deinen Worten zu erklären.

Keimzelle der Demokratie

Die Gemeinde prägt das Leben aller Menschen, die darin wohnen. Hier geht man zur Schule, hier benutzt man die Freizeitmöglichkeiten, hier regelt man wichtige Angelegenheiten. In den Gemeinden werden politische Entscheidungen getroffen. Politik gestalten heißt nämlich, Probleme zu bearbeiten und Entscheidungen zu treffen, die für die Allgemeinheit von Bedeutung sind. Politik leitet sich von dem griechischen Wort *Polis* (Stadt) ab und meint ursprünglich das Recht aller Bürger einer Stadt, über ihr Schicksal mitzuentscheiden.
In regelmäßigen Abständen finden Wahlen statt. Es werden Bürgermeister, Gemeinderäte und Ausländerbeiräte gewählt. Die Gemeinde ist auch ein Ort, in dem Demokratie praktiziert wird. Weil Gemeinden im Vergleich zu Staaten eher klein sind und weil nirgendwo sonst die Menschen so viele Möglichkeiten zur demokratischen Beteiligung haben, werden sie oft als *Keimzelle der Demokratie* bezeichnet. Ihnen steht das Recht zu, alle Angelegenheiten der örtlichen Gemeinschaft selbst zu regeln. Dieses wird als das *Recht zur kommunalen Selbstverwaltung* bezeichnet.

Bürger und Einwohner

Einwohner sind alle, die in der Gemeinde wohnen. Bürger einer Gemeinde ist, wer zu den Gemeinderatswahlen wahlberechtigt ist. Dazu gehören auch alle Ausländer, die aus einem der 27 Länder der Europäischen Union (EU) stammen. Sie haben das Wahlrecht zu den Gemeindewahlen an ihrem Wohnort. Wer aus einem Land kommt, das nicht oder noch nicht zur Europäischen Union gehört, muss erst ein Einbürgerungsverfahren durchlaufen, bevor er an den Gemeinderatswahlen teilnehmen kann. Das gilt zum Beispiel für Menschen aus der Türkei.

Mitwirkung in der Gemeindepolitik

Neben dem Recht zu wählen und gewählt zu werden, gibt es weitere Möglichkeiten zur politischen Beteiligung in der Gemeindepolitik.
Alle Einwohner können an *Einwohnerversammlungen* teilnehmen. Hier informiert der Rat der Stadt die Einwohner über alle bedeutsamen Angelegenheiten der Gemeinde und stellt sich der Diskussion. Hier kann sich jeder zu Wort melden und seine Ansichten vortragen.
Alle Einwohner können die Beratungs- und Beschwerdedienste einer Gemeinde nutzen, um ihre Ideen einzubringen oder auch einmal ihrem Ärger Luft zu machen. Ab einem Alter von 14 Jahren können sich alle Einwohner mit einem *Einwohnerantrag* schriftlich an den Gemeinderat wenden und fordern, dass sich der Rat mit einem bestimmten Thema beschäftigen soll.
Die Bürger können sich in Gruppen mit einem *Bürgerbegehren* an den Rat wenden und eine Entscheidung im Sinne ihres Begehrens fordern. Lehnt der Rat ein solches Bürgerbegehren ab, kommt es zu einem *Bürgerentscheid.* Hierbei stimmen die Bürger der Gemeinde direkt darüber ab, ob zum Beispiel eine neue Sporthalle gebaut werden soll oder nicht.
Viele Bewohner schließen sich auch einer *Bürgerinitiative* an. In solchen Vereinigungen finden sich Menschen zusammen, die auf ein bestimmtes Ziel hinarbeiten und sich wieder auflösen, sobald sie ihr Ziel ganz oder wenigstens zum Teil erreicht haben.

Memorystationen

Demokratie in der Gemeinde

Station 1 Kinderrechte in der Gemeindepolitik

Von den folgenden Aussagen sind drei richtig und drei falsch. Es kommt darauf an, dass du nur die richtigen Sätze in dein Heft schreibst.

Kinder haben das Recht,

1. sich in K-Teams des deutschen Kinderhilfswerks für ihre Interessen einzusetzen.
2. an den Wahlen zum Gemeinderat teilzunehmen.
3. mitzubestimmen, wer Bürgermeister wird.
4. gewähltes Mitglied in einem KiJuPa zu werden.
5. sich mit Ideen und Beschwerden an die Gemeindeverwaltung zu wenden.
6. ab 13 im Gemeinderat mitzuarbeiten.

Station 2 Politik in der Gemeinde

Warum kann Gemeindepolitik heute so nicht funktionieren?

In Dermold, einer Kleinstadt in Deutschland, bittet der alte Bürgermeister seinen einzigen Sohn mit Namen Alfons an sein Krankenbett. „Mein Sohn", sagt er, „ich war 20 Jahre Bürgermeister dieser Stadt. Du sollst mein Nachfolger werden. Ich übergebe dir hiermit das Amt."
Alfons freut sich. Nun ist er der Bürgermeister. Ab heute darf er alles bestimmen, was in dieser Stadt geschieht.
Schon bald nach seinem Amtsantritt beruft Alfons den Stadtrat zur ersten Sitzung ein. Er besteht aus wohlhabenden Bürgerinnen und Bürgern, die Alfons für dieses Amt ausgewählt hat. Mit dem folgenden Beschluss eröffnet er die Sitzung: „Schon morgen werden wir alle Bürger in unserer Stadt dazu aufrufen, einen Teil ihres Einkommens als freiwillige Spende im Rathaus abzuliefern. Städte verfügen ja bisher leider über keinerlei eigene Einnahmen."

- Was muss falsch sein an diesem Bericht?
- Erklärt, worin die vier dicken Fehler bestehen.

Station 3 Demokratie in der Gemeinde

Neben dem Recht zu wählen und gewählt zu werden, gibt es mehrere weitere Mitwirkungsmöglichkeiten in der Gemeindepolitik.

Vier davon verstecken sich in dem folgenden Silbenrätsel. Welche sind das?

an – be – bür – bür – bür – ein – ent – gehren – ger – ger – ger – ini – ner – scheid – tia – tive – trag – woh

5 Vom richtigen Umgang mit Geld

Wir planen wirtschaftliches Handeln

Handys, tolle Kleidung, Süßigkeiten – vieles, aber nicht alles, was ihr zum Leben braucht, könnt ihr kaufen.

Tauscht euch darüber aus, was man mit Geld kaufen kann und was nicht.

Worum geht es?

Geht es euch auch so wie den beiden Mädchen auf dem Foto? Einkaufen macht offensichtlich Spaß. Das liegt daran, dass in Kaufhäusern und Supermärkten fast all die tollen Sachen zu haben sind, die ihr euch schon lange wünscht – doch könnt ihr nicht alles kaufen, worauf ihr gerade Lust habt. Denn dazu braucht ihr Geld, und das reicht meist nicht aus, um all eure Wünsche gleichzeitig zu erfüllen. Also müsst ihr gut überlegen, wofür ihr euer Geld ausgeben wollt.

In diesem Kapitel könnt ihr

- darüber nachdenken, was man wirklich zum Leben braucht und warum sich nicht alles mit Geld kaufen lässt,
- herausfinden, wie das Geld erfunden wurde und welche Bedeutung es heute hat,
- und schließlich Tipps formulieren, wie man mit Geld vernünftig wirtschaftet.

In diesem und dem folgenden Kapitel lernt ihr viele neue Fachwörter kennen, die für euch auch in späteren Jahren wichtig sein werden. Wir empfehlen euch daher, ein Lexikon anzulegen, in dem ihr diese Begriffe in eigenen Worten erklärt. Ihr könnt dazu Karteikarten verwenden oder auch ein extra Heft nehmen. In den nächsten Schuljahren könnt ihr das Lexikon nach und nach erweitern.
Für viele der Lexikonbegriffe werdet ihr Erklärungen in den Texten finden. Andere könnt ihr im Glossar am Ende des Buches nachschlagen. Bemüht euch auch darum, Fachbegriffe mit euren eigenen Worten verständlich zu erklären.

Detektivaufgabe für das ganze Kapitel:
Findet heraus, warum in Schweden reiche Menschen bärenstark sein mussten.

1 Kann man mit Geld alles kaufen?

Wir ermitteln unterschiedliche Bedürfnisse

Im folgenden Text geht es um Wünsche. Wünsche, die man sich gerne erfüllen möchte, nennt man auch Bedürfnisse. Einige Bedürfnisse muss jeder stillen, um sich körperlich wohlzufühlen, zum Beispiel essen und trinken. Andere sind von Mensch zu Mensch verschieden.

Einmal angenommen ...

Schon seit vielen Wochen freut ihr euch auf euren Schulausflug. Er soll in eine große Stadt führen. Da ihr beim letzten Schulfest Kuchen verkauft habt, befindet sich in der Klassenkasse ein stattlicher Überschuss, den ihr für diesen Ausflug verwenden wollt. Nächsten Freitag soll es endlich losgehen. Der Wetterbericht hat strahlend schönes Sommerwetter angekündigt. Am Vormittag wollt ihr das neue Mitmach-Museum besuchen, die Führung wird ungefähr bis ein Uhr mittags dauern. Bis der Bus zurückfährt, habt ihr dann noch drei Stunden freie Zeit vor euch.

Einige Eltern haben sich gerne bereiterklärt, euch zu begleiten und die Aufsichtspflicht zu übernehmen. So könnt ihr euch in verschiedene Gruppen aufteilen, die ganz unterschiedliche Dinge unternehmen.
Was wollt ihr mit eurer freien Zeit anfangen? Mit Freunden etwas spielen oder euch einfach nur ausruhen und quatschen, Süßigkeiten kaufen oder lieber einen Film anschauen? In dieser Schulstunde sollt ihr nun über eure Wünsche reden und einen Programmvorschlag für die drei freien Stunden entwickeln.
Die Fotos auf der nächsten Seite stellen Aktivitäten dar, mit denen unterschiedliche Bedürfnisse erfüllt werden können.

1. Wie kann der Programmvorschlag für die freie Zeit von drei Stunden aussehen? Schaut euch dazu die Fotos auf der rechten Seite an und stellt ein Programm zusammen.
2. Ordnet die einzelnen Programmpunkte verschiedenen Bedürfnissen zu.
3. Stellt euer Programm der Klasse vor und erklärt, welche Bedürfnisse ihr mit den einzelnen Programmpunkten jeweils erfüllt.

1

2

3

4

5

6

7

8

9

Bedürfnisse

1. Es gibt verschiedene Arten von Bedürfnissen. Erklärt mithilfe des Schaubildes die Unterschiede.

2. Wovon hängen Bedürfnisse ab?

Begriffe für euer Fachwörterlexikon

Welche Arten von Bedürfnissen gibt es?

Menschen haben unterschiedliche Bedürfnisse. Einige Bedürfnisse müssen wir befriedigen, um überhaupt leben zu können. So braucht jeder Mensch Essen und Trinken, Kleidung und ein Dach über dem Kopf. Man spricht dann von Grundbedürfnissen. Daneben gibt es Dinge, die wir zwar nicht zum Überleben brauchen, die aber unser Leben sehr viel angenehmer und leichter machen: zum Beispiel Autos, Schmuck, Fernseher, Parfüm, Reisen. Diese Art von Bedürfnissen nennt man Konsum- oder Luxusbedürfnisse. Sicherlich verspürt ihr auch manchmal das Bedürfnis, Musik zu hören oder einen Film im Kino anzuschauen. In diesen Fällen befriedigt ihr kulturelle Bedürfnisse. Das sind Bedürfnisse nach Unterhaltung und Bildung.
Nicht alle Bedürfnisse lassen sich mit Geld stillen. Wenn man ein Bedürfnis nach Zuwendung oder Freundschaft hat, so kann man nicht einfach in das nächste Kaufhaus gehen. Gerade deswegen kann es manchmal schwierig sein, solche Bedürfnisse zu befriedigen. Diese Art von Bedürfnissen nennt man soziale Bedürfnisse.

Was beeinflusst Bedürfnisse?

Manche Bedürfnisse sind von Mensch zu Mensch verschieden. Sie werden beeinflusst

- vom Lebensalter: Ein 13-jähriges Mädchen möchte am Wochenende in einen Freizeitpark, während seine Eltern vielleicht lieber eine Radtour unternehmen.
- von den geografischen Verhältnissen: Ein Jugendlicher in Afrika hat manchmal andere Bedürfnisse als ein deutscher Jugendlicher.
- von der Kultur und Religion: Bewohner einer Südseeinsel kleiden und ernähren sich anders als zum Beispiel Menschen in Ägypten.
- von äußeren Einflüssen: Was die Familie, Verwandte und Freunde denken, ist den meisten Menschen sehr wichtig. Sie orientieren sich in ihren Wünschen und Bedürfnissen an ihnen: Was sie haben, möchte man auch selbst gerne besitzen.
- von der Werbung: Sie hat zum Ziel, Bedürfnisse gezielt zu beeinflussen und Wünsche nach ganz bestimmten Produkten zu wecken.

Aus Bedürfnissen wird Bedarf

Bedürfnisse wollen gestillt werden. Wer das Bedürfnis nach Essen hat, verspürt den Drang, zum Kühlschrank zu gehen. Unternehmen stillen Bedürfnisse, indem sie dazu passende Produkte herstellen. Oft ist es auch umgekehrt: Erst stellen die Unternehmen ein Produkt her und dann wecken sie das Bedürfnis danach. Zum Beispiel gab es vor einigen Jahren noch kein Bedürfnis nach Fotohandys. Als die ersten auf den Markt kamen, wollten plötzlich viele eins haben. So wurde künstlich ein Bedürfnis erzeugt, aus dem dann Bedarf entstand. Bedarf bedeutet, dass man bereit ist, zur Befriedigung eines Bedürfnisses Geld auszugeben. Wer klug mit seinem Geld umgehen will, sollte wissen, wie Bedürfnisse künstlich erzeugt werden, damit daraus Bedarf entsteht.

Wir entscheiden, was wir wirklich zum Leben brauchen

Gepäckstücke	nehme ich mit	für welche Bedürfnisse?
1. Zahnbürste		
2. Duschgel		
3. Bikini/Badehose		
4. MP3-Player		
5. Schlafsack		
6. Kopfkissen		
7. Feuerzeug		
8. Trinkwasser		
9. Schuhe		
10. Lebensmittel		
11. Taschenlampe		
12. Bücher		
13. Haarbürste		
14. Sonnenschutzmittel		
15. Schreibzeug		
16. Fotoapparat		
17. Windjacke		
18. Jeans		
19. Unterwäsche		
20. Seekarte		
21. Taschenmesser		
22. Gaskocher		
23. Handtücher		
24. Play-Station		
25. Handy		
26. Spielkarten		
27. Schreibblock		
28. Wecker		
29. Foto meiner Familie		
30. Haargel		
31. Zahnpasta		
32. Radio		
33. Uhr		
34. Föhn		
35. Poster des Lieblingsstars		
36. Strümpfe		
37. T-Shirts		
38. Pullover		
39. Coca-Cola		
40. Heftpflaster		

Grundbedürfnisse

Konsum- und Luxusbedürfnisse

Kulturelle Bedürfnisse

Soziale Bedürfnisse

Stellt euch vor, ihr nehmt an einer 14-tägigen Schiffsreise teil. Das Segelschiff wird euch mit der Mannschaft zur Verfügung gestellt. Alles, was ihr zum Leben braucht, müsst ihr mitnehmen. Allerdings ist der Platz an Bord sehr begrenzt. Deswegen könnt ihr insgesamt nur 20 Gepäckstücke mitnehmen. Worauf könnt ihr verzichten, was braucht ihr wirklich zum Leben?

1. Entscheidet euch in Einzelarbeit für die 20 Gegenstände, die ihr für wichtig haltet.
2. Ordnet eure ausgewählten Gepäckstücke den vier Bedürfnisarten zu und stellt eure Liste in der Klasse vor.
3. Welche Bedürfnisse verlieren in Notsituationen ihre Bedeutung? Sprecht darüber in der Klasse.

Wirtschaftsgüter befriedigen viele Bedürfnisse

Um unsere Bedürfnisse nach Essen und Trinken, nach Kleidung und einem Dach über dem Kopf befriedigen zu können, brauchen wir Güter. Wir verstehen darunter die Mittel, die erforderlich sind, um Bedürfnisse zu befriedigen. An einem Strand, wie er auf dem Foto zu sehen ist, habt ihr vielleicht das Bedürfnis, eine Sandburg zu bauen. Die Mittel dazu sind Sand und Wasser. Kein Problem: Beides steht im Überfluss zur Verfügung und kostet nichts. Daher sind Sand und Wasser am Strand *freie Güter*. Die meisten Güter, die wir zum Leben brauchen, kosten allerdings Geld. Das ist schon bei der Schaufel so, die man zum Strandburgenbau benötigt. Güter, die Geld kosten, werden als *Wirtschaftsgüter* bezeichnet. Diese sollt ihr nun genauer betrachten.

Sand, Luft und Wasser kosten am Strand nichts und sind freie Güter; Strandkörbe kosten Geld und sind Wirtschaftsgüter

Wie kann man Wirtschaftsgüter einteilen?

Wenn man sich eine Portion Pommes frites kauft, erwirbt man ein Wirtschaftsgut, für das man bezahlen muss. Die knusprig frittierten Kartoffelstäbchen sind das Ergebnis eines Arbeitsprozesses und eines Produktionsprozesses. Das sind zwei Merkmale, die auf alle Wirtschaftsgüter zutreffen, egal, ob es sich um Nahrungsmittel, Füller oder Fahrräder handelt. Insgesamt bilden die Wirtschaftsgüter eine riesige Gruppe sehr verschiedenartiger Dinge. Daher hat man sie eingeteilt, um sie besser unterscheiden zu können. Was braucht man zum Beispiel zur Herstellung von Pommes frites? Natürlich zunächst einmal Kartoffeln, am besten große und längliche. Kartoffeln sind ein Rohstoff. Weil sie Geld kosten, sind sie ein Wirtschaftsgut. Nur wenige Rohstoffe lassen sich im Originalzustand verwenden. Sie werden bearbeitet, um zu einem nützlicheren Gut zu werden. Bei der industriellen Herstellung von Pommes frites werden die Kartoffeln in Waschtrommeln gesäubert, in Dampfschälern geschält, auf Förderbänken getrocknet und in riesigen Friteusen in Pflanzenfett frittiert. Danach werden sie verpackt, in Kühlhäusern gelagert, später transportiert usw. Man sieht, man braucht viele Sachen zu ihrer industriellen Herstellung. Alle zusammen werden als *Sachgüter* bezeichnet. Die fertigen Kartoffelstäbchen werden gegessen und sind dann verbraucht. Man bezeichnet solche Güter als Verbrauchsgüter. Häufiger verwendet man den Begriff *Konsumgüter*, welcher das Gleiche bedeutet. Teller und Gabel, die man vielleicht zum Verzehr der Pommes benutzt, sind *Gebrauchsgüter*. Wir benötigen sie zum täglichen Leben und sie bleiben nach dem Gebrauch vorhanden. Die vielen Maschinen, die zur Herstellung der Pommes frites nötig waren, werden als *Produktionsgüter* bezeichnet. Zu dieser Gruppe gehören alle Güter, die zur Herstellung von Konsum- und Gebrauchsgütern erforderlich sind. Wir benötigen auch noch Güter zum Leben, die keine Sachen sind. Zum Beispiel braucht man einen Fahrer, der die verpackten Pommes frites zu den Verkaufsstellen transportiert. Fahrerinnen oder Fahrer werden für ihre Arbeit bezahlt. Daher stellt auch ihre Leistung ein Wirtschaftsgut dar. Alle Güter, die daraus bestehen, dass Menschen anderen Menschen einen Dienst erweisen, werden als *Dienstleistungen* bezeichnet. Dazu gehört die Leistung von Köchen und Kellnern, die Pommes frites in Restaurants zubereiten und servieren, und auch die Leistungen von Frisören, Ärzten, Lehrern und vielen anderen, die in Dienstleistungsberufen tätig sind.

Julia benutzt die unterschiedlichsten Güter

(A) Zum Frühstück isst Julia wie jeden Morgen **Müsli**. (B) Danach packt sie ein **Frühstücksbrot** und die für den Tag benötigten **Schulbücher** in ihre **Tasche**. (C) Als sie aus dem Haus tritt, atmet sie tief die **frische, kühle Luft** ein, jetzt erst wird sie richtig wach.
(D) Der **Busfahrer** im Schulbus bringt sie und andere Kinder sicher zur Schule. (E) Im Kunstunterricht stellt sie mithilfe eines **Keramikofens** ihre selbstglasierte Blumenvase fertig.
(F) Um vier Uhr holt sie ihre Mutter ab, die als **Bankkauffrau in einer Großbank** arbeitet. (G) Anschließend geht sie zusammen mit ihrer Mutter zum **Frisör** und lässt sich die Haare schneiden. (H) Zu Hause angekommen, benutzen Mutter und Tochter eine **elektrische Küchenmaschine**, um Saft aus Früchten zu pressen. (I) Nach dem Abendessen schalten sie und ihre Mutter noch für eine Stunde den **Fernseher** ein.

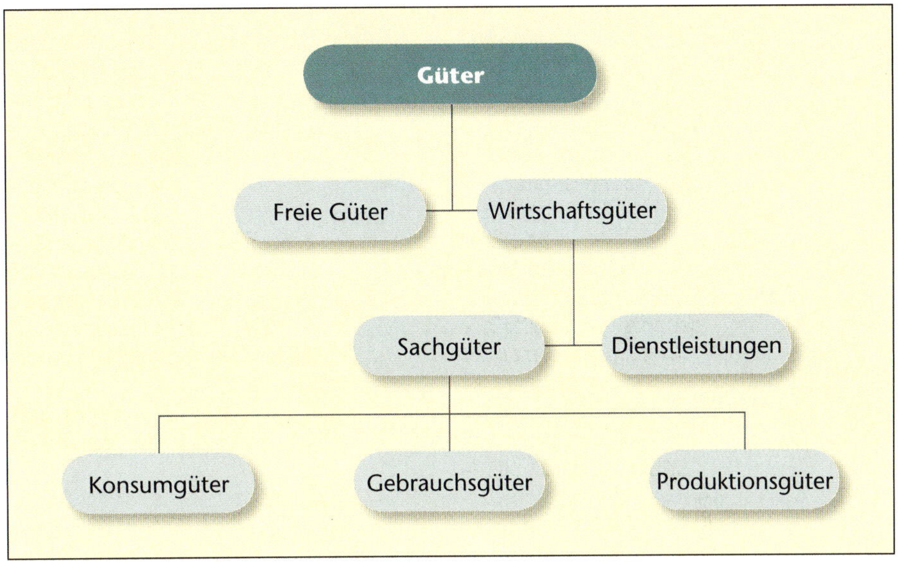

Sauberes Wasser – knappes Gut

Fast die Hälfte des weltweit verbrauchten Wassers geht ungenutzt verloren – es versickert und verdunstet. Dabei ist sauberes Trinkwasser ein ebenso kostbares wie kostspieliges Gut. […]
Mehr als 1,1 Milliarden Menschen haben keinen Zugang zu sauberem Trinkwasser und 2,4 Milliarden keine akzeptablen sanitären Einrichtungen. Das kostbare Nass ist scheinbar im Überfluss vorhanden, doch die Vorräte sind ungleich verteilt. Während ein paar Länder über 60 Prozent der Süßwasserreserven verfügen, muss Asien, wo knapp 60 Prozent der Weltbevölkerung leben, mit 30 Prozent des Wassers auskommen. […]

Je höher der Lebensstandard, desto größer die Verschwendung: Die vielen Haushaltsgeräte der Wohlhabenden treiben den Wasserverbrauch in die Höhe. Kein Umweltbewusstsein, kein Kostendenken vermag ihn zu bremsen. Die ärmere Bevölkerung dagegen spart Wasser, sobald die Versorger die Preise erhöhen.

(Aus: Le Monde diplomatique. Atlas der Globalisierung, Berlin 2006, S. 14)

1. Welche Güterarten werden zur industriellen Herstellung von Pommes frites benötigt?
2. Welche Güterarten nutzt Julia zur Befriedigung ihrer Befürfnisse? Übertragt dazu die Übersicht oben auf der Seite in euer Heft und fügt die Namen aller im Text fettgedruckten Güter in die richtigen Kästen ein. Dabei müssen diese in mehrere Kästen eingefügt werden. „Müsli" zum Beispiel gehört in die Kästen Güter, Wirtschaftsgüter, Sachgüter und Konsumgüter.
   Tipp: Mit allen weiteren Gütern, die euch einfallen, könnt ihr ebenso verfahren.
3. Erklärt, wie es möglich ist, dass Wasser ein wertvolles und knappes Wirtschaftsgut sein kann.
4. Überzeugt Christian davon, dass sein Verhalten problematisch ist:
   Jeden Morgen dreht er den Wasserhahn auf und lässt das Wasser laufen, solange er mit dem Zähneputzen und Waschen beschäftigt ist. Sein Frühstücksgeschirr reinigt er selbst. Er macht das immer unter fließendem Wasser, wobei der Hahn manchmal einige Minuten aufgedreht bleibt. Christian sieht kein Problem in seinem Verhalten.

Begriffe für euer Fachwörterlexikon

2 Welche Rolle spielt das Geld?

Wir führen eine Befragung durch

Auf der Südseeinsel Yap bezahlte man bis vor etwa 100 Jahren mit besonders wertvollen Steinen. Um ein Kanu zu kaufen, brauchte man einen Stein von 3 bis 4 Metern Durchmesser.

Warum haben die Menschen das Geld erfunden?

Ein Leben ohne Geld können wir uns heute kaum mehr vorstellen. Doch das war nicht immer so. Vielleicht habt ihr euch schon einmal gefragt, wie das Geld entstanden ist. Antworten darauf findet ihr in dem folgenden Text.

Vor vielen Tausenden von Jahren gab es weder Kinos noch Eisenbahnen oder Eisdielen. Die Menschen lebten etwa die ersten 30 000 Jahre ihrer Geschichte als Jäger und Sammler in kleinen Gruppen für sich und ernährten sich von dem, was sie selbst gejagt oder an Pflanzen gepflückt hatten. Um 8000 vor Christi Geburt begannen die Menschen sesshaft zu werden und ein bäuerliches Leben mit Landwirtschaft und Viehzucht zu führen. Im Laufe der nächsten Jahrtausende wurden aus kleinen Ansiedlungen Dörfer, aus Dörfern kleine Städte und schließlich größere Städte und Stadtstaaten. Diese Entwicklung war nur möglich durch Arbeitsteilung. Die Bauern konnten so viele Lebensmittel herstellen, dass es auch für die Städter reichte. Nicht jeder musste sich selbst versorgen. Die Menschen hatten stattdessen Zeit, neue Fähigkeiten zu erlernen. Töpfer, Weber, Schmiede, Schreiner oder Bootsbauer spezialisierten sich auf ihre Künste.

Ware gegen Ware

Es gab noch immer kein Geld. Man traf sich regelmäßig auf dem Marktplatz des Dorfes, um verschiedene Gegenstände zu tauschen. Eine Ziege wurde gegen Werkzeug, ein Fisch gegen Brot, gewebtes Tuch gegen einen Sack Weizen getauscht. Der Tausch „Ware gegen Ware“ war in früheren Zeiten nicht ganz einfach. Oft musste um mehrere Ecken herum getauscht werden, bis jeder das hatte, was er brauchte.

Naturalgeld wird Zahlungsmittel

Den Menschen wurde allmählich klar, dass es einfacher war, sich auf einen bestimmten Gegenstand als Zahlungsmittel zu einigen, gegen den immer getauscht wurde. Damit war das Geld erfunden, obwohl es noch keine Ähnlichkeit mit unserem heutigen Geld hatte und auch noch nicht so hieß. Das Geld wurde nicht von einer bestimmten Person erfunden. Es war eine Entwicklung über etwa 4000 Jahre hinweg.
Überall dort, wo die Menschen auf Tausch angewiesen waren, entstand zu unterschiedlichen Zeiten Geld. In den verschiedenen Teilen der Erde nutzten die Menschen ganz unterschiedliche Dinge als Geld, wie z. B. Salz oder Tee. Meist waren es seltene und damit kostbare Produkte aus der Natur. Daher nennt man diese frühe Form des Geldes auch „Naturalgeld“. Damals wie heute war das Allerwichtigste bei Geld, dass sich die

Menschen alle einig waren, es als Tauschgegenstand anzunehmen. Geld ist, was gilt – egal, woraus es besteht.

Die Erfindung der Münzen

Ein Volk, das berühmt war für seine Handelskunst, waren die Sumerer mit ihrer alten Hauptstadt Babylon. Etwa 3000 v. Chr. erfanden sie auch ein Schrift- und Rechensystem, das ihnen bei ihren zahlreichen Tauschaktionen sehr hilfreich war. Als Tauschgegenstand wählten sie Metalle wie Gold und Silber. Metallstücke hatten gegenüber dem Naturalgeld viele Vorteile: Es wurde nicht schlecht und war leicht zu transportieren. Damit war es als Zahlungsmittel geeignet.
Der Wert des Metallgeldes hing von der Metallsorte und vom Gewicht ab. Zum Bezahlen auf den Märkten wurde deshalb das Metallgeld gewogen. Dieses Abwiegen war umständlich. Deswegen erfand jemand eines Tages eine einfache Art des Bezahlens. Dieser Jemand war Gyges, der König von Lydien, der um 650 vor Christus schließlich die Münzen erfunden hat. Gyges machte Geld zur Sache des Staates, das sogenannte Münzrecht lag beim König. Er versprach, dass jede Münze ein bestimmtes Gewicht haben sollte. Die Menschen vertrauten ihrem König und nahmen deshalb auch von Fremden Münzen bedenkenlos als Zahlungsmittel an, ohne sie nachzuwiegen. Geld ist eben, was gilt.

Das Papiergeld

Mit Münzen umzugehen und zu bezahlen, ist auf Dauer gar nicht so leicht – im wahrsten Sinne des Wortes! Wer teure Dinge kaufen möchte, müsste Geld säckeweise herumtragen. Der italienische Weltentdecker Marco Polo kam im Jahre 1295 aus China zurück und berichtete begeistert von zahlreichen Erfindungen, die er bei den Chinesen gesehen hatte. Eine besonders merkwürdige Erfindung war dabei Geld aus Papier! Schweden war das erste Land in Europa, das (1661) Papiergeld druckte – vielleicht, weil Schweden mit dem „Platmynt" die größten und schwersten Münzen der Welt hatte. Die schwedische 10-Taler-Münze wog beinahe 20 kg! Da liegen die Vorteile von Papiergeld auf der Hand. Die anderen europäischen Länder folgten nach und nach dem schwedischen Beispiel. Es war angenehm, für den Kauf, z. B. eines teuren Pferdes, nicht mit einem schweren Sack voller Münzen, sondern einer Hand voll Papier zu bezahlen.

(Aus: Birgit Neiser, Max macht Mäuse, moses Verlag, Kempten 2000, S. 9 ff.)

1. Mithilfe eures Lexikons könnt ihr euch darauf vorbereiten, in einem kurzen Vortrag die Geschichte des Geldes zu erklären. Übertragt dazu folgende Begriffe und formuliert eine kurze Erklärung: Jäger und Sammler – Arbeitsteilung – Tauschwirtschaft – Naturalgeld – Münzgeld – Papiergeld.
Tipp: Partnerarbeit

2. Bildet in der Klasse eine Vortragskette: Eine Schülerin/ein Schüler beginnt mit dem ersten Begriff und erklärt diesen in eigenen Worten. Anschließend bittet sie/er irgendjemand aus der Klasse, mit dem nächsten Begriff fortzufahren. Die Kette setzt sich so lange fort, bis der letzte Begriff erklärt ist.

3. Nennt mindestens drei Gründe, warum das Geld erfunden wurde.

Woher bekommen Familien ihr Geld?

Familie Steinke sitzt am Samstagabend gemütlich beim Abendessen. Alle genießen es, endlich einmal Zeit füreinander zu haben. Beide Eltern sind berufstätig. Herr Steinke ist bei einer großen Versicherung angestellt, Frau Steinke arbeitet halbtags als Erzieherin in einem Kindergarten. Nachdem sie schon eine Weile über ihre Erlebnisse der vergangenen Woche geredet haben, schaltet sich der 12-jährige Tim in das Gespräch ein.

TIM: Du Papa, was verdient ihr beiden eigentlich?
VATER: Nanu? Wie kommst du denn darauf? Willst du etwa eine Taschengelderhöhung?
TIM: Nein, das ist nicht der Grund. Es interessiert mich eben.
VATER: Also, ich bekomme im Monat 3 300 Euro und Mama verdient 1 100 Euro.
TIM: So viel? Dann sind wir ja richtig reich!
VATER: Das sieht nur auf den ersten Blick so aus. Wir sind weder reich noch arm, sondern wir liegen im Durchschnitt. Das ist unser Bruttogehalt, das bekommen wir nicht ausbezahlt.
FELICIA: Was ist denn Bruttogehalt?
MUTTER: Brutto kommt aus dem Italienischen und bedeutet „gesamt“, das habe ich neulich in einer Infoschrift unserer Bank gelesen. Das Bruttogehalt ist also unser Gesamtverdienst. Davon gehen allerdings noch eine Menge Abzüge weg.
TIM: Was denn?
VATER: Wir müssen zum Beispiel Steuern an den Staat bezahlen. Das sind Abgaben, die der Staat braucht, um seine Aufgaben zu erledigen. So braucht er zum Beispiel Geld, um Schulen zu unterhalten, Lehrer zu bezahlen oder um Straßen zu bauen.
FELICIA: Und wie viel ist das?
VATER: Das habe ich jetzt nicht im Kopf. Lass mich mal nachschauen …

Wenig später kommt der Vater mit den Lohnabrechnungen zurück.
VATER: Also, Mama und ich bezahlen zusammen 592 Euro Steuern, dazu kommt noch die Kirchensteuer von 32 Euro. Die Kirchensteuer erhält aber nicht der Staat, sondern das Geld wird gleich an die Kirchen weitergeleitet, die damit ihre Ausgaben bezahlen.
FELICIA: Na ja, trotz der Steuern haben wir doch noch sehr viel Geld übrig.
MUTTER: Halt, das war noch nicht alles. Wir zahlen auch jeden Monat Geld in die Krankenversicherung ein. Von unserem Krankenkassenbeitrag zahlen die Kassen dann Arztrechnungen, Medikamente oder eine Behandlung im Krankenhaus. Wie hoch ist unser Krankenkassenbeitrag, Johannes?
VATER: Pro Monat beträgt er 347 Euro.
MUTTER: Wir sind auch versichert, wenn wir im Alter einmal so krank werden, dass wir nicht mehr für uns selbst sorgen können. Diese Versicherung heißt Pflegeversicherung.
VATER: Dafür zahlen wir 37 Euro.
MUTTER: Ach, das hätte ich fast vergessen. Damit wir später im Alter einmal genug Geld zum Leben haben, zahlen wir jeden Monat 437 Euro in die Rentenversicherung. Wenn wir dann nicht mehr arbeiten können, bekommen wir trotzdem jeden Monat Geld, das ist die Rente.
FELICIA: Oma bekommt ja auch eine Rente, das hat sie mir einmal erzählt.
MUTTER: Ganz genau. Johannes, haben wir jetzt alle Abzüge?
VATER: Es fehlt noch die Arbeitslosenversicherung. Die beträgt insgesamt 92 Euro. Damit sind wir versichert, wenn einer von uns beiden vielleicht einmal arbeitslos wird. In einem solchen Fall bekommen wir wenigstens

einen Teil unseres früheren Gehaltes überwiesen.

Mutter: Alle diese Versicherungen heißen zusammen Sozialversicherungen. Dieses Geld sehen wir gar nicht auf dem Konto, sondern es wird gleich von unserem Bruttolohn an die Kassen überwiesen. Die Arbeitgeber, also unsere Betriebe, zahlen dann noch einmal in gleicher Höhe Sozialversicherungsabgaben für uns. Das ist gesetzlich so geregelt.

Felicia: So kompliziert habe ich mir das mit dem Geld nicht vorgestellt.

Tim: Und was haben wir dann im Monat für uns noch übrig?

Vater: Das ist unser Nettolohn, von italienisch „netto“. Das heißt übersetzt „rein“. Aber das könnt ihr euch doch ganz leicht selbst ausrechnen. Zu unserem Nettogehalt bekommen wir übrigens vom Staat noch das Kindergeld – für jeden von euch 154 Euro im Monat.

Wovon leben die Menschen in Deutschland?

Die meisten Menschen bei uns sind erwerbstätig, das heißt sie gehen arbeiten und erhalten dafür Lohn oder Gehalt. Mit ihrem Einkommen sorgen sie auch für diejenigen Familienmitglieder, die keine eigenen Einkünfte haben. Dazu zählen Kinder, die noch in die Schule gehen, oder Mütter und Väter, die nicht berufstätig sind. Junge Menschen, deren Eltern keine Unterstützung zum Studium zahlen können, erhalten eine staatliche Ausbildungsförderung (BAföG). Ältere Menschen, die bereits im Ruhestand leben, erhalten eine monatliche Rente oder Pension. Wer kein Einkommen hat, keine Arbeitslosenunterstützung und keine Rente bekommt, erhält vom Staat Sozialhilfe. Ein kleiner Teil der Bevölkerung lebt von seinem Vermögen. Dazu zählen zum Beispiel die Zinsen, die ein Bankguthaben abwirft, oder die Einnahmen aus der Vermietung von Häusern.

(Aus: Dr. Ulrike Reisach, Was ist was, Wirtschaft, Tessloff Verlag, Nürnberg 2002, S. 24)

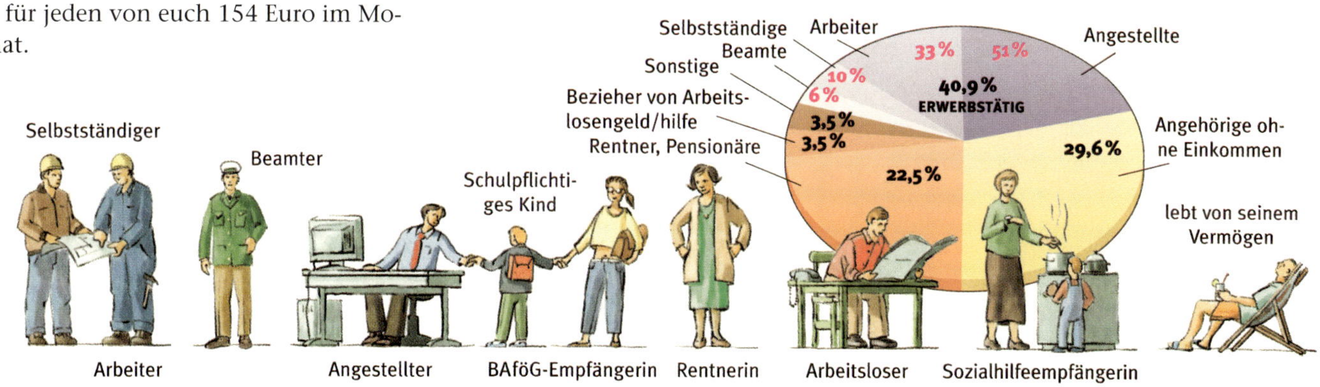

Begriffe für euer Fachwörterlexikon

1. Wie hoch ist das Nettogehalt von Frau und Herrn Steinke? Schreibt dazu Bruttogehalt, Steuern und die einzelnen Sozialversicherungsbeiträge übersichtlich untereinander und errechnet den Nettobetrag.
2. Lest den Text im Kasten und betrachtet das Schaubild: Zu welcher Gruppe gehören Frau und Herr Steinke, zu welcher die beiden Kinder und die Oma? Wie groß ist der Anteil dieser Gruppen in der Bevölkerung?

Methodenkarte 7

Eine Befragung durchführen und auswerten | Thema: Geld

A Warum werden Befragungen durchgeführt?

Mit einer Befragung könnt ihr herausfinden, was andere Menschen über ein Thema denken. In diesem Fall geht es darum, in Erfahrung zu bringen, wie Kinder mit ihrem Taschengeld umgehen. Ihr könnt so eigene Einstellungen mit denen anderer vergleichen. Grundlage für eine Befragung ist ein ausgearbeiteter Fragebogen.

B Wie macht man das?

1. Vorbereitung

- Zunächst muss man sich darüber im Klaren sein, was man wissen möchte. Auf der nächsten Seite findet ihr einen Vorschlag für einen Fragebogen. Natürlich könnt ihr auch eigene Fragen formulieren oder den Bogen mit weiteren Fragen ergänzen.
- Überlegt euch dann, wen ihr befragen wollt. Ihr könnt Schülerinnen und Schüler aus anderen Klassen in eurer Schule befragen oder auch Freunde. Wenn ihr die Umfrage an eurer Schule durchführen wollt, müsst ihr eure Schulleitung um Erlaubnis bitten.
- Denkt daran, dass eine Befragung normalerweise anonym, also ohne die Nennung des Namens, durchgeführt wird. Allerdings sollte der Fragebogen einige Angaben zur Person enthalten, die für die Auswertung von Bedeutung sein könnte. Dazu gehören das Alter und Geschlecht der Befragten.

2. Durchführung

Es gibt unterschiedliche Varianten der Durchführung: Ihr könnt euch zum Beispiel in Kleingruppen aufteilen, die dann Schülerinnen und Schüler aufsuchen und befragen. Das hat den Vorteil, dass ihr auf mögliche Fragen zum Bogen direkt antworten könnt. Ihr könnt auch die Fragebogen verteilen und am nächsten Tag einsammeln. Damit spart ihr Zeit.

3. Auswertung

Für die Auswertung ist es hilfreich, die Klasse in Gruppen aufzuteilen. Zum Beispiel können jeweils einzelne Gruppen die Auswertung von jeweils einer Frage übernehmen. Zerschneidet dazu die Bögen so, dass jede Frage für sich allein ausgewertet werden kann. Bei der Auswertung ist eine Strichliste sinnvoll. Wenn alle Zahlen vorliegen, könnt ihr zum Beispiel in einem Plakat zusammenfassen, was ihr herausgefunden habt. Redet anschließend in der Klasse über die einzelnen Ergebnisse. Überraschen sie euch oder entsprechen sie euren Erwartungen?

C Worauf solltet ihr noch achten?

Für den Erfolg der Befragung ist es wichtig, dass die Befragten gerne daran teilnehmen und bereit sind, den Fragebogen ehrlich auszufüllen. Tretet also freundlich auf und setzt sie nicht unter Zeitdruck. Stellt euch kurz vor und erklärt, warum eure Klasse eine Befragung durchführt. Informiert die Befragten auch gleich zu Beginn, dass die Befragung anonym, also ohne Nennung des Namens durchgeführt wird.

Vorschlag für die Gestaltung eines Fragebogens

Persönliche Angaben

Mädchen ☐ Junge ☐ Alter _______

1. Wie viel Geld steht dir im Monat zur Verfügung?

☐ weniger als 20 € ☐ 20 bis 25 €
☐ 25 bis 30 € ☐ mehr als 30 €

2. Wofür gibst du dein Taschengeld hauptsächlich aus? (höchstens 3 Nennungen)

☐ Kleidung ☐ Fast Food
☐ CDs, DVDs ☐ Geschenke
☐ Computer ☐ Kosmetika
☐ Zeitschriften, Comics ☐ Süßigkeiten
☐ Hobbys ☐ Sonstiges

3. Sparst du einen Teil deines Geldes?

☐ regelmäßig ☐ selten ☐ nie

4. Ist es dir schon passiert, dass du beim Einkaufen mehr Geld ausgegeben hast, als du wolltest?

☐ häufig ☐ manchmal ☐ selten

5. Wie kommst du mit deinem Geld aus?

a) Ich komme im Allgemeinen gut aus und habe am Monatsende noch Geld übrig. ☐
b) Ich komme gerade so aus, ich habe am Monatsende kein Geld übrig. ☐
c) Ich habe schon vor Monatsende kein Geld mehr. ☐

Geld

1. Erkläre, was Geld ist.
2. Welche Vorteile hat der Euro gegenüber den ehemaligen Währungen in Europa?
3. Warum bezeichnet man Buchgeld als „unsichtbares" Geld?

Was ist eigentlich Geld?

Wenn ihr in eure Geldbörse schaut, scheint die Antwort ganz einfach: Geld – das sind die Münzen und vielleicht auch Scheine, die sich darin befinden. Doch warum könnt ihr mit diesem Geld zum Beispiel an einem Kiosk Süßigkeiten kaufen? Das funktioniert deshalb, weil Geld ein Tauschmittel ist. Eure Eltern gehen arbeiten und tauschen ihre Arbeitskraft gegen Geld. Das Geld tauschen sie dann im Supermarkt gegen Lebensmittel, beim Frisör gegen einen Haarschnitt oder sie geben euch einen Teil des Geldes als Taschengeld. Wichtig ist auch, dass Geld stets nur in begrenzter Menge vorhanden ist. Sonst verliert es seinen Wert. Darüber wacht bei uns die Europäische Zentralbank. Nur die Europäische Zentralbank und Regierungen haben das Recht, Geld zu drucken.

Der Euro – die gemeinsame europäische Währung

Das Geld, das in einem bestimmten Land oder in mehreren Ländern von allen benutzt wird, nennt man Währung. Seit dem 1. Januar 2002 haben die Menschen in Europa eine gemeinsame Währung – den Euro. Damit kann man in vielen europäischen Ländern bezahlen. Ein wichtiger Vorteil der europäischen Währung ist, dass man nun an den Grenzen nicht mehr wie früher sein Geld in eine andere Währung umtauschen muss. Auch die Unternehmen können heute in Europa viel einfacher Geschäfte machen. In einem Euro-Land sieht man auch sofort, was die angebotenen Waren kosten. Früher musste man erst umrechnen, bevor man den Wert vergleichen konnte.

Bargeld – Buchgeld – Plastikgeld

Wenn du dir ein neues Schulheft kaufst, bezahlst du an der Kasse wahrscheinlich direkt mit Münzen oder Scheinen. Diese Art der Bezahlung nennt man Barzahlung. Neben dem Bargeld gibt es aber auch unsichtbares Geld, das man nicht anfassen kann. Es entsteht, wenn du Geld auf ein Sparbuch oder ein Konto einbezahlst. Weil die Bank den Betrag in ihren Büchern verbucht, also notiert, heißt dieses Geld Buchgeld. Wenn du es wieder von deinem Sparbuch abhebst, wird es wieder zu Bargeld. Heute werden größere Beträge nur noch selten in bar bezahlt. Es wäre viel zu umständlich, so viele Geldscheine zu transportieren. Zum Beispiel bekommen deine Eltern ihr Gehalt vom Arbeitgeber auf ihr Konto überwiesen. Bargeldlos bezahlen sie auch Miete, Strom und größere Anschaffungen.
Sicherlich hast du auch schon beobachtet, dass manche Menschen an der Kasse mit einer Karte bezahlen. Diese Art Geld nennt man Plastikgeld. Der Betrag für die Einkäufe wird dann direkt von dem Geld abgezogen, das diese Menschen auf ihrem Bankkonto haben.

Begriffe für euer Fachwörterlexikon

Trainingsplatz

Wir ermitteln, in welchen Ländern man mit dem Euro bezahlen kann

Endlich Ferien! Die Schülerinnen und Schüler der Klasse 6 b haben ganz unterschiedliche Pläne für die Sommerferien. In fast allen Ferienländern können sie mit dem Euro bezahlen, nur in drei Ländern gelten andere Währungen. In den nächsten Jahren werden weitere Staaten zu Euro-Ländern.

Betrachtet die Karte und sucht die in den Beispielen genannten Länder. Findet heraus, ob man dort mit dem Euro bezahlen kann. Wer muss Geld tauschen?

■ **Tipp:** Nehmt euren Atlas zu Hilfe.

Die Karte zeigt die Euro-Länder 2008. Mithilfe des Internets könnt ihr herausfinden, ob sich die Zahl seitdem verändert hat.

Die hier rot markierten EU-Staaten nehmen an der Währungsunion teil. (Stand: Januar 2008)

Beispiele	**Euro**
1. Anna-Lena fährt mit ihrer Familie im Campingmobil nach Italien.	
2. Nils besucht seine Oma in Schweden.	
3. Konstantin macht mit seiner Jugendgruppe in Spanien den Segelschein.	?
4. Gordana will ihre Mail-Freundin in Polen endlich persönlich kennenlernen.	
5. Julia hat eine Sprachreise in Großbritannien gebucht.	
6. Wladimir freut sich auf einen Campingurlaub am Atlantik in Frankreich.	
7. Elena unternimmt mit ihren Eltern eine Städtereise nach Lissabon, der Hauptstadt Portugals.	
8. Marc reist mit seiner Pfadfindergruppe zwei Wochen quer durch Irland.	

3 Wie kann eine Familie sinnvoll wirtschaften?

Wir erstellen einen Einkaufsplan

War das ein Schock für Simone und Oliver! Als sie aus der Schule kamen, stand der Krankenwagen vor der Tür. „Die kommen bestimmt wegen Mama", rief Oliver voller Schreck. Oliver sollte Recht behalten. Seine Mutter hatte schon seit einigen Tagen über Bauchschmerzen geklagt. Es war der Blinddarm – und der musste raus.
Der Vater war auch schon da und fuhr mit ins Krankenhaus. Abends sprach Herr Winter mit seinen Kindern. „Es ist alles noch einmal gut gegangen. Gefährlich ist es nicht, aber Mama muss mindestens fünf Tage im Krankenhaus bleiben. Ich könnte Tante Andrea bitten, zu uns zu kommen und für euch zu sorgen." „Also was denkst du denn, Papi! Wir sind doch schließlich alt genug, um uns ein paar Tage lang selbst zu versorgen." „Also gut. Dann müsst ihr einkaufen gehen, euch etwas zu essen machen, denn ich gehe abends nach der Arbeit zu Mama und komme erst nach Hause, wenn die Geschäfte schon zu sind."
Am nächsten Tag haben Simone und Oliver keine Lust zum Kochen. Sie gehen in eine Pizzeria und bestellen sich eine Pizza. Simone trinkt einen Orangensaft, Oliver eine große Cola. Zum Nachtisch essen beide noch ein Eis. Dafür müssen sie 24,50 € bezahlen. Auf dem Weg zum Krankenhaus gehen sie noch schnell in den Supermarkt und kaufen sich ein paar Süßigkeiten für 1,80 € und einen Blumenstrauß (8,00 €) für ihre Mutter im Krankenhaus.
Am Abend bittet Simone ihren Vater um Geld. „Ich habe dir doch gestern erst 35 € gegeben", ruft Herr Winter entsetzt, „die können doch unmöglich schon weg sein. Und der Kühlschrank ist auch leer, für mich ist nichts zu essen da." Herr Winter ist stocksauer. Nun setzen sich die drei zusammen und beschließen, in Zukunft wirtschaftlich vernünftiger zu handeln. Dazu gehört, dass genau geplant wird, was gekauft wird.
Simone und Oliver bekommen nochmals 50 €. Damit müssen sie jetzt die drei Tage bis zum Wochenende auskommen.
Sie setzen sich hin und machen einen Plan.

Wer einen Einkaufsplan erstellt, überlegt, welche Mittel ihm zur Verfügung stehen, und trifft dann eine Entscheidung. Ihr könnt Simone und Oliver beim Aufstellen ihres Plans helfen.

1. Stellt mithilfe der Preisliste auf der folgenden Seite jeweils Frühstück und ein warmes Abendessen für drei Tage zusammen. Herr Winter nimmt an diesen Mahlzeiten auch teil. Probiert verschiedene Möglichkeiten aus. Einzige Bedingung: Das Haushaltsgeld von 50 € muss für drei Tage reichen.
2. Ihr könnt in einen Supermarkt gehen und dort die Preise für euer Lieblingsessen aufschreiben. Vergleicht sie mit Angeboten aus anderen Geschäften und den Preisen der Tabelle auf der folgenden Seite. Was stellt ihr fest?

■ **Tipp:** Diese Aufgaben könnt ihr auch in Partner- oder Gruppenarbeit bearbeiten.

Was brauchen wir?	Das kostet ungefähr	Was braucht eine Person pro Mahlzeit?
Milch	1 € (Liter)	0,5 l
Butter	1 € 50 Cent (250 g)	40 g
Zucker	1 € (1 kg)	20 g
Apfelsaft	1 € (Liter)	0,5 l
Mineralwasser	4 € (12 Flaschen)	0,5 l
Tee	2 € (20 Teebeutel)	1 Teebeutel
Roggenbrot	3 € (1 kg)	200 g
Brötchen	40 Cent	2
Marmelade	2 € (450 g)	45 g
Honig	5 € (500 g)	50 g
Joghurt	50 Cent (150 g)	150 g
Eier	20 Cent (Stück)	2
Cornflakes	4 € (750 g)	75 g
Äpfel	2 € (kg)	200 g
Bananen	1 € 50 Cent (kg)	200 g
Orangen	2 € (kg)	200 g
Nudeln	2 € (500 g)	125 g
Kartoffeln	1 € (kg)	250 g
Reis	1 € (4 Portionen)	1 Portion
Kartoffelpüree	2 € (4 Portionen)	1 Portion
Hackfleisch	6 € (kg)	150 g
Putenschnitzel	10 € (kg)	150 g
Hähnchenkeule	8 € (kg)	250 g
Fischstäbchen	2 € 50 Cent (12 Stück)	6
Aufschnitt	1 € 50 Cent (100 g)	50 g
Käse	1 € 50 Cent (100 g)	50 g
Kopfsalat	1 € (Stück)	0,5
Tomaten	2 € 50 Cent (kg)	200 g
Gurke	1 € (Stück)	0,5
Karotten	2 € (kg)	200 g
Brokkoli	2 € (kg)	200 g

Wie wirtschaftet Familie Winter mit ihrem Geld?

Haushaltsplan von Familie Winter für einen Monat	
Miete mit Heizung, Strom, Wasser	820 €
Zeitung	30 €
Telefon, Internet, Fernsehen	79 €
Versicherungen	260 €
Taschengeld Kinder	40 €
Nahrungsmittel, Getränke	480 €
Monatskarten Bus	60 €
Auto (Benzin)	130 €
Kleidung, Schuhe	150 €
Haushaltsgeräte, Reparaturen	70 €
Körperpflege, Frisör	80 €
Geschenke	70 €
Musikunterricht	86 €
Freizeit, Sport	140 €
Sparen (Urlaub, sonstige Dinge)	350 €
Abzahlung des Kredits für den Autokauf	100 €
Gesamt	2945 €

Herr Winter war sehr ärgerlich, als er feststellte, dass Simone und Oliver leichtfertig 35 € ausgegeben haben. Denn wie viele Familien überlegen die Winters sehr genau, wofür sie das zur Verfügung stehende Geld ausgeben können. Einmal im Monat setzen sich die Eltern zusammen und erstellen einen Haushaltsplan, in dem sie festlegen, was sie für einzelne Dinge ausgeben wollen. Einige Ausgaben liegen von vornherein fest, wie zum Beispiel die Kosten für die Miete. Andere Ausgaben schwanken, zum Beispiel die Ausgaben für Freizeit. Doch jeder in der Familie hat Wünsche, und diese sind oft ganz unterschiedlich. Die Kinder wollen wieder einmal in einen Freizeitpark, die Eltern sich vielleicht lieber ein Essen im Restaurant gönnen. Da nicht alle Wünsche gleichzeitig erfüllt werden können, müssen die Eltern gut planen und dann entscheiden, wofür das Geld verwendet werden soll. Für die Erfüllung besonderer Wünsche müssen sie manchmal auch mehrere Monate sparen. In ihrem Haushaltsbuch tragen Frau und Herr Winter dann im Laufe des Monats sorgfältig alle Einnahmen und Ausgaben ein, damit sie einen Überblick haben, ob sie mit ihren Ausgaben noch im Plan liegen.

1. Im Haushaltsplan von Familie Winter finden sich feste und veränderliche Ausgaben. Betrachtet den Plan: Wie viel Geld für feste Ausgaben muss die Familie jeden Monat einplanen?
2. Welche Folgen hat es, wenn die Familie in einem Monat 35 € mehr für Lebensmittel ausgibt?

Wirtschaften

1. Mithilfe des Textes könnt ihr Merkmale vernünftigen wirtschaftlichen Handelns herausfinden und notieren.
2. Erklärt, warum die Preise für ökologisch erzeugte Produkte etwas höher sind als für andere Waren.

Begriffe für euer Fachwörterlexikon

Warum müssen wir wirtschaften?

Vielleicht kennt ihr die Geschichte vom Schlaraffenland: Dort ist alles, was die Menschen zum Leben brauchen, im Überfluss vorhanden. Man braucht sich nur zu bedienen. Wenn wir durch einen Supermarkt oder ein Kaufhaus schlendern, könnte man ebenfalls auf die Idee kommen, dass wir im Schlaraffenland leben. Die Regale quellen über, alle Waren sind in Hülle und Fülle vorhanden. Es gibt aber einen Unterschied zum Schlaraffenland: Wir müssen die Waren bezahlen. Und Geld steht uns nicht unbegrenzt zur Verfügung. Deshalb müssen wir mit unserem Geld haushalten. Wenn man wirtschaftet, versucht man also, mit den zur Verfügung stehenden Mitteln gut auszukommen. Da wir nicht alle Bedürfnisse, die mit Geld zu erfüllen sind, auf einmal stillen können, ist es sinnvoll, unser Geld so einzuteilen, dass wir zunächst das kaufen, was uns am wichtigsten ist.

Wie kann man vernünftig wirtschaften?

Natürlich möchte jeder für sein Geld eine möglichst hohe Gegenleistung bekommen.
Dies ist der Fall, wenn wir versuchen, eine bestimmte Ware so billig wie möglich zu kaufen. Sicherlich ist euch schon aufgefallen, dass die Preise für eine bestimmte Ware von Geschäft zu Geschäft verschieden sind. Wenn ihr also zum Beispiel einen neuen Fahrradhelm kaufen wollt, ist es sinnvoll, vor dem Einkaufen die Preise zu vergleichen, um herauszufinden, wo euer Wunschmodell am billigsten angeboten wird.
Die zweite Möglichkeit besteht darin, beim Einkaufen auf eine möglichst gute Qualität der Ware zu achten. Wenn ihr also feststellt, dass mehrere Fahrradhelme zum gleichen Preis angeboten werden, ist es sinnvoll, das Modell mit der besten Qualität zu wählen. In beiden Fällen habt ihr mit eurem Geld gut gewirtschaftet. Für Wirtschaft verwendet man auch das Wort „Ökonomie". Es kommt aus dem Griechischen und bedeutet übersetzt „Haushalt".
Zum klugen Wirtschaften gehört auch, dass ihr Waren kauft, die umweltbewusst hergestellt werden. Das bedeutet, dass bei der Produktion von Waren die Natur so gut wie möglich geschont wird. In der Landwirtschaft heißt das zum Beispiel, dass Bauern auf giftige Spritzmittel verzichten und ihre Tiere artgerecht halten. Weil die Landwirte jedoch aus diesen Gründen mehr Zeit aufwenden müssen, um den Boden zu bearbeiten und gleichzeitig weniger Ertrag auf ihren Feldern erzielen, sind die Preise für umweltgerecht erzeugte Lebensmittel meist etwas höher als für andere Waren. Viele Kunden akzeptieren diese Preise, denn schließlich haben sie auch Vorteile für ihre Gesundheit.

Wir erstellen einen Taschengeldplan

Andi bekommt von seinen Eltern 22 € Taschengeld im Monat, von seiner Oma außerdem 8 € monatlich. Bisher ist er mit seinem Geld gut ausgekommen, doch im März musste er seine Mutter zum ersten Mal um einen Vorschuss bitten. Darüber hat er sich geärgert und sich vorgenommen, mit seinem Geld besser zu wirtschaften. Zunächst hat er alles aufgeschrieben, was er im letzten Monat ausgegeben hat. Könnt ihr ihn bei seiner Planung für den April beraten?

Einnahmen und Ausgaben im März

Einnahmen	
Taschengeld	22,- €
Zuschuss von Oma	8,- €
zusammen	30,- €

Ausgaben	
Kino	5,- €
Süßigkeiten	6,70 €
Schwimmbad (2 Karten)	4,- €
Geschenk	5,- €
Sammelmarken	8,- €
Hamburger	4,80 €
zusammen	33,50 €

Taschengeldplan April

Einnahmen	
Taschengeld	22 €
Zuschuss von Oma	8 €
zusammen	30 €

Ausgaben	
Rückzahlung Vorschuss	3,50 €
Kino	??? €
Süßigkeiten	??? €
Schwimmbad	??? €
Geschenk	??? €
Sammelmarken	??? €
Hamburger	??? €
zusammen	30,00 €

1. Schaut euch genau an, wofür Andi sein Geld im April ausgegeben hat. Formuliert nun einen Vorschlag, wie viel Geld er für die einzelnen Dinge höchstens ausgeben sollte. Ihr könnt auch einen oder zwei Punkte ganz streichen.
   ■ **Tipp:** Das geht am besten zu zweit.
2. Stellt dann euren Plan in der Klasse vor.
3. Was unternehmt ihr, wenn ihr mit eurem Geld im Minus seid? Redet darüber in Klasse.

Memorystationen

Vom richtigen Umgang mit Geld

Station 1 Kann man mit Geld alles kaufen?

Vielleicht habt ihr schon einmal von Robinson Crusoe gehört, der in einem Roman von Daniel Defoe die Hauptrolle spielt. Er landete als Schiffbrüchiger auf einer einsamen Insel. Zunächst war er glücklich, mit dem Leben davongekommen zu sein – doch er hatte nichts retten können, außer seiner Kleidung, die er auf dem Leib trug. Erst nach 28 Jahren auf der Insel wurde er gerettet.

Beschreibt in einem kurzen Text, welche Bedürfnisse er in dieser Situation hatte. Wofür musste Robinson zunächst sorgen? Welche Bedürfnisse konnte er auf der Insel wahrscheinlich stillen, welche nicht?

Station 2 Welche Rolle spielt das Geld?

In dem Buchstabensalat verstecken sich sechs Begriffe, die verschiedene Arten von Geld bezeichnen. Verfasst daraus einen zusammenhängenden Text, in dem ihr diese Begriffe erklärt.

A	P	L	E	M	N	C	P
S	L	U	G	U	R	L	A
T	A	M	P	E	U	N	P
B	S	V	B	N	H	O	I
U	T	Y	A	Z	S	G	E
C	I	K	S	E	T	H	R
H	K	Z	C	N	U	W	G
G	G	C	H	F	A	L	E
E	E	V	O	J	U	P	L
L	L	P	X	V	I	R	D
D	D	A	D	T	S	M	C
I	G	E	U	R	O	Y	Z
B	A	R	G	E	L	D	F
S	N	D	L	R	E	R	T

Station 3 Wie kann man sinnvoll wirtschaften?

Wahrscheinlich wird es dir nicht schwerfallen, den folgenden Text zu vervollständigen:
Natürlich möchte jeder beim Einkaufen für sein Geld eine möglichst hohe G… bekommen. Sicherlich ist euch auch schon aufgefallen, dass die Preise von Geschäft zu Geschäft v… sind. Sinnvoll ist es daher, die Preise zu v… . Auch sollte man immer auf eine möglichst hohe Q… der Ware achten. Für die Wirtschaft verwendet man auch das Wort Ö… .

6 Kinder und Jugendliche als Verbraucher

Wir treffen gut überlegte Kaufentscheidungen

Handy-Karten, Süßigkeiten oder Zeitschriften? – Wovon hängt es ab, für welches Produkt ihr euch entscheidet?

Worum geht es?

Gespannt warten die Jugendlichen auf dem Foto auf das Erscheinen eines neuen Harry-Potter-Bandes. Wie wird die Geschichte weitergehen? Darauf werden sie in Kürze eine Antwort wissen. Wochenlang hat der Verlag kräftig die Werbetrommel gerührt und so die Spannung und Neugierde auf das neue Buch schier ins Unerträgliche gesteigert. Kinder und Jugendliche werden von der Wirtschaft heiß umworben. Denn sie haben viel Geld zur Verfügung: Die meisten bekommen von ihren Eltern Taschengeld. Dazu kommen Geldgeschenke an Weihnachten und zu den Geburtstagen. Doch dürfen sie mit dem eigenen Geld eigentlich kaufen, was sie wollen? Und was passiert, wenn die gekaufte Ware gleich kaputtgeht? Antworten auf die Fragen findet ihr in diesem Kapitel. Darüber hinaus könnt ihr euch mit folgenden Themen auseinandersetzen:

- Wie kommt der Preis für eine Ware zustande?
- Warum können Preise für die gleiche Ware manchmal unterschiedlich sein?
- Wie werben Unternehmen für ihre Produkte?

Auch in diesem und in allen weiteren Kapiteln des Buches solltet ihr euer Lexikon weiterführen und wichtige Fachbegriffe ergänzen und erklären.

Detektivaufgabe für das ganze Kapitel:

Sunny hat die Erde bereits mehr als ein halbes Mal umrundet. Findet heraus, warum sie so weit gereist ist.

1 Darf ich einkaufen, was ich will?

Wir informieren uns über unsere Rechte als Käufer

Nanu? Zweimal die gleiche Einkaufsgeschichte auf einer Seite? Nicht ganz. Wer findet als Erster drei Unterschiede heraus?

1. Wodurch unterscheiden sich die beiden Geschichten?
2. Darf Nelly die Flagge behalten? Lest dazu den zweiten und dritten Abschnitt auf der nächsten Seite, trefft für beide Fälle eine Entscheidung und begründet sie.
   ■ **Tipp:** Partnerarbeit

1. Muss Nelly die Flagge zurückgeben?

Ganz aufgeregt ist die sechseinhalbjährige Nelly: Heute darf sie zum ersten Mal ein Handball-Länderspiel besuchen. Ihr 18-jähriger Bruder Tim begleitet sie. Seit sie vor zwei Jahren in die Handball-Minis eintrat, ist sie ein glühender Fan dieser Sportart geworden. Während sich ihr Bruder in der Pause mit Freunden unterhält, schaut sie fasziniert die Auslagen des Fan-Shops an. Besonders hat es ihr eine Flagge in den Deutschland-Farben angetan. 12,99 € soll sie kosten. „Timmy, kannst du mir nicht Geld leihen? Drüben im Fan-Shop gibt es eine ganz tolle Flagge. Die will ich unbedingt haben. Ich gebe dir das Geld gleich wieder zurück. Denn Oma hat mir neulich Geld geschenkt, das habe ich gespart“, bettelt sie ihren Bruder an. „Na, ich weiß nicht, ob das Mami und Papi so toll finden werden“, wendet ihr Bruder ein. „Das werde ich denen schon erklären. Bitte, bitte ...“ Freudestrahlend rennt sie zu dem Shop, um sich die ersehnte Flagge zu kaufen. Zu Hause berichtet sie begeistert von dem Spiel. „Woher hast du denn die Deutschlandfahne?“, will ihr Vater wissen. „Die habe ich mir im Fan-Shop gekauft“, meint Nelly. „Das darf doch nicht wahr sein! Die Fan-Artikel sind doch völlig überteuert. Ich verlange, dass ihr die Flagge sofort zurückbringt“, schimpft ihr Vater. „Nein, das mache ich nicht. Schließlich kann ich mir von meinem Geld kaufen, was ich will“, behauptet Nelly trotzig.

2. Muss Nelly die Flagge zurückgeben?

Ganz aufgeregt ist die zwölfjährige Nelly: Heute darf sie wieder einmal ein Handball-Länderspiel besuchen. Ihr 18-jähriger Bruder Tim begleitet sie. Seit sie vor zwei Jahren in die C-Mannschaft der Handballjugend eintrat, ist sie ein glühender Fan dieser Sportart geworden. Während sich ihr Bruder in der Pause mit Freunden unterhält, schaut sie fasziniert die Auslagen des Fan-Shops an. Besonders hat es ihr eine Flagge in den Deutschland-Farben angetan. 12,99 € soll sie kosten. „Timmy, kannst du mir nicht Geld leihen? Drüben im Fan-Shop gibt es eine ganz tolle Flagge. Die will ich unbedingt haben. Ich gebe dir das Geld gleich wieder zurück. Denn Oma hat mir neulich 10 € geschenkt, die habe ich gespart. Den Rest kann ich von meinem Taschengeld bezahlen“, bettelt sie ihren Bruder an. „Na, ich weiß nicht, ob das Mami und Papi so toll finden werden“, wendet ihr Bruder ein. „Das werde ich denen schon erklären. Bitte, bitte ...“ Freudestrahlend rennt sie zu dem Shop, um sich die ersehnte Flagge zu kaufen. Zu Hause berichtet sie begeistert von dem Spiel. „Woher hast du denn die Flagge?“, will ihr Vater wissen. „Die habe ich mir im Fan-Shop gekauft“, meint Nelly. „Das darf doch nicht wahr sein! Diese Fan-Artikel sind doch völlig überteuert. Ich verlange, dass ihr die Flagge sofort zurückbringt“, schimpft ihr Vater. „Nein, das mache ich nicht. Schließlich kann ich mir von meinem Geld kaufen, was ich will“, behauptet Nelly trotzig.

Kaufvertrag

1. Beschreibt an einem selbstgewählten Beispiel, wie ein Kaufvertrag zustande kommt.
2. Welche Rechte habt ihr beim Einkaufen zum jetzigen Zeitpunkt? Was dürft ihr nicht?
3. Erklärt, warum Kinder und Jugendliche nur „beschränkt geschäftsfähig“ sind.

Was ist ein Kaufvertrag?

Jedes Mal, wenn ihr etwas kauft, schließt ihr einen Vertrag ab – selbst wenn es sich nur um ein Eis handelt. Ein Kaufvertrag ist eine feste Vereinbarung zwischen dem Verkäufer und demjenigen, der etwas kauft. Einmal angenommen, ihr betretet einen Buchladen und fragt nach einem Titel. Die Verkäuferin zeigt euch das Buch und ihr bestätigt, „ja, das nehme ich“. In diesem Moment habt ihr einen mündlichen Kaufvertrag geschlossen. Der Verkäufer ist dann verpflichtet, euch das Buch zu übergeben, und ihr verpflichtet euch, den Kaufpreis zu zahlen. Nach der Bezahlung gehört das Buch euch. Die meisten Kaufverträge werden auf diese Weise geschlossen.

Ab wann dürft ihr allein einkaufen?

Kinder bis zum 7. Geburtstag sind noch nicht geschäftsfähig. Das bedeutet, dass Kinder bis zu diesem Alter keine Kaufverträge schließen, also auch nicht alleine einkaufen dürfen. Wenn sich also die sechsjährige Nelly am Kiosk Süßigkeiten kauft, dann ist der Kaufvertrag ungültig. Das bedeutet, dass ihre Mutter die Süßigkeiten zurückgeben kann und den Kaufpreis erstattet bekommt.

Was bedeutet „beschränkt geschäftsfähig“?

Ab dem 7. Geburtstag bis zum 18. Geburtstag sind Kinder und Jugendliche „beschränkt geschäftsfähig“.
Das bedeutet, dass ihr mit eurem Taschengeld oder geschenktem Geld grundsätzlich kaufen dürft, was ihr wollt. Einige Einschränkungen gibt es allerdings:
– Unter 16 Jahren dürft ihr keinen Alkohol, unter 18 Jahren keine Zigaretten kaufen;
– für größere Käufe braucht ihr die Zustimmung der Eltern;
– wenn ihr ein Haustier kaufen wollt, braucht ihr bis zum Alter von 14 Jahren die Erlaubnis der Eltern;
– ihr dürft keine Videospiele oder Filme kaufen, die für euer Alter nicht zugelassen sind.
All diese Einschränkungen haben den Zweck, Kinder und Jugendliche zu schützen. Denn es gibt leider auch Geschäftemacher, die deren Unerfahrenheit ausnutzen könnten. In einigen Fällen können Kinder auch sicherlich nicht genau abschätzen, welche Folgen ein Kauf hat, zum Beispiel wenn sie ein Kaninchen kaufen, das dann jahrelang gepflegt werden muss. Deshalb benötigen sie bis zum 14. Geburtstag die Erlaubnis der Eltern, wenn sie ein Tier kaufen wollen.

Wann sind Kaufverträge ungültig?

Ein Schüler aus der Parallelklasse verkauft euch ein gebrauchtes Computerspiel und versichert euch, dass es problemlos auf eurem Computer zu installieren ist – obwohl er genau weiß, dass das Spiel kein zweites Mal installiert werden kann. Sicherlich merkt ihr rasch, dass er euch übers Ohr gehauen und bewusst falsche Informationen gegeben hat. In einem solchen Fall ist der Kaufvertrag ungültig und ihr könnt euer Geld zurückverlangen. Verträge sind auch ungültig, wenn ein Händler mit dem Verkauf gegen ein Gesetz verstößt, etwa indem er Drogen oder Alkohol an unter 16-Jährige verkauft.

Begriffe für euer Fachwörterlexikon

Umtausch ausgeschlossen?

Manchmal kann es passieren, dass man sich einen lange gehegten Wunsch erfüllt – doch die Freude an der Neuerwerbung hält nicht lange an. Lest in der folgenden Geschichte, wie es Lars erging. Wie hättet ihr in dieser Situation reagiert?

Achsenbruch

Lars ist ganz aufgeregt. Endlich hat er die 95 Euro gespart. Und die Eltern sind einverstanden. Monatelang hatte er einen Teil seines Taschengeldes beiseitegelegt. So lange hatte er noch nie warten müssen, ehe er sich einen Wunsch erfüllen konnte. „Mutti, ich bin satt“, schwindelt er beim Mittagessen. „Die Schularbeiten mache ich am Abend. Ich gehe jetzt zum ‚Spieleparadies‘. Du weißt schon weswegen.“ Natürlich kennt seine Mutter den Grund für seine Eile und hat nichts dagegen.
Im Sauseschritt legt er den knappen Kilometer bis zu dem Geschäft zurück. Ein sanfter Schauer läuft über seinen Rücken, als er das ersehnte Elektroauto mit Fernsteuerung sieht. „Tolle Maschine!“, entfährt es ihm. „Möchtest du das Auto kaufen?“, wird er auch schon von Frau Pingel, der jungen Verkäuferin gefragt. „Ja, bitte mit Batterien“, lächelt er sie freudestrahlend an. Wenige Handgriffe später ist der Wagen verpackt und findet sich, damit ja nichts passiert, fest unter seinen Arm geklemmt wieder.
Zu Hause angekommen, reißt Lars auf der Straße vor der Pforte voller Aufregung die Verpackung auf, entnimmt das rote Gefährt und wagt einen ersten Test.
„Der geht ab wie eine Rakete!“, jubelt Lars seiner Mutter zu, die aus dem Küchenfenster zuschaut und sich mit ihrem Sohn freut.
Doch sein Herz beginnt zu klopfen, als er sehen muss, wie der schöne neue Wagen nur noch kleine Kreise fährt, ohne gelenkt zu werden. Hastig legt er das Steuermodul beiseite, nimmt den Wagen auf und sieht es sofort – Achsenbruch, vorne links.
„Im Eimer. So ein Mist, 95 Euro“, stammelt er tief enttäuscht, zeigt seiner Mutter das defekte Spielzeug und beginnt fast zu weinen.

(Nach: Michael Rehmet/Detlev Lange: Habe ich Recht? Rechtskunde für Kinder, Wagner Verlag, Gelnhausen 2005, S. 45f.)

Lars kann das Auto in das Spielwarengeschäft zurückbringen und darauf bestehen, dass er ein neues bekommt. Schließlich ist er ja nicht schuld an dem Achsenbruch. Die Ursache ist wahrscheinlich ein Materialfehler.

Gekauft ist gekauft. Lars hätte sich das Auto schon im Geschäft genauer ansehen müssen und ausprobieren sollen, ob es funktioniert. Jetzt ist es zu spät. Vielleicht kann er es reparieren lassen. Dann muss er allerdings die Reparatur bezahlen.

1. Wer hat Recht? Lest dazu den Text auf der nächsten Seite, trefft eine Entscheidung und begründet sie.

Welche Rechte habe ich als Käufer?

Es gibt Tage, da geht alles schief. Selbst der lange ersehnte Einkaufsbummel wird zum Horrortrip. Nichts passt, und das, was man endlich erstanden hat, entpuppt sich als Gurke. Die Hose ist zu eng. Der Pulli hat ein Loch.
Bevor man jetzt an die Decke geht, sollte man sich klarmachen, dass man auch als Verbraucher Rechte und Ansprüche hat. Schließlich wurde der Pullover ja nicht mit Monopoly-Scheinen bezahlt, sondern mit richtigen knisternden Euroscheinen. Dafür darf man dann auch korrekte Ware ohne Fehler erwarten. Löcher im Pullover gehören nicht dazu. Also nichts wie hin ins Geschäft und umgetauscht. Doch was passiert, wenn die Verkäuferin darauf besteht, dass das gute Stück den Laden in einwandfreiem Zustand verlassen hat? Dann muss der Kunde das Gegenteil beweisen. Und das ist meistens schwierig. Recht haben und Recht bekommen ist nicht immer dasselbe. Oft hilft es aber schon, seine Forderung laut und deutlich vorzutragen oder nach dem Geschäftsführer zu fragen. Ob man allerdings sein Geld zurückbekommt, einen einwandfreien Ersatz oder einen Gutschein, das ist von Geschäft zu Geschäft verschieden. Grundsätzlich gilt, dass Ware mit offenkundigen Mängeln und Fehlern zurückgenommen werden muss, wenn diese schon vor Geschäftsabschluss aufgetreten sind und dem Käufer nicht mitgeteilt wurden. Diese Regel betrifft auch offensichtliche Materialfehler, die erst nach dem Kauf sichtbar werden. Denn schließlich bestanden diese schon vor dem Kauf. Das ist zum Beispiel der Fall, wenn die Nähte einer Jeans so schlecht genäht sind, dass sie gleich nach der ersten Wäsche aufplatzen. Das gilt auch für Ausverkaufsware, die mit dem Hinweis „Umtausch ausgeschlossen" auf dem Kassenzettel verkauft wird. Auch bei dieser verbilligten Ware kann der Käufer davon ausgehen, dass er einwandfreie Produkte erhält. Wichtig ist allerdings auch, dass die Rückgabe so schnell wie möglich erfolgt.
Einen Hinweis auf Rückgabefristen geben beispielsweise Bestellungen bei Versandhändlern. Dort wird den Kunden eine 14-tägige Frist eingeräumt, während der die Ware bei Nichtgefallen wieder zurückgeschickt werden darf.
Reklamationen im Restaurant über versalzenes oder verdorbenes Essen müssen natürlich sofort erfolgen und nicht, wenn der Teller schon geleert ist. In den meisten Restaurants wird das bemäkelte Essen nicht berechnet oder aber ohne Aufpreis ein einwandfreies Gericht gebracht.

(Nach: Christiane Oppermann, Nachgefragt: Wirtschaft, Basiswissen zum Mitreden, Loewe Verlag, Bindlach 2006, S. 38f.)

2. Welche Rechte haben Verbraucher, wenn eine Ware gleich nach dem Kauf kaputtgeht?

3. Wie ihr diese Rechte wahrnehmt, könnt ihr in einem Rollenspiel nachspielen: Lars hat sich nun entschieden, mit Frau Pingel wegen des kaputten Autos zu sprechen. Spielt nach, wie das Gespräch mit Frau Pingel verlaufen könnte. Achtet dabei besonders auf eine angemessene Begrüßung, freundliches Auftreten und eine überzeugende Begründung eures Anliegens.

Trainingsplatz

Wir entscheiden, wer was kaufen darf

Im Folgenden findet ihr sechs Fälle, in denen ihr eine Entscheidung treffen und diese begründen sollt. Stellt eure Ergebnisse anschließend der Klasse vor.

3 x erlaubt – 3 x verboten	Erlaubt, weil ...	Verboten, weil ...
1. Maren (12 Jahre) ist ganz stolz auf ihre neueste Anschaffung: einen quietschgrünen Sitzsack, den sie im Ausverkauf sehr günstig kaufen konnte. Finanziert hat sie den Kauf von ihrem Taschengeld und dem Geld, das sie zu ihrem Geburtstag bekommen hat. Ihre Eltern finden den Sitzsack geschmacklos und vertreten die Ansicht, dass er ihr hübsches Zimmer verschandelt. Durfte sie den Sitzsack auch ohne die Erlaubnis der Eltern kaufen?		
2. Der 26-jährige Kosta schickt seinen kleinen Bruder Mikis (12 Jahre) zum Kiosk mit dem Auftrag, für ihn und seine zwei Freunde drei Bier zu kaufen.		
3. Die 11-jährige Caroline hat sich von ihrem Taschengeld ein Buch ihrer Lieblingsautorin gekauft. Doch nach den ersten 30 Seiten findet sie es langweilig und will es in den Laden zurückbringen und umtauschen. „Die Verkäuferin merkt doch gar nicht, dass ich schon darin gelesen habe“, meint sie.		
4. Die 12-jährige Teresa hat sich im Supermarkt ihre Lieblingsjoghurts gekauft. Zu Hause stellt sie verärgert fest, dass das Haltbarkeitsdatum schon seit zwei Tagen abgelaufen ist. Kann sie die Joghurts zurückbringen?		
5. Der 15-jährige Mark hat von seinen Eltern 400 € für den Kauf eines neuen Mountainbikes bekommen. Zusammen mit seinem Freund sucht er in einem Fachgeschäft ein geeignetes Rad für 370 € aus. Darf er das Fahrrad allein kaufen?		
6. Die 10-jährige Julie liebt Tiere über alles. Sie kann sich gar nicht satt sehen an den kleinen Kätzchen ihrer besten Freundin. Diese ist bereit, ihr ein Kätzchen für 1 € zu verkaufen, wenn sie verspricht, es gut zu versorgen.		

Wie werden Preise gemacht?

Wir finden in einem Spiel heraus, warum sich Preise ändern

Wenn ihr einkaufen wollt, so sucht ihr den nächsten Supermarkt oder ein Kaufhaus auf. Dort findet ihr Tausende von Waren, aus denen ihr nur auszuwählen braucht. Nur wenige dieser Produkte sind allerdings in Deutschland hergestellt worden. Bevor sie in die Regale gelangen, haben sie oft viele tausend Kilometer hinter sich. Am Beispiel einer Jeans könnt ihr die einzelnen Stationen einer solchen Reise nachvollziehen.

Aus dem Reisetagebuch einer Jeans

Bis die Jeans „Sunny" gefaltet im Regal liegt, reist sie drei Monate lang durch die Welt und legt mehr als 20000 Kilometer zurück. Ihre Geschichte beginnt auf einer Baumwollplantage in Amerika, Usbekistan, Griechenland oder Syrien. Von dort wird die gepflückte Baumwolle in eine italienische Weberei gebracht, zu Denimstoff verarbeitet und mit dem Farbstoff Indigo dunkelblau eingefärbt. In der Zentrale der Jeansfirma im bayerischen Garching wird inzwischen der Schnitt entworfen. Gemeinsam mit Reißverschluss, Nieten und Knöpfen gehen dann Schnitt und Stoffe nach Tunesien. Zwischen 150 und 250 Näher und Näherinnen arbeiten hier an „Sunny" für zwei Euro pro Stunde.
Aus Nordafrika wird die fertiggenähte Hose in die Wäscherei nach Italien geschickt. Dort wird sie wahlweise mit Steinen gewaschen, mit Schmirgelpapier abgerieben oder mit einer dünnen weißen Farbschicht besprüht – um waschfest zu werden, im Backofen getrocknet. Anschließend fahren die fertigen „Sunnys" im Lkw zurück nach Garching, werden kontrolliert, abgepackt und an 4000 Geschäfte in ganz Europa geliefert. Im Geschäft zahlt man zwischen 53 und 70 Euro.

(Nach: Kerstin Moeser, Miles and More, in: Stern 4/2002, S. 110)

1. In welchen Ländern macht „Sunny" Station. Beschreibt, was jeweils dort geschieht. Berücksichtigt dabei auch die Angaben auf dem Schaubild.
2. Wäre es nicht einfacher, „Sunny" komplett in Deutschland herzustellen? Sucht nach einer Erklärung, warum die Jeans-Hersteller „Sunny" auf eine so weite Reise schicken.

Wie wird der Preis für Waren bestimmt?

Wie die Hersteller und Händler ihre Preise im Einzelnen berechnen – dazu sagt man auch kalkulieren – könnt ihr im folgenden Text lesen.

Nur wenige Waren gelangen vom Erzeuger direkt zum Verbraucher. Bei allen industriell gefertigten und bearbeiteten Waren verdienen neben dem Hersteller auch die Händler mit. Grundsätzlich gilt, dass kein Anbieter seine Produkte unter dem Selbstkostenpreis verkaufen darf. Das heißt, dass der Preis hoch genug sein muss, um die Ausgaben für die Herstellung zu decken. Zu diesen Kosten zählen die Ausgaben für Material, die Angestellten, Maschinennutzung, Strom und Wasser sowie für Führungskräfte, Werbung, Vertrieb, Steuern usw. Auf diese Selbstkosten wird dann noch eine Summe aufgeschlagen, die dem Hersteller als Gewinn bleibt. Der Händler kauft die Ware zum sogenannten Einkaufspreis ein und legt seinerseits die Kosten um: Ladenmiete, Strom und Wasser, Personalkosten, Werbung. Die Spanne zwischen Einkaufspreis des Händlers und Verkaufspreis an den Kunden, nennt man Händlermarge. Sie setzt sich aus den Selbstkosten und dem Gewinn des Händlers zusammen. Die Händlermarge hängt auch von der Art der Ware und ihrer Verweildauer im Laden ab. Lebensmittel, die nur kurz im Regal eines Supermarktes liegen, werden mit knappen Aufschlägen kalkuliert, teure Klamotten, die nicht so schnell verkauft werden, mit hohen Aufschlägen.
Aus diesen unterschiedlichen Kalkulationen ergeben sich die Verkaufspreise der Produkte. Zusätzlich zur Händlermarge muss der Händler dem Preis auch noch die Mehrwertsteuer hinzurechnen, die er an den Staat abführt.

(Nach: Christiane Oppermann, Nachgefragt: Wirtschaft, Basiswissen zum Mitreden, Loewe Verlag, Bindlach 2006, S. 28)

Preiskalkulation am Beispiel eines Sportschuhs

Herstellungskosten 12 €
- Material 8 €
- Fabrikgewinn 2 €
- Produktionskosten 2 €
  davon: Löhne 0,4 €

Transport 5 €

Markenfirma (z. B. Adidas, Nike, Puma) 33 €
- Selbstkosten + Gewinn 13,50 €
- Forschung 11 €
- Werbung 8,50 €

Einzelhandel 50 €
- Selbstkosten + Gewinn 31 €
- Steuern 19 €

(Daten nach: www.learn-line.nrw.de)

1. Erklärt, wie der Preis für eine Jeans zustande kommt. Verwendet dabei die Begriffe Selbstkosten, Gewinn, Einkaufspreis, Händlermarge, Mehrwertsteuer. Diese Begriffe könnt ihr auch in euer Lexikon aufnehmen.
2. Warum sind die Händlermargen unterschiedlich hoch?

Warum ändern sich Preise?

Das Marktspiel

Vielleicht gehen eure Eltern auch manchmal auf dem Wochenmarkt einkaufen. Das ist ein Ort, auf dem Bauern und Händler aus der Umgebung ihre Produkte anbieten. Stellt euch vor, in eurer Gemeinde findet jeden Freitag ein solcher Markt statt. Ihr seid Bäuerinnen und Bauern, die dort selbst angebaute Erdbeeren verkaufen. Ihr wollt möglichst viele Waren verkaufen und dabei auch noch gut verdienen.
Bildet in der Klasse mehrere Gruppen. Jede Gruppe hat nun die Aufgabe, die Preise für ihre Waren zu berechnen.

Spielablauf

1. Schritt: Lest euch zunächst die Informationen zu den Selbstkosten auf der nächsten Seite durch und errechnet eure eigenen Kosten.

2. Schritt: Überlegt nun, zu welchem Preis ihr eure Erdbeeren anbieten wollt. Schreibt den Preis auf ein großes Blatt Papier, stellt diesen in der Klasse vor und erklärt, wie er zustande gekommen ist.

3. Schritt: Vergleicht eure Preise. Welche Gruppe wird wohl als erste ihre Erdbeeren verkauft haben?

4. Schritt: Die Situation verändert sich. Nun kommen die Ereigniskarten ins Spiel. Lest euch zunächst die erste Ereigniskarte durch. Jede Gruppe bekommt nun einige Minuten Zeit, um ein neues Preisschild anzufertigen. Präsentiert anschließend eure neuen Preise. Was stellt ihr fest? Verfahrt mit der zweiten Ereigniskarte ebenso.

5. Schritt: Wertet nun eure Ergebnisse in der Klasse aus. Könnt ihr einen Zusammenhang zwischen der Menge der angebotenen Erdbeeren, der Zahl der Käufer und den Preisen entdecken?

Wie hoch sind eure Selbstkosten, um ein Kilo Erdbeeren zu produzieren?

Um ein Kilo Erdbeeren zu erzeugen, braucht ihr zunächst Setzlinge. Diese kosten 20 Cent. Für die Miete (Pacht) des Erdbeerfeldes, für Dünger und für Bewässerung müsst ihr pro Kilo Erdbeeren mit etwa 30 Cent rechnen. Um das Feld zu bewirtschaften, braucht ihr einen Traktor und Geräte, um die Kisten zum Marktstand zu transportieren, einen Kleintransporter. Dafür könnt ihr ca. 30 Cent pro Kilo veranschlagen. Da die Ernte innerhalb weniger Wochen reif wird, braucht ihr zusätzlich Erntehelfer, denen ihr Lohn zahlen müsst. Das kostet euch etwa 70 Cent. Als Miete für den Marktstand berechnet euch die Stadt 30 Cent. Manchmal verderben Erdbeeren auf dem Transport oder sie können am Markttag nicht verkauft werden, weil es zum Beispiel den ganzen Tag regnet. Dafür müsst ihr ca. 20 Cent einkalkulieren.

Das sind die Kosten, die bei der Produktion eines Kilos Erdbeeren entstehen. Damit habt ihr aber noch nichts verdient. Euer Verdienst wird der Gewinn sein. An den Kosten lässt sich nur schwer etwas ändern. Anders ist es bei der Gewinnerwartung. Hier könnt ihr selbst festlegen, ob es zum Beispiel euer Ziel ist, 20 Cent an einem Kilo Erdbeeren zu erwirtschaften oder sogar einen Euro oder mehr.

Wie verändern sich die Preise auf dem Markt?

Ereigniskarte 1

Heute Nacht hat es ein heftiges Gewitter gegeben. Der Hagel und Sturm hat die Ernte beschädigt, sodass nur noch halb so viele Erdbeeren geerntet werden konnten. Den anderen Bauern in der Umgebung ging es ganz ähnlich. Auch sie können sehr viel weniger Erdbeeren auf dem Markt anbieten. Doch die Kunden stehen Schlange, denn die Erdbeeren auf dem Markt schmecken ihnen viel besser als die aus dem Supermarkt.

Zu welchem Preis bietet ihr die Erdbeeren an?

Ereigniskarte 2

Es ist eine halbe Stunde vor Marktschluss und ihr habt noch viele Körbchen Erdbeeren übrig. Wenn ihr sie heute nicht verkauft, verderben sie und ihr verdient gar nichts daran. Auf dem Markt tummeln sich nur noch wenige Kunden.

Zu welchem Preis bietet ihr die Erdbeeren an?

Preisbildung

1. Erklärt, wie sich die Preise verändern
a) wenn das Angebot größer wird,
b) wenn das Angebot kleiner wird,
c) wenn die Nachfrage größer wird,
d) wenn die Nachfrage kleiner wird.

Der Markt – Treffpunkt von Verkäufern und Käufern

In vielen Gemeinden findet an einem bestimmten Tag in der Woche ein Wochenmarkt statt. Dort treffen Händler, die ihr Obst oder Gemüse verkaufen wollen, auf Menschen, die etwas kaufen wollen. Einen solchen Treffpunkt von Verkäufern und Käufern bezeichnet man als Markt. Auf dem Wochenmarkt, auf dem Flohmarkt oder im Kaufhaus stehen sie sich persönlich gegenüber. Man spricht jedoch auch von Märkten, wenn es keinen tatsächlich existierenden Treffpunkt gibt, zum Beispiel beim Automarkt. Dort stehen sich Käufer und Verkäufer von Autos gegenüber. Sie können dabei an ganz unterschiedlichen Orten zusammenfinden: zum Beispiel im Autohaus, im Internet oder über eine Verkaufsanzeige in der Tageszeitung.

Angebot + Nachfrage = Preis

Auf jedem Markt gibt es viele Händler, die ihre Produkte zum Verkauf anbieten. Alle Waren, die dort verkauft werden sollen, bezeichnet man zusammenfassend als Angebot. Alle Kunden eines Marktes, die Waren kaufen wollen, bilden die Nachfrage. Angebot und Nachfrage wirken sich auf die Höhe der Preise von Waren aus.
Wenn ihr zum Beispiel im Supermarkt einkauft, könnt ihr feststellen, dass Obst und Gemüse nicht immer dasselbe kosten. Im September sind zum Beispiel Trauben ganz billig, während sie im Februar sehr viel kosten. Das liegt daran, dass im Herbst die Ernte auf Hochtouren läuft, also das Angebot an Trauben sehr groß ist. Die Händler müssen große Mengen von Trauben verkaufen. Sie versuchen dies, indem sie den Preis senken, um damit mehr Käufer anzulocken. Im Februar dagegen ist das Angebot sehr gering, weil die Trauben aus dem Ausland eingeflogen werden müssen. Das bedeutet, dass die Händler auch höhere Einkaufspreise für Trauben bezahlen müssen. Das geringe Angebot und die höheren Selbstkosten lassen die Preise der Trauben steigen.
Ähnlich wirken sich Veränderungen in der Nachfrage auf die Preise aus. Wenn zum Beispiel eine bestimmte Kleidermarke bei Jugendlichen gerade in Mode kommt, möchten viele die begehrte Marke kaufen. Die Nachfrage ist also sehr groß. Für die Händler ist dies eine sehr günstige Situation, denn sie können hohe Preise verlangen und die Käufer sind trotzdem bereit, diese zu bezahlen. Kommt dieselbe Marke außer Mode, werden weniger Jugendliche solche Kleidungsstücke kaufen wollen. Die Nachfrage sinkt also. Wenn die Händler jetzt noch dieselben Preise verlangen, werden sie immer weniger verkaufen. Sie senken also die Preise und versuchen, mit Sonderangeboten doch noch Käufer zu finden.
Das ist auch der Grund, warum Händler im Juli und August Sommerkleidung zu sehr günstigen Preisen anbieten. Denn die Nachfrage der Käufer nach leichter Sommerkleidung ist in diesen Monaten sehr gering, weil die Kunden zu diesem Zeitpunkt notwendige Kleidungsstücke bereits gekauft haben. Außerdem wollen die Händler ihre Lagerräume für die neue Winterkleidung leerräumen. Allerdings dürfen sie auch in solchen Fällen die Preise nicht so weit reduzieren, dass sie unter ihrem Einkaufspreis liegen.

Begriffe für euer Fachwörterlexikon

Trainingsplatz

Wir kalkulieren für ein Kaufhaus Preise

Einmal angenommen, ihr arbeitet in der Geschäftsleitung eines großen Kaufhauses. Heute findet eure wöchentliche Besprechung statt, auf der Preise in den einzelnen Abteilungen neu kalkuliert werden sollen. Die Geschäftsleitung ist dafür verantwortlich, dass möglichst viele Waren verkauft werden und das Kaufhaus gute Gewinne erzielt.
Auf dieser Seite findet ihr einige Situationen, in denen ihr entscheiden müsst, ob die Preise gesenkt oder angehoben werden sollen. Trefft für jede Situation eine Entscheidung. Stellt diese anschließend in der Klasse vor. Diese Aufgabe eignet sich auch gut für Partnerarbeit.

Süßwarenabteilung

Auf der ganzen Welt wird Schokolade immer beliebter, die Kakaobauern können die Nachfrage nach den Rohstoffen von Schokolade kaum mehr befriedigen und die Preise dafür haben sich im letzten Jahr verdoppelt. Euer Lieferant kündigt an, dass die Ware in den nächsten Monaten knapp werden könnte. Sollen die Preise gleich bleiben, angehoben oder gesenkt werden?

Sportabteilung

Der letzte milde Winter hatte zur Folge, dass sich die Käufer nicht für neue Skiausrüstungen interessierten. Ski und Skistiefel liegen wie Blei in den Regalen. Andererseits wird in den nächsten Wochen schon die neue Bade- und Joggingmode geliefert. Dafür wird dringend Platz benötigt. Sollen die Preise gleich bleiben, angehoben oder gesenkt werden?

Kleiderabteilung

Besonders angesagt bei Teenagern sind zurzeit Jeans der Marke Mister X. Letzten Monat war das Kaufhaus der einzige Ort, an dem die Jugendlichen solche Jeans kaufen konnten. Nun bieten weitere Läden diese Jeans an, zum Teil sogar billiger. Sollen die Preise gleich bleiben, angehoben oder gesenkt werden?

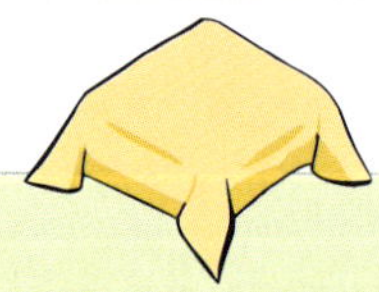

Bett- und Tischwäsche

Gestern wurden neue Tischdecken aus der Provence nachgeliefert. Nachdem das Fachgeschäft pleitegegangen ist, ist das Kaufhaus der einzige Anbieter in der Stadt, der Tischdecken dieses Herstellers verkauft. Sollen die Preise gleich bleiben, angehoben oder gesenkt werden?

Warum kosten Marken-Shirts mehr als No-Name-Artikel?

Den folgenden Text hat ein bekannter Fernsehjournalist verfasst. Er hat sich bemüht, so zu schreiben, wie wir manchmal reden.

Ein T-Shirt ist ja an sich ein sehr preiswerter Artikel. Ein Baumwollhemd, bedruckt oder nicht, mit kurzen Ärmeln, ist schnell gemacht. Also spuckt ein Textil-Automat jede Stunde Hunderte von Hemden aus. Vorher ist er genau auf die Größe, Farbe usw. programmiert worden, per Computer, versteht sich. Und wenn dann ein Hersteller sagt, ich lass die Shirts nicht in Deutschland nähen, sondern im viel, viel billigeren China oder in anderen Ländern Asiens, dann kriegst du die Shirts oft fast „nachgeschmissen" in Billigläden wie Aldi, Lidl oder Takko. So, was macht nun die Textilindustrie, damit sie mit dem Billigartikel T-Shirt doch noch richtig Kohle macht? Die Preise erhöhen lohnt sich nicht. Bei der großen Konkurrenz von Aldi bis H&M kriegt man seine teureren Hemden nicht mehr los. Darum haben große Firmen mit bekannten Namen Folgendes beschlossen: Wir nehmen die T-Shirts und nähen oder kleben unseren Markennamen oder unser Markenzeichen als Wiedererkennungsmerkmal („Logo") auf die Brust – von Nike über Adidas, Puma bis Lacoste (Krokodil als Logo) oder wie sie alle heißen. Dann sagen wir dem jungen Verbraucher und hämmern ihm das durch Werbung, von Zeitungsanzeigen bis zu Fernsehwerbung, ein: Nur wenn du unser Hemd mit diesem Markennamen kaufst, dann hast du ein Original, dann bist du was Besseres, dann unterscheidest du dich von den anderen, die diese billigen Hemden von Aldi etc. ohne Namen tragen. Dann kannst du stolz sein, weil du ein Nike-Shirt (oder eins mit anderen Namen) trägst. Und das muss es dir auch wert sein, etwas mehr dafür im Geschäft zu zahlen. Die Markenfirmen haben mit ihrer Werbung so lange keine Ruhe gegeben, bis sich bei vielen, gerade Jugendlichen, diese Botschaft tatsächlich im Kopf festgesetzt hat. Viele Eltern klagen darüber, dass ihre Kids, bloß um in der Schule mithalten zu können, nur T-Shirts mit bestimmten Logos drauf haben wollen. Die Leute von Nike bis Lacoste lachen sich ins Fäustchen: Sie kaufen das gleiche Hemd zur gleichen Qualität und zum gleichen Preis wie Aldi und Co. in China oder sonst wo (also billig) und verkaufen es zu viel höheren Preisen als die sogenannten Discounter. Das ist der Sieg der Marke über die Namenlosen. Ganz schön clever, was?

(Nach: Frank Lehmann, Warum kosten Marken-Shirts mehr als No-Name-Artikel?, in: Sigrid Born, Nicole Würth (Hg.), Geld spielt (k)eine Rolle, Fischer Verlag, Frankfurt 2007, S. 151 ff.)

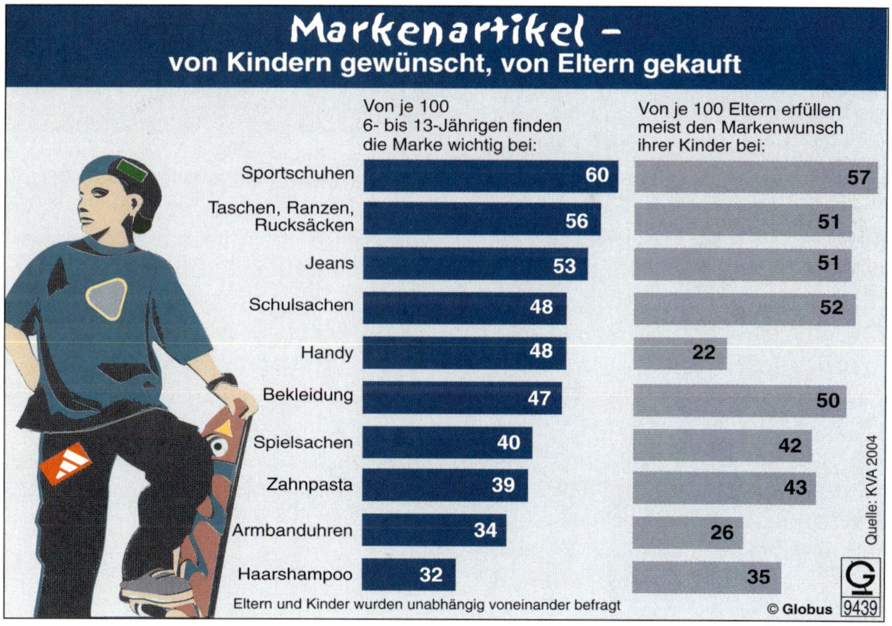

1. „Ganz schön clever, was?" Glaubt ihr, dass der Autor das wirklich so meint?
2. Viele Eltern klagen darüber, dass ihre Kinder nur noch Markenartikel kaufen wollen. Betrachtet das Schaubild und überprüft, ob diese Aussage im Text stimmt.
3. „Ich trage nur Markenjeans, weil das alle machen." Was meinst du?

3 Ist Werbung eher nützlich oder eher schädlich?

Wir erstellen ein Werbeplakat und diskutieren über Werbung

Einmal angenommen ...

Eines Morgens kommt die Klassenlehrerin strahlend in den Klassenraum und teilt mit: „Wie ihr wisst, veranstaltet unsere Schule alle zwei Jahre ein Schulfest. Alle Klassen beteiligen sich daran – mit einem Essensstand, einer Aufführung oder Spielen. Wir haben Glück, denn ich konnte für unsere Klasse einen eigenen Standplatz ergattern. Einen Nachteil hat die Sache allerdings, unser Stand liegt ziemlich am Rand der Festfläche." Sekundenschnell herrscht ein fröhliches Durcheinander. Zahlreiche Finger schnellen in die Höhe.
„Ich habe eine super Idee! Wir können Kuchen, belegte Brötchen und Kakao anbieten und verdienen so Geld für unsere Klassenkasse!", meint Paul. Es dauert eine ganze Weile, bis die Lehrerin wieder zu Wort kommt: „Nun mal der Reihe nach! Tim, was schlägst du vor?"
„Ich finde, wir sollten am Eingang mit einem Werbeplakat für unseren Stand werben."
„Ja, und wir könnten Handzettel verteilen, auf denen unser Angebot zu lesen ist", fügt Carla hinzu.
„Guter Vorschlag, durch solche Werbemaßnahmen machen wir die Besucher auf unser Angebot aufmerksam und locken sie an unseren Stand", ergänzt Wladimir.
Sandra ist ganz anderer Meinung: „Das mit dem Warenangebot ist gut, aber das mit der Werbung halte ich für Quatsch. Das macht uns nur noch mehr Arbeit."
Vincenzo unterstützt sie: „Handzettel werfen die Leute doch gleich wieder weg. Die liegen dann überall auf dem Boden herum und verschandeln den Schulhof. Außerdem ärgert es die Besucher, wenn ihnen überall Werbung in die Hand gedrückt wird, und Geld kostet es uns auch noch."
Semih, der bisher geschwiegen hat, meldet sich nun mit einer Frage: „Ist Werbung in der Schule eigentlich erlaubt?" Da schaltet sich die Lehrerin wieder ein: „Grundsätzlich ist Werbung von Firmen in der Schule verboten, sogar per Gesetz! Wenn wir auf einem Schulfest Werbung für unseren Stand machen, ist das erlaubt."
Die Klasse diskutiert noch eine ganze Weile weiter.

1. Sammelt zunächst alle Gründe, die hier für und gegen Werbemaßnahmen genannt werden.
2. Überlegt, für wen die Werbung in diesem Fall von Vorteil und für wen sie von Nachteil wäre.
3. Zur Diskussion: Würdet ihr in einer solchen Situation für euren Stand werben, ja oder nein, und wenn ja, in welcher Form? Formuliert dazu eure eigene Meinung und diskutiert miteinander.
4. Nehmt nun an, in diesem Fall habe die SV entschieden, dass als einzige Form der Werbung Plakate erlaubt seien, welche die am Fest beteiligten Gruppen im Eingang zum Schulgebäude präsentieren dürften. Überlegt, wie ihr eurer Plakat für ein Angebot von selbstgemachten und sehr leckeren Speisen und Getränken gestalten würdet. Wie das geht, erfahrt ihr mithilfe der folgenden Methodenkarte.

Methodenkarte 8

Ein Plakat entwerfen | Thema: Ein Werbeplakat für ein Schulfest

A Was ist ein Plakat?

Ein Plakat ist ein großer bedruckter Papierbogen, der an öffentlichen Plätzen ausgehängt wird. Plakate werden besonders häufig in der Werbung verwendet. Sie begegnen uns in unserem Alltag auf Schritt und Tritt. Auch politische Parteien und Organisationen machen mit Plakaten Werbung, um auf sich und ihre Ziele aufmerksam zu machen.

„Plakat" leitet sich von dem lateinischen Wort „placere" ab und bedeutet übersetzt „gefallen". Werbeplakate wollen in Sekundenschnelle die Aufmerksamkeit des Betrachters gewinnen und ihn dazu bringen, das Produkt zu kaufen. Das können sie nur erreichen, indem sie sich auf eine interessante Gesamtaussage beschränken – die Werbebotschaft. Dazu gehört

- ein guter Werbespruch,
- ein interessantes Bild oder eine originelle Zeichnung,
- eine ansprechende Gestaltung.

B Wie macht man das?

1. Werbeslogan entwerfen

Überlegt, welche Werbeaussage ihr in den Mittelpunkt eures Plakats rücken wollt. Ein Werbeslogan sollte immer sehr kurz und einprägsam sein.

2. Das Produkt beschreiben

Formuliert in ein oder zwei Sätzen, welche Vorteile euer Produkt hat und wodurch es sich von anderen ähnlichen Produkten unterscheidet. Beschreibt dabei möglichst anschaulich, wie es aussieht, riecht und schmeckt.

3. Visualisierung planen

Texte kann man sich wesentlich besser merken, wenn sie mit einem Bild kombiniert werden. Das nennt man auch visualisieren. Besonders wirkungsvoll wird eure Visualisierung, wenn ihr eure Zeichnung in der oberen Hälfte des Plakats platziert.

4. Entwurf erstellen

Selten ist der erste Entwurf der beste. Skizziert deshalb mehrere Entwürfe auf DIN-A4-Format. Wenn euch eine Einzelheit noch nicht gefällt, könnt ihr den Entwurf noch gut korrigieren.

5. Plakat gestalten

Übertragt dann euren besten Entwurf auf ein großes Blatt Papier (mindestens A2-Format) und gestaltet das Plakat mit bunten Stiften.

■ **Tipp:** Wer fit am Computer ist, kann das Plakat auch am PC entwerfen, ausdrucken und im Copy-Shop vergrößern lassen.

C Worauf man sonst noch achten sollte

- Euer Plakat wirkt lebendiger, wenn ihr verschiedenfarbige Stifte einsetzt. Mehr als vier Farben solltet ihr nicht verwenden.
- Eure Schrift muss auch aus einiger Entfernung noch gut lesbar sein. Verzichtet zudem auf Schnörkel und Verzierungen.
- Setzt Text nur sehr sparsam ein. Text, Bild und Format müssen am Ende gut zusammenpassen. Die Gesamtaussage muss auf den ersten Blick deutlich erkennbar sein.

Werbung an Schulen: Soll sie verboten bleiben oder soll sie erlaubt werden?

Mehr und mehr Schulen erlauben Unternehmen, in ihren Gebäuden oder auf dem Sportplatz zu werben. Der folgende Text schildert, warum Schulen Werbung im Schulgebäude oder auf dem Sportplatz zulassen. Ein nachahmenswertes Beispiel?

Biologieunterricht, finanziert von Daisuki

Die Falkschule im Frankfurter Gallusviertel hat ein Problem. Für den Biologieunterricht wird ein neues menschliches Skelett gebraucht und das kostet 1000 Euro. „Wir haben erst 600 zusammen“, sagt Schulleiter Manfred Timpe. So kam der Schule das Angebot aus Berlin gerade recht. Die Agentur „scool“ stellte einen Plakatständer in den Flur des Schulgebäudes mit dem bunten Poster einer Mädchenzeitschrift. 90 Euro im Monat erhält die Schule für die Werbefläche, das Skelett kann also angeschafft werden.

(Aus: Martin Müller-Bialon, Biologieunterricht sponsered by Daisuki?, in: Frankfurter Rundschau vom 08.10.2003, S. 33)

Was ist erlaubt, was verboten?

In den USA gehört Werbung bereits zum Schulalltag. Überall werden an den Schulen zum Beispiel kostenlos Buchhüllen mit Bildern von Nike oder Calvin Klein verteilt. Sehr viele Schulen verkaufen Werbeflächen an Unternehmen. Soll das auch der Normalfall in deutschen Schulen werden? Weil in den Schulen das Geld immer knapper wird, wird diese Frage seit einiger Zeit diskutiert. In Nordrhein-Westfalen verbietet das Schulgesetz im Paragraphen 93 grundsätzlich Werbung an Schulen. Dieses Werbeverbot soll verhindern, das private Unternehmen ihre Interessen auch in den Schulen vertreten. Weiterhin ist es Sinn des Werbeverbots, dass der Unterricht frei von Störungen und ablenkenden äußeren Einflüssen sein soll. Ausnahmen sind jedoch seit 1998 zugelassen. Demnach dürfen Schulen von Unternehmen Geld annehmen, um zum Beispiel einen neuen Computerraum einzurichten oder andere Lernmittel anzuschaffen, z. B. auch ein Skelett für den Biologieunterricht. Darüber entscheidet dann die Schulleitung. Das Geld von den Unternehmen muss jedoch direkt verwendet werden, um den Unterricht zu verbessern. Anders ist die Situation in Berlin, Bremen, Hessen und Sachsen-Anhalt. Dort ist Werbung an Schulen erlaubt. Die Schulen dürfen also zum Beispiel Werbeflächen an Unternehmen vermieten. Nicht erlaubt sind Alkohol- und Tabakwerbung.

1. Aus welchen Gründen hat sich die im Text genannte Schule in Frankfurt dafür entschieden, Werbung im Schulgebäude zuzulassen?
2. Was sagt das Schulgesetz über Werbung in Schulen aus?

Zur Diskussion:

Werbung an Schulen ist bei Eltern und Lehrern sehr umstritten. Im Folgenden sind die wichtigsten Gründe für oder gegen Werbung an Schulen zusammengefasst. Welcher Meinung stimmt ihr zu?

Schülerinnen und Schüler in Frankfurt auf dem Sportplatz ihrer Schule. Sie tragen T-Shirts eines Zahnpastaherstellers. Die Bandenwerbung wird ebenfalls von dem Unternehmen gestaltet.

Werbung soll erlaubt werden, weil ...

Viele Schulen benötigen dringend mehr Geld, das sie vom Staat nicht bekommen können. Durch Werbeeinnahmen könnten sie zum Beispiel Projekte und AGs finanzieren, die sonst nicht stattfinden könnten.
Auch die Qualität des Unterrichts verbessert sich, wenn eine Schule mit modernster Technik ausgestattet ist. Davon haben alle Schülerinnen und Schüler Vorteile. Es stört doch niemanden, wenn die Unternehmen als Gegenleistung im Schulgebäude und auf Sportplätzen Werbeplakate aufstellen.
Außerdem sind Jugendliche an Werbung gewöhnt. Überall kommen sie damit in Berührung: auf dem Schulweg, im Fernsehen und im Kino. Deswegen wird ihnen ein bisschen Werbung in der Schule schon nicht schaden. Die Unternehmen dürfen ohnehin nur Produkte bewerben, die für Schüler nicht schädlich sind. Das sind alles Dinge, die die Jugendlichen sowieso kaufen würden. Schüler müssen lernen, mit Werbung umzugehen – und wo könnten sie das besser lernen als in der Schule?

Werbung sollte verboten bleiben, weil ...

Die Schule war bisher ein werbefreier Ort, an dem Kinder und Jugendliche nicht einer Dauerberieselung durch Werbung ausgesetzt waren. Werbung lenkt ab und stört die Konzentration der Jugendlichen beim Lernen.
Die Unternehmen wollen in den Schulen Jugendliche beeinflussen, um sie als neue Käufer für ihre Produkte zu gewinnen. Das verträgt sich nicht mit den Zielen der Schule, wo die Jugendlichen gerade zu kritischen und unabhängigen Verbrauchern erzogen werden sollen. Werbung macht die Schulen finanziell von den Unternehmen abhängig. Es besteht die Gefahr, dass die Unternehmen versuchen, auch bei schulischen Entscheidungen mitzureden. Je nachdem wie erfolgreich eine Schule Werbemittel heranschafft, wird sie arm oder reich sein. Die Lernbedingungen an den Schulen werden daher unterschiedlich sein, den armen Schulen könnten die Schüler davonlaufen.

1. Welche Gründe sprechen für, welche gegen Werbung in der Schule?
2. Soll Werbung in der Schule erlaubt werden? Diskutiert darüber in der Klasse und beachtet die fünf Diskussionsregeln, die ihr im zweiten Kapitel gelernt habt (Seite 47).

Werbung

1. Erklärt, was man unter Werbung versteht und welche Arten von Werbung es gibt.
2. Welche Tricks der Werbemacher sollte man kennen?
3. Warum werben Unternehmen gerne mit Stars?

Was ist Werbung?

Als Werbung bezeichnet man alle Maßnahmen, die den Verkauf eines Produkts steigern. Unternehmen wollen mit Werbung auf ihr Angebot aufmerksam machen, über die Vorteile ihrer Produkte informieren und in den Käufern den Wunsch wecken, die Waren zu kaufen. Denn nur wer viel verkauft, kann als Unternehmen überleben. Da Werbung für die Zukunft von Unternehmen so wichtig ist, geben sie auch sehr viel Geld dafür aus. Wenn zum Beispiel in der Autoindustrie neue Modelle eingeführt werden, kann die Werbekampagne dafür oft mehr als 100 Millionen Euro kosten.

Arten von Werbung

Bei Werbung denkt ihr sicherlich zuerst an Anzeigen in Zeitungen, Zeitschriften, Anzeigenblättern und im Internet, aber auch an Werbespots im Radio, Fernsehen und im Kino. Immer wichtiger werden jedoch auch andere Formen der Werbung. Beim Sponsoring unterstützt ein Unternehmen mit einem Geldbetrag Sport-Teams, Ausstellungen, Schulen oder andere Einrichtungen. Wenn dann darüber in den Zeitungen oder im Fernsehen berichtet wird, nützt es den Unternehmen, weil sie bekannt werden und die Menschen positiv über sie denken. Bei der Schleichwerbung – auf Englisch Product-Placement – werden in beliebten Fernsehsendungen Produkte eines Unternehmens so geschickt in die Handlung eingebaut, dass der Zuschauer meist gar nicht merkt, dass es sich um Werbung handelt. So trinkt zum Beispiel der Hauptdarsteller einer beliebten Serie immer wieder ein Erfrischungsgetränk einer bestimmten Marke. Die Folge ist, dass die Zuschauer natürlich dasselbe Produkt kaufen werden, und manchmal ist ihnen gar nicht bewusst, warum sie das tun.

Tricks der Werbemacher

Werbung ist besonders wirkungsvoll, wenn sie nicht nur informiert, sondern darüber hinaus auch die Gefühle der Menschen anspricht. Wer möchte nicht reich, gutaussehend und beliebt sein oder ein abenteuerliches Leben führen? Die Botschaft, die die Werbung vermittelt, ist einfach: Wenn du dieses Produkt kaufst, erfüllen sich alle deine Wünsche. Um dieses Ziel zu erreichen, bedienen sich die Werbemacher vieler Tricks:
So sind zum Beispiel fast alle Menschen in Werbespots jung, braungebrannt, fröhlich, haben wunderschönes Haar und eine makellose Haut. Kurz: Es sind Idealmenschen.
Gerne wird auch mit Stars geworben. Dabei benutzt man die Tatsache, dass die Fans Stars als Vorbild empfinden und ihnen in jeder Hinsicht nacheifern wollen, also auch zum Beispiel das gleiche Haarshampoo wie sie benutzen wollen. Stars wollen mit Werbung natürlich vor allem Geld verdienen und es ist nicht unbedingt notwendig, dass sie privat tatsächlich das Haarshampoo benutzen, für das sie geworben haben. Werbung hat einen besonders großen Einfluss auf Menschen, die über ihre Tricks nicht aufgeklärt sind. Kluge Verbraucher können entscheiden, ob und wie sie sich dem Einfluss der Werbung entziehen können.

Begriffe für euer Fachwörterlexikon

Kinder und Jugendliche als Verbraucher

Station 1 Darf ich einkaufen, was ich will?

Der elfjährige Henrik sieht im Schaufenster ein Angebot: CD-Player – superpreiswert 49,90 €. Er plündert sein Sparschwein und sein Sparkonto und überredet Opa, ihm 10 € für eine wichtige Angelegenheit zuzuschießen, kauft und bezahlt das Gerät und bringt es nach Hause. Die Eltern schlagen die Hände über dem Kopf zusammen. Nicht nur, weil sie den Preis für dieses alte Auslaufmodell für viel zu hoch halten. Henriks Versetzung ist gefährdet. Deshalb soll er sich nicht mit dem CD-Player ablenken können, sondern Schularbeiten machen. Henriks Eltern verlangen, dass er das Gerät zurückbringt und sich das Geld wieder auszahlen lässt. Zu Recht?

(Aus: Sigrun von Hasseln, Jugendrechtsberater, Nomos Verlag, Baden-Baden 2002, S. 88)

Muss Henrik den CD-Player zurückgeben?
Begründet eure Entscheidung.

Station 2 Wie werden Preise gemacht?

Wortpuzzle: Bildet aus den einzelnen Bausteinen vier sinnvolle Sätze. Jedes Puzzle-Stück muss verwendet werden.

Wenn das Angebot | steigen

steigt, | Wenn die Nachfrage

die Preise. | sinkt, | steigen

die Preise. | Wenn das Angebot

steigt, | die Preise.

Wenn die Nachfrage | sinken

sinken | die Preise. | sinkt

Station 3 Ist Werbung eher schädlich oder eher nützlich?

Beispiel:
Werbung in der Schule

- Verboten oder erlaubt? Was sagt das Gesetz?
- Zwei Gründe für ein Verbot sind: …
- Zwei Gründe für eine Lockerung des Verbots können sein: …

7 Umweltschutz als Zukunftsaufgabe

Wir üben umweltfreundliches Verhalten ein

„Wir müssen unsere Umwelt schützen, weil ..."

Sucht nach möglichst vielen klugen Fortsetzungen für diesen Satz.

Worum geht es?

Bestimmt hast du folgenden Satz schon öfters gehört: „Mach bitte das Licht aus, wenn du dein Zimmer verlässt!"
Mit einer kleinen Geste deiner Hand ist es getan: Du sparst Strom, Geld und schützt zugleich die Umwelt. Wenn viele Hände, zum Beispiel die Hände aller Kinder deiner Klasse, deiner Schule oder deines Heimatortes genauso handeln, dann werden aus vielen kleinen Händen große Hände, die viel bewirken können.
In Australien hat die Regierung kürzlich beschlossen, dass im ganzen Land zukünftig nur noch Energiesparlampen benutzt werden dürfen. Du siehst also, dass auch ganz große Hände am Werk sind, um die Umwelt zu schützen. Das ist nur ein Beispiel, welches deutlich macht, was Menschen tun können, um etwas so unfassbar Großes und Schönes wie unsere Erde zu schützen.
Wir beginnen in diesem Kapitel damit, unsere eigenen Einstellungen zur Umwelt zu untersuchen, dann überlegen wir, was im Kleinen getan werden kann, um die Umwelt zu schützen. Schließlich werfen wir einen Blick auf die großen Probleme, denn bei deren Lösung wollen wir mitreden können.

Am Ende dieses Kapitels werdet ihr

- unterschiedliche Gefahren für die Umwelt beschreiben können,
- erklären können, was jeder von uns für die Umwelt tun kann,
- erfahren haben, welche Aufgaben im Umweltschutz die Politiker übernehmen müssen.

Wer den Zusammenhang zwischen dem Verhalten der Menschen und den Folgen für die Umwelt herausfinden will, muss in der Lage sein, schwierige Texte zu verstehen. Aus diesem Grund liegt ein besonderer Schwerpunkt in diesem Kapitel beim Einüben einer nützlichen Lesemethode.

Detektivaufgabe für das ganze Kapitel:
Was passiert mit den Möwen?

1 Unser Handeln hat Folgen

Wir untersuchen, wie wir mit unserem Müll umgehen

Neulich in unserer Schule

1. „Das kehrt doch der Hausmeister weg, oder“? Was haltet ihr von Teresas Bemerkung?
2. Die beiden sind auf dem Weg zur Umwelt-AG. Stellt euch vor, ihr würdet mit ihnen gehen und ihr dürftet dort Themen vorschlagen, mit denen ihr euch befassen wollt. Schreibt die Themen auf und begründet, warum ihr sie für wichtig haltet (Partnerarbeit).

Dem Müll auf der Spur

Ihr könnt wie Teresa und Dominik Umweltdetektive werden. Als Umweltdetektive sammelt ihr Beweise für Umweltsünden. Ihr sucht aber auch Beispiele für umweltfreundliches Verhalten. Außerdem interessiert ihr euch für die Einstellungen der Menschen zu Umweltfragen.
Deshalb habt ihr auf dieser Doppelseite die Möglichkeit zu wählen. Wer gerne fotografiert und den Umweltsünden auf die Spur kommen will, der sollte sich die Möglichkeit A genauer ansehen und eine Fotodokumentation erstellen. Wer gerne mit den Menschen ins Gespräch kommt und sich für deren Umwelteinstellungen interessiert, der sollte Möglichkeit B wählen und eine Umfrage durchführen.

Möglichkeit A: Wir erstellen eine Fotodokumentation

An unserer Schule sind die Mülleimer immer überfüllt. Wir machen viel zu viel Müll.

Warum soll ich mich um den Müll der anderen kümmern. Ich schmeiße doch meinen Müll immer ordentlich weg.

So viel Dreck landet bei uns nicht da, wo er eigentlich hingehört. Schau dir doch nur unsere Grünanlagen an. Das ist doch eklig.

Um den Müll soll sich der Hausmeister kümmern. Ich bin schließlich hier, um zu lernen und nicht um Müll aufzusammeln.

Wenn wir weniger Müll machen, spart die Schule Geld. Dafür könnten wir zum Beispiel Spielsachen für die Pausen kaufen.

Wenn jeder von uns seinen Müll ordentlich wegwerfen würde, dann wäre mit Sicherheit eine der Putzfrauen arbeitslos.

Die Umweltdetektive Teresa und Dominik haben dieses Foto auf ihrem Schulhof geschossen und es in die Umwelt-AG mitgebracht. Es zeigt, welcher Müll in den Pausen achtlos in den Grünanlagen der Schule landet.

1. Was empfindest du, wenn du das Foto betrachtest?
2. Als Umweltdetektive müsst ihr genau hinsehen. Beschreibt das Problem, welches ihr auf dem Foto erkennt. Welches Verhalten steckt dahinter?
3. Lest die Meinungen in den Sprechblasen und diskutiert: Ist es Aufgabe der Schülerinnen und Schüler, sich um den Müll in der Schule zu kümmern?

Möglichkeit B: Wir führen eine Umfrage zum Müllverhalten durch

Um eine Befragung unter euren Mitschülerinnen und Mitschülern durchzuführen, solltet ihr diesen Fragebogen kopieren. Wie eine Befragung durchgeführt, ausgewertet und wie die Ergebnisse präsentiert werden, steht auf der Methodenkarte 7 auf der Seite 100f.

Junge ☐ Mädchen ☐ Alter: ________

1. Stört dich der Müll an deiner Schule?

- ☐ ja
- ☐ gelegentlich
- ☐ nie

2. Ich trinke in der Pause aus …

- ☐ Dose
- ☐ Trinkpäckchen
- ☐ Einwegflasche
- ☐ Mehrwegflasche
- ☐ ____________________

3. Was machst du mit dem Abfall vom Pausenfrühstück?

- ☐ kommt in die gelbe Tonne
- ☐ nehme ich mit nach Hause
- ☐ landet im Restmüll
- ☐ lass ich einfach fallen

4. Würdest du Dosen und Einwegflaschen nicht mehr benutzen, wenn es deine Getränke in Pfandflaschen gäbe?

- ☐ ja
- ☐ nur, wenn sie nicht zu teuer sind
- ☐ nein, ist mir zu umständlich

5. Achtest du bei deiner Pausenversorgung darauf, auf bestimmte Verpackungen zu verzichten?

- ☐ nein
- ☐ ja, ich verzichte auf ____________________

6. Wie findest du es, eure Schule müllfrei zu machen?

- ☐ gut
- ☐ macht zu viel Arbeit
- ☐ hat keinen Zweck

7. Würdest du in einer Umwelt-AG mitarbeiten?

- ☐ ja
- ☐ nein
- ☐ vielleicht

8. Mit welchen Themen sollte sich eine Umwelt-AG beschäftigen?

- ☐ Umweltschutz an der Schule
- ☐ Schulgarten
- ☐ Tierschutz
- ☐ Klimaschutz
- ☐ Waldsterben
- ☐ ____________________

Wie denken Menschen in Deutschland über Umweltschutz?

So wie ihr im Kleinen hat das Bundesumweltministerium im Großen eine Bevölkerungsumfrage in Auftrag gegeben. So wie ihr wollte auch der Bundesumweltminister wissen, was die Menschen über den Umweltschutz denken und was sie dafür tun.

Umweltschutz wird wieder wichtiger

Zwei von drei Menschen in Deutschland geben an, dass ihnen der sorgsame Umgang mit Müll als persönlicher Beitrag zum Umweltschutz ein wichtiges Anliegen ist. Dafür sind sie bereit, u. a. Folgendes zu tun:

- Müll nach Abfallarten trennen,
- Müll nicht achtlos wegwerfen,
- die persönliche Umgebung sauber halten,
- unnötiges Verpackungsmaterial vermeiden.

Mülltrennung und Müllvermeidung stehen auf Platz eins der persönlichen Beiträge der Deutschen zum Umweltschutz.
Auf Platz zwei folgt der sparsame Umgang mit Energie. Energiesparen ist somit für die Deutschen weniger selbstverständlich als der sorgsame Umgang mit Müll.

(Alle Angaben aus: Umweltbewusstsein in Deutschland 2006. Ergebnisse einer repräsentativen Bevölkerungsumfrage. Hrsg.: Bundesministerium für Umwelt, Naturschutz und Reaktorsicherheit, Berlin 2006, S. 64)

(Aus: Was werden? Hrsg.: Bundesanstalt für Arbeit, Nürnberg)

„Ich bin der Meinung, dass die Umwelt in Ordnung ist. Man muss sich keine Sorgen machen."

„Das sehe ich aber anders. Ich mache mir schon Sorgen über den Zustand unserer Umwelt."

1. Welcher der beiden Meinungen stimmst du zu?
2. Notiere die Ergebnisse der Umfrage des Bundesministeriums und vergleiche sie mit den Ergebnissen eurer eigenen Umfrage.
3. Sollen alle Menschen so denken oder handeln wie Mumpfi? Begründe deine Meinung.

Zur Diskussion: Sollen wir unserer Schule eine Mülldiät verordnen?

Die Emilie-Heyermann-Realschule in Bonn gehört zu den Vorreitern, was den Umgang mit Müll angeht. Es ist ihr durch konsequente Müllvermeidung und Mülltrennung gelungen, den Müllberg um 1,4 Tonnen, das sind 1400 kg im Jahr, zu verringern. Vielleicht kann sie ja Vorbild sein für eure eigene Schule.

Es helfen in der 7a

Patricia

Paul

Judith

Gelbe Tonne

Plastikmüll, wie z. B.:

Dosen/Getränkedosen
Plastikflaschen
Verpackungen
gewachstes Papier
Alufolie
Glanzpapier
Lackfolien
Trinkpäckchen
Styropor
Folien
Plastiktüten

Blaue Tonne

nur Papiere und Pappe, wie z. B.:

beschriebene Blätter
alte Hefte
Pappschnellhefter
nicht verschmutzte Papiertüten
Zeitungen
Werbeprospekte

Graue Tonne

Restmüll, wie z. B.:

gebrauchte Taschentücher
gebrauchtes Butterbrotpapier
Butterbrotabfälle
Obstreste
sonstige Essensreste
Kaugummi
Stifte
Stoffabfälle

Müllvermeidung, Mülltrennung, Müllanalyse: So lautete das Motto der Emilie-Heyermann-Realschule in Bonn. Verschiedene Ideen dazu wurden bereits in die Tat umgesetzt.
Einrichtung von Trennungsmöglichkeiten (Papier, Gelber Sack, Restmüll) in jedem Fach- und Klassenraum mit dazugehörigen Hinweisschildern auf das exakte Trennen.
In jeder Klasse wurde ein Ordnungsdienst eingerichtet, der die Entleerung der Mülleimer der eigenen Klasse in die entsprechenden Container auf dem Schulhof übernimmt. So lernen die Schülerinnen und Schüler, Verantwortung für ihren eigenen Abfall zu tragen. Gleichzeitig wird dadurch das Reinigungspersonal entlastet. Unser Reinigungsdienst hat so mehr Zeit, die getrennte Entsorgung des Mülls in den Fachräumen sorgfältig durchzuführen. In der Vergangenheit war dies sicher auch aufgrund der hohen Arbeitsbelastung des Reinigungspersonals nicht immer der Fall.
Die Schülerinnen und Schüler der neuen Klassen 5 erhielten, genauso wie die Schülerinnen und Schüler der letzten drei Jahrgänge, stabile Mehrwegverpackungen für ihre Getränke und Butterbrote kostenlos, um die Masse der Flaschen, Tetrapaks und Butterbrotpapiere zu vermindern. […]
Das Angebot des Kiosks wurde auf überflüssige Verpackungen überprüft. Brötchen und Brezeln werden ohne zusätzliche Verpackungen ausgegeben. Es wird nur noch ein Müsliriegel und eine Schlemmermilch angeboten, bei denen aus hygienischen Gründen auf eine Verpackung nicht verzichtet werden kann.

(Aus: http://ehs.schulen.bonn.de, Zugriff Januar 2008)

Weniger Müll produzieren ist der beste Umweltschutz. Deshalb sollten wir an unserer Schule so etwas auch machen.

Das, was in dieser Schule gemacht wird, ist mit einem riesigen Aufwand verbunden. Wenn Schülerinnen und Schüler das machen müssen, werden sie das Lernen vernachlässigen.

1. Lest das Programm der Emilie-Heyermann-Realschule durch und überlegt gemeinsam, ob ihr an eurer Schule etwas Ähnliches auf die Beine stellen könnt.
2. Diskutiert in der Klasse über die Vor- und Nachteile, die ein solches Projekt mit sich bringen würde.

2 Was passiert eigentlich mit dem Müll?

Wir informieren uns und erarbeiten schwierige Texte

Auf den folgenden Seiten findet ihr drei Texte (**A, B, C**), die euch informieren, wie wir mit unserem Müll umgehen. Dabei könnt ihr folgendermaßen vorgehen:

1. Schritt: Macht euch zuerst mit der Lesemethode auf der folgenden Seite vertraut. Sie hilft euch, die Informationstexte besser zu verstehen.
2. Schritt: Entscheidet euch für einen der drei Texte und werdet Spezialist für ein Thema, das ihr den anderen in der Klasse erklären wollt.
3. Schritt: Erarbeitet euren Text mithilfe der Lesemethode und stellt dann euer Thema in der Klasse vor.

Folgende Fragen helfen euch, den wichtigen Informationen auf die Spur zu kommen. Sie passen zu allen drei Texten.

1. Welche Informationen sollen sich alle merken?

2. Ergänze folgende Sätze:
Ich finde gut, dass …
Nicht gut finde ich, dass …

Ohne ein besonderes Müllvermeidungskonzept werden an einer Schule mit 500 Schülerinnen und Schülern pro Woche etwa 2 500 Liter Müll produziert (Altpapier nicht mitgerechnet). Das sind etwa 20 große graue Mülltonnen, wie ihr sie von zu Hause kennt. Der Müll wird gesammelt und abgefahren. Das kostet die Schule viel Geld und belastet die Umwelt.
Die Kinder auf dem Foto kennen offensichtlich das Problem und demonstrieren für einen verantwortungsvollen Umgang mit dem Müll.
Was passiert mit unserem Müll? Was wisst ihr bereits darüber?

Methodenkarte 9

Detektivmethode: Schwierige Texte lesen | Thema: Was passiert mit unserem Müll?

A Was ist das?

So wie den beiden in der Zeichnung ist es euch wahrscheinlich auch schon ergangen. In der Schule, im Deutschunterricht und in den Sachfächern habt ihr es oft mit schwierigen Texten zu tun. „Schwierige Texte zu lesen, macht keinen Spaß“, behaupten Schülerinnen und Schüler oft, weil sie mit dem Ergebnis ihrer Arbeit nicht zufrieden sind. Dabei ist das Lesen schwieriger Texte eine spannende Detektivarbeit, die zum Erfolg führt, wenn ihr das, was ihr schon wisst, mit dem verknüpft, was ihr noch wissen wollt.

B Wie macht man das?

1. Der Detektiv klärt das Thema.

- Überfliege den Text und lies die fett- oder kursivgedruckten Begriffe und Zwischenüberschriften. Unterstreiche sie.
- Formuliere folgenden Satz zu Ende: „Der Text handelt von …“

Jetzt kennst du das Thema.

2. Der Detektiv macht sich den Text interessant.

- Überlege, was du über das Thema wissen willst, und stelle mindestens zwei Fragen, die dich interessieren.
- Lies den Text einmal ganz, damit du einen Überblick hast.
- Überlege, ob der Text deine Fragen beantwortet.

3. Der Detektiv verschafft sich einen Überblick.

- Der Text hat Abschnitte. Was in einem Abschnitt steht, gehört zusammen. Zähle, wie viele Abschnitte der Text hat, und nummeriere sie.
- Lies die Abschnitte des Textes der Reihe nach. Unterstreiche dabei in jedem Abschnitt höchstens fünf Schlüsselwörter.

4. Der Detektiv erkennt die Besonderheiten des Textes.

- Lies dazu den Text erneut Abschnitt für Abschnitt und unterstreiche, was über die Schlüsselbegriffe ausgesagt wird.
- Notiere Wichtiges in kurzen Sätzen.

5. Der Detektiv ist dem Unbekannten auf der Spur.

- Schlage im Lexikon die Bedeutung unbekannter Wörter nach oder frage jemanden um Rat.

■ **Tipp:** Wichtige Fachausdrücke im Text kannst du in dein Fachwörterlexikon übernehmen. Du kannst auch Quizkarten zum Erlernen der Begriffe erstellen.

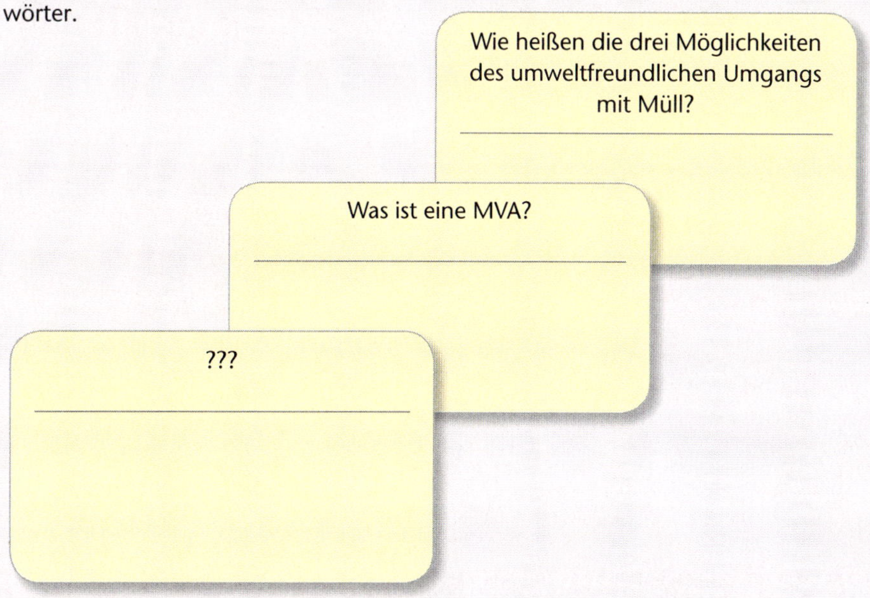

A Warum ist Müll überhaupt ein Problem?

Beachtet: In diesem Text kommt es besonders auf die Zahlen an.

Müll: Nervig, teuer und elefantenschwer ...

Was hat eine leere Tintenpatrone mit einem Elefanten zu tun? Beide sind ganz schön schwer. Was, eine einzige Patrone? Die wiegt doch nichts! Eine alleine nicht. Aber wenn jede Schülerin und jeder Schüler in Deutschland nur 25 Tintenpatronen im Jahr verbraucht, dann ergibt das 100 Tonnen Müll. Das ist so viel wie 25 Elefanten wiegen ...
Müll nervt. Er stinkt, nimmt Platz weg, fliegt überall herum, kostet Geld, macht tierisch viel Arbeit und die Umwelt kaputt.

Wusstest du,
... dass jeder Mensch in Deutschland im Durchschnitt 189 Kilogramm Hausmüll pro Jahr wegschmeißt? Dazu noch 90 Kilogramm Küchen- und Gartenabfälle. Und 31 Kilogramm Sperrmüll. Die schlimmsten Müllmonster sitzen in den Stadtstaaten, also Hamburg, Bremen oder Berlin (308 Kilogramm pro Kopf). Weniger Müll hinterlassen die Menschen in den großen Bundesländern, den Flächenstaaten (199 Kilogramm pro Kopf).
... dass es ganz schön teuer ist, seinen Müll loszuwerden? Lässt man zum Beispiel in Hamburg alle zwei Wochen eine Mülltüte mit 80 Litern abholen, dann kostet das jeden Monat über zehn Euro.
Ganz schön viel Geld [...]. Das Problem mit Tetrapaks, Konservendosen, Joghurtbechern & Co ist: Wenn man sie einmal weggeschmissen hat, denkt man nicht mehr dran. Aus den Augen, aus dem Sinn! Aber wo bleibt der Müll eigentlich? Die Müllmänner, die ihn bei euch zu Hause oder in der Schule abholen, können ihn ja (leider) auch nicht einfach weghexen.

Deutlich mehr als die Hälfte des Mülls wird wiederverwertet, das heißt, es wird etwas Neues daraus gemacht. Der Rest wird verbrannt oder auf Dauer irgendwo gelagert – deponieren nennt man das. Im Jahr 2004 waren das aber immer noch fast 21 Millionen Tonnen der sogenannten Siedlungsabfälle. Um bei den eingangs erwähnten Dickhäutern zu bleiben: Diese Müllmenge wiegt so viel wie eine Million Elefanten – ganz schöne Riesenherde ...

Wenn man dann noch bedenkt, dass es im Müll viele Stoffe gibt, die ziemlich ungesund sind und sogar ins Grundwasser sickern können oder bei der Verbrennung in die Luft gelangen, kommt man schnell darauf, dass Müll ein ziemlich dickes Problem ist. Außerdem verschlingen viele Produkte bei ihrer Herstellung Unmengen an Energie und verursachen schon da eine Menge Abfall. Dann werden sie – wie beispielsweise Joghurtbecher – einmal kurz benutzt und schwupps: schon sind sie selbst Abfall. [...]

(Nach: Heike Dierbach, Helga Bachmann, www.greenpeace4kids.de/themen/müll/hintergründe vom 23.5.2005, Zugriff Januar 2008)

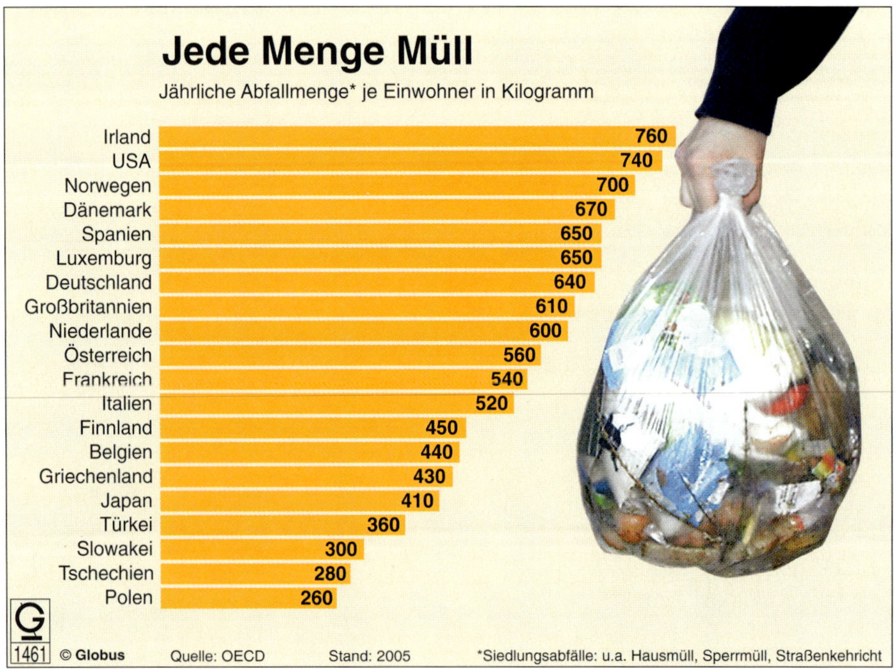

B Was passiert mit unserem Müll?

Müllverbrennung

Die Silbermöwen bemerkten es wohl als Erste. Winter für Winter waren die Küstenvögel weit ins Landesinnere bis zu den Mittelgebirgen geflogen, um sich die saftigsten Stücke aus den Müllhalden zu picken. Doch plötzlich war es aus mit ihrem Schlaraffenland. Vor zwei Jahren machten die meisten der etwa 200 Hausmülldeponien in Deutschland zu. Seitdem darf Abfall nicht mehr einfach auf der Halde landen, sondern muss wiederverwertet oder verbrannt werden. Der stets garantierte Nachschub an Fressbarem versiegte für die Möwen – ihr Bestand ist seitdem um 60 Prozent zurückgegangen. Ansonsten tut der Umwelt das Deponieverbot jedoch gut. Der Müll verunreinigt nun nicht mehr Böden und Grundwasser. Idealerweise landet jetzt nur, was sich nicht weiter trennen und verwerten lässt, in den 67 Verbrennungsanlagen. Weil nichts mehr auf die Halde gekippt werden darf, wird seit zwei Jahren so viel Müll wie nie zuvor verbrannt. [...]

(Aus: Martin Kotynek, Die Berge so nah, in: Süddeutsche Zeitung WISSEN Nr. 18 vom Oktober 2007, S. 80ff.)

Verrottung

In mechanisch-biologischen Anlagen soll der gefährliche Müll fast genauso wie in einer Müllverbrennungsanlage entschärft werden. Dazu wird der Müll aus der grauen Tonne in einer Sortieranlage getrennt. Wiederverwertbare Materialien wie Metalle werden als Erstes entfernt. Plastik, Holz und Pappe werden zu Brennstoff für Kraftwerke. Der Rest wandert in spezielle Boxen. Dort gärt und verrottet er. Ein Großteil des im Müll enthaltenen Wassers verdunstet. Nach etwa drei Monaten ist von dem ursprünglichen Müllberg nicht mehr viel übrig geblieben. Der so vorbehandelte Rest darf jetzt deponiert werden.

(Autorentext)

Wiederverwertung

Der Grüne Punkt ist das Markenzeichen der *Duales System Deutschland GmbH*. Das ist ein Unternehmen, das seit 1990 dafür sorgt, dass alte Verpackungen, die du wegwirfst, wiederverwertet werden. Mit dem Grünen Punkt werden Verpackungen in Deutschland und anderen europäischen Staaten gekennzeichnet, die in der gelben Tonne/dem gelben Sack, in der Altpapiertonne oder im Altglascontainer gesammelt werden. Von da aus gehen sie dann auf die Reise ins Recycling (Wiederverwertung) und werden neues Papier, neue Joghurtbecher, neue Flaschen und vieles mehr. Natürlich kostet Recycling Geld. Dieses Geld bezahlen die Hersteller der Produkte und dürfen im Gegenzug dazu den Grünen Punkt auf ihre Produkte drucken. Das signalisiert dir: Achtung, Grüner Punkt! Also darf diese Verpackung nicht in den Restmüll, da sie wiederverwertet werden kann!

(Aus: www.najuversum.de © Duales System Deutschland GmbH, Zugriff Januar 2008)

Solche Bilder gehören heute der Vergangenheit an. In Deutschland ist es seit dem Jahr 2005 verboten, den Müll einfach auf Deponien wegzukippen.

C Wie können wir mit unserem Müll umweltgerecht umgehen?

Ein Interview ist eine besondere Textform. Hierbei könnt ihr jede Antwort als eigenen Textabschnitt sehen und zusammenfassen.

Rainer Lucas ist Forscher. Er untersucht, was mit unserem Müll passiert und wie man die Verwertung verbessern kann.

Haben Sie heute schon Müll verursacht?
Ja, ich habe Müll verursacht. Natürlich war mit dem Frühstück auch Müll verbunden, aber es war ein Haushalt, wo unter der Spüle drei verschiedene Mülleimer stehen, wo also sehr gewissenhaft mit dem Müll-Thema umgegangen wird. [...]

Gehen wir in die Zukunft: Was könnte man daran noch verbessern?
Müllexperten sagen, dass auch im Restmüll noch ein sehr hoher Wertstoffanteil ist. Wir könnten also versuchen, diesen Anteil auch noch zu nutzen. Damit ist die Vorstellung verbunden, auch den Hausmüll weitestgehend vorzusortieren, noch einmal auf ein Band zu schmeißen, um alles, was nicht schon über die Gelben Tonnen entsorgt worden ist, noch rauszuholen. So könnte man die Verwertungsquote weiter erhöhen. [...]

Wir haben jetzt über den Müll geredet, den wir trennen und über den Restmüll. Doch es gibt ja noch anderen Müll: Sondermüll zum Beispiel. Was passiert damit?
Für den Sondermüll aus Haushalten gibt es die Wertstoffhöfe. Ein Problem sind Kleingeräte wie dieses hier (*zeigt auf mein Handy*), weil die oft einfach in die Mülltonne geworfen werden. Damit erhöht sich der Gefahrstoffanteil im Restmüll. [...]

Aber was macht man denn mit dem Zeug, welches schon auf Deponien liegt? Gibt es keine Techniken der Zukunft, die eine Lösung versprechen?
Ja, die gibt es. [...] Für die Hersteller [...] müssen klare Vorgaben her, welche Stoffe nicht verwendet werden dürfen. [...] Grundsätzlich muss der Kunde und die Kundin erfahren können, welche Stoffe in den Produkten enthalten sind. [...] Also Augen auf beim Kauf von Elektrogeräten und ruhig einmal nachfragen: Welche Stoffe stecken da drin? Welche Risiken sind damit verbunden?

(Aus: www.gruene-jugend.de, Zugriff Januar 2008. Das Interview führte Katrin Rönicke am 03.11.2006)

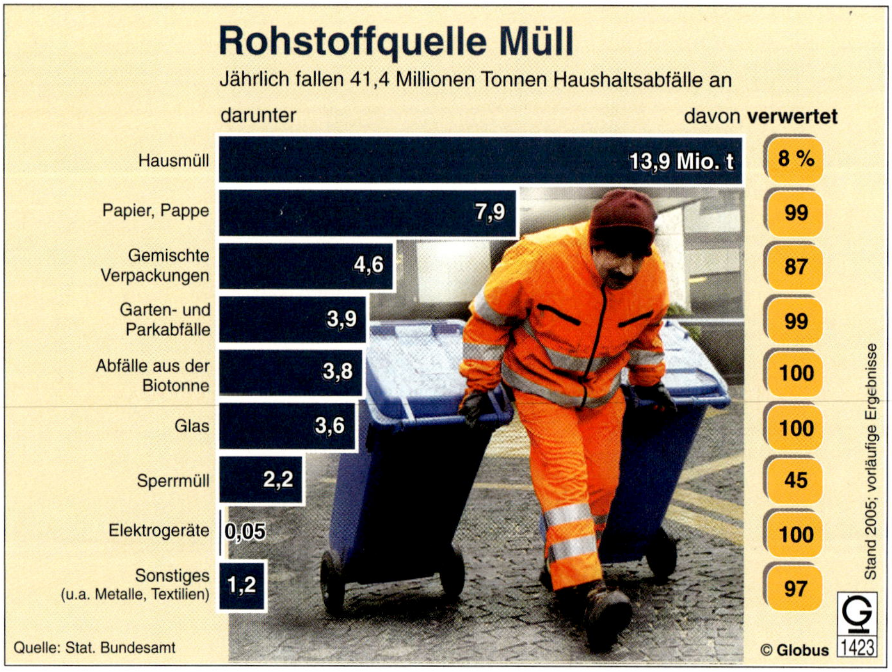

Auch wenn es mühsam ist, Abfälle getrennt zu sammeln – für die Umwelt lohnt es sich. Denn während von dem, was in die allgemeine Hausmülltonne wandert, nur acht Prozent wiederverwertet werden, landen die getrennt gesammelten Wertstoffe fast komplett im Verwertungskreislauf.

Zur Diskussion: Für welche Art der Müllentsorgung soll die Gemeinde sich entscheiden?

Müll zu vermeiden, ist Aufgabe jedes Einzelnen. Müll zu entsorgen oder wiederzuverwerten, ist Aufgabe der Gemeinde. Doch wie Letzteres geschehen soll, darüber sind sich die Menschen in Deutschland nicht einig. Soll zukünftig noch stärker sortiert und wiederverwertet werden, wie es beispielsweise der Müll-Forscher Rainer Lucas fordert? Oder soll stattdessen mehr Müll unsortiert verbrannt werden, wie es vor allem die Betreiber von Müllverbrennungsanlagen verlangen? Die Entscheidung in dieser Frage liegt letztendlich bei den Politikern in den Städten und Gemeinden.
Auf dieser Seite findet ihr Argumente, die für oder gegen eine stärkere Wiederverwertung sprechen. Mit ihnen könnt ihr euch eine begründete Meinung bilden und in der Klasse diskutieren.

So geht ihr am besten vor:

1. Lest die Argumente und entscheidet euch für eure Position.
2. Begründet eure Position.
3. Stellt euch eure Argumente gegenseitig vor und diskutiert mit ihnen.
4. Zum Abschluss könnt ihr wie Stadträte darüber abstimmen, wie zukünftig mit dem anfallenden Müll verfahren werden soll.

Müllverbrennung

Sortieren ist auch umweltschädlich, weil die Müllautos beim Einsammeln der gelben Säcke viel Kraftstoff verbrauchen.

Wenn man alles verbrennen würde, bräuchten wir den Müll nicht mehr zu trennen und auch kein Duales System mehr. Das spart Geld.

Weil die Deutschen so viel trennen, bleibt zu wenig Müll zum Verbrennen übrig. Deshalb sind die Müllverbrennungsanlagen nicht ausgelastet. Sie stehen ungenutzt herum, kosten Geld und erwirtschaften keinen Gewinn.

Die Praxis hat gezeigt, dass ein großer Teil des getrennten Mülls in den gelben Säcken gar nicht wiederverwertet wird, sondern in den Müllverbrennungsanlagen landet. Da kann man sich den Aufwand der Trennung sparen und gleich alles verbrennen.

Mülltrennung

Wenn die Menschen Müll sortieren und zum Beispiel auf den Grünen Punkt auf Verpackungen achten, dann führt das zu umweltbewussterem Verhalten insgesamt.

Die Mülltrennung in Deutschland ist vorbildlich in der Welt. Das wird von Experten immer wieder bestätigt.

Viele Menschen fühlen sich besser, wenn sie Müll trennen. Sie erfahren so, dass sie selbst etwas zum Umweltschutz beitragen.

Bei Papier und Glas funktioniert die Trennung und Wiederverwertung total gut. Es gibt also keinen Grund, warum das mit anderen Stoffen nicht genau so gut funktionieren sollte.

3 Der Treibhauseffekt: Die Hauptkrankheit unserer Erde

Wir analysieren Texte und Schaubilder

Der Treibhauseffekt gilt als die gefährlichste Krankheit der Erde. In diesem Kapitel werdet ihr mehr darüber erfahren und ihr werdet erkennen, was wir tun können, um unsere Umwelt auch über die Grenzen unseres Landes hinaus zu schützen. Beim Erarbeiten der folgenden Seiten könnt ihr die Lesemethode trainieren.

Eisbären finden in der Arktis kaum noch eine geschlossene Eisdecke. Wegen der geschmolzenen Eisschollen finden sie wenig Nahrung oder ertrinken auf der Jagd.

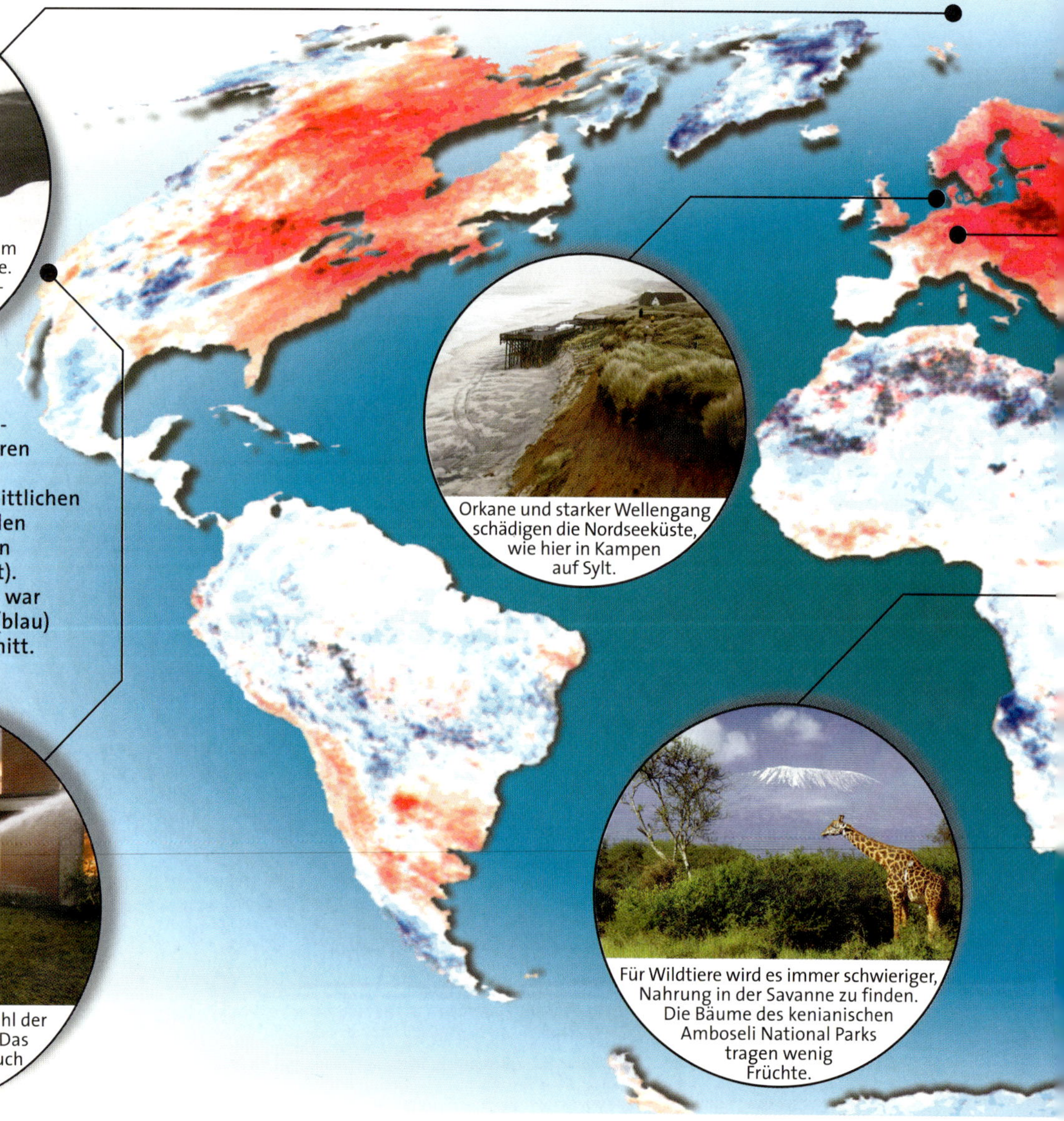

Die Karte zeigt die ungewöhnlichen Oberflächentemperaturen der Erde im Dezember 2006. Verglichen mit den durchschnittlichen Dezembertemperaturen aus den Jahren 2000 bis 2005 war es in Europa zehn Grad wärmer (rot). In anderen Regionen der Welt war es aber durchaus auch kälter (blau) als im langjährigen Durchschnitt.

Orkane und starker Wellengang schädigen die Nordseeküste, wie hier in Kampen auf Sylt.

In Kalifornien nimmt die Anzahl der Waldbrände seit Jahren zu. Das Feuer greift mittlerweile auch auf Wohngebiete über.

Für Wildtiere wird es immer schwieriger, Nahrung in der Savanne zu finden. Die Bäume des kenianischen Amboseli National Parks tragen wenig Früchte.

1. Wie wirken die Fotos auf euch?
2. Was erfahrt ihr auf dieser Seite über den Treibhauseffekt? Betrachtet dazu die Bilder und lest die kurzen Texte.
3. Lest mithilfe der Detektivmethode die Informationstexte der folgenden Doppelseite.

Die Temperaturen steigen auch in Deutschland. Die Sommerhitze hatte am ausgetrockneten Rheinufer bei Düsseldorf die Erde aufgerissen.

Wassermangel in Australien: Wie hier bei Perth sind die Grundwasserspiegel stark abgesunken. Flüsse und Seen sind dadurch übersäuert.

Selbst Hunderte Meter unter dem Meeresspiegel zeigen sich die Folgen des Klimawandels. Das betrifft auch die Rote Lederkoralle am australischen Great Barrier Reef.

Der Treibhauseffekt

Die gefährlichsten Treibhausgase sind Kohlendioxid (CO_2) und Methan (CH_4).

Warum wird es wärmer auf der Erde?

Die Klimaerwärmung entsteht durch den sogenannten Treibhauseffekt. Wenn ihr in ein Gewächshaus geht, dann werdet ihr feststellen, dass es dort meist auch ohne Heizung viel wärmer ist als draußen. Im Treibhaus werden nämlich die Sonnenstrahlen „gefangen“, das heißt, die warmen Strahlen kommen zwar rein, aber nicht wieder raus. Von diesem Phänomen im Gewächshaus hat auch der Treibhauseffekt auf der Erde seinen Namen. Er funktioniert nämlich genauso. Anstelle der Glasscheiben im Gewächshaus hat die Erde eine schützende Lufthülle, die Atmosphäre. Diese Atmosphäre besteht aus verschiedenen Gasen, wie zum Beispiel Sauerstoff oder Kohlendioxid. Eigentlich ist der Treibhauseffekt auf der Erde eine prima Sache, denn ohne die schützende Lufthülle wäre es überall bitterkalt, durchschnittlich minus 18 Grad. Erst seitdem die Menschen immer mehr Energie verbrauchen und dadurch immer mehr Kohlendioxid produzieren, ist der Treibhauseffekt zum Problem geworden. Es wird nämlich immer wärmer im Treibhaus Erde. Im Sommer 2003 haben wir in Deutschland schon mal das Steppenklima erprobt: Die Wiesen waren braun, die Flüsse hatten nur noch wenig Wasser und ohne Ventilator ging gar nichts. Sogar manche Kraftwerke für die Stromerzeugung mussten mit halber Kraft fahren, weil in den Flüssen nicht mehr genügend Kühlwasser vorhanden war. Auch viele Tiere und Pflanzen bekommen durch den Treibhauseffekt Probleme. Sie müssen der Erwärmung ausweichen und wandern deshalb in kühlere Gebiete aus. Das bringt das ökologische System ziemlich durcheinander, weil zum Beispiel manche Tiere in ihrem Exil nicht genügend Nahrung finden oder anderen Konkurrenz machen. Viele Lebewesen können sich nicht so schnell umstellen und einfach irgendwo anders hinwandern. […]

(Aus: http://www.klimanet4kids.badenwuerttemberg.de, © Umweltministerium Baden-Württemberg, Zugriff Januar 2008)

Und was können wir dagegen tun?

Alle sprechen vom Klimawandel. Aber was kannst du zum Klimaschutz selbst beitragen? Dazu gibt es viele Tipps:
Licht aus:
Licht ausschalten, wenn man länger als fünf Minuten aus dem Zimmer geht. Glühbirnen fressen viel Strom. Auch mit Energiesparlampen lässt sich Strom sparen.
Muskeln statt Motor:
Viele fahren auch kurze Wege mit dem Auto. Zum Sport, zur Schule oder zu den Freunden kann man aber oft mit dem Rad fahren oder zu Fuß gehen. Das verbraucht kein Benzin. Wer einen weiten Weg hat, kann Bus oder Bahn nehmen. [...]
Wasser stopp:
Beim Zähneputzen muss das Wasser nicht ständig aus dem Wasserhahn plätschern. Denn Wassersparen spart auch Energie. Trinkwasser muss erst aufbereitet werden. Das verbraucht Energie. Auch beim Waschen kannst du sparen: Beim Baden wird drei- bis viermal so viel Energie verbraucht wie beim Duschen.
Essen von nebenan:
Beim Einkaufen kann man etwas für das Klima tun. Obst und Gemüse kommen oft von weit her. Der Transport mit Flugzeugen und Lastwagen kostet Energie. [...]
Schreib auf Umweltpapier:
Für die Herstellung von Umweltpapier müssen nicht so viele Bäume gefällt werden wie für Normalpapier. Das trägt zum Klimaschutz bei. Denn Bäume filtern schädliche Gase aus der Luft.

(Aus: Trierischer Volksfreund Nr. 193 vom 21.8.2007, S. 6)

Ein im Zoo von Berlin geborenes und von seiner Mutter verstoßenes Eisbärbaby mit dem Namen Knut wurde 2007 zum Lieblingstier vieler Kinder und Erwachsener. Was hat Knut mit dem Treibhauseffekt zu tun? Würde Knut in seiner natürlichen Umwelt leben, dann hätte er ein Problem. Denn in der Arktis schmilzt den Eisbären ihre Lebensgrundlage unter den Pfoten weg.

1. Kläre mithilfe der Detektivmethode folgende Fragen:
   - Wie entsteht der Treibhauseffekt?
   - Welche Rolle spielt das Klimagas Kohlendioxid dabei?
   - Welche Auswirkungen hat der Treibhauseffekt auf Mensch und Umwelt?
   - Was kann jeder von uns gegen den Treibhauseffekt tun?
2. Stelle deine Leseergebnisse der Klasse vor. Benutze dabei das Schaubild auf der linken Seite.

Umweltpolitik

1. Erkläre die Begriffe „natürliche Lebensgrundlagen“ und „Umweltpolitik“.
2. Wer macht Umweltpolitik?
3. Was sagt das Schaubild über die weltweiten Umweltzerstörungen aus?

Schutz der natürlichen Lebensgrundlagen

Reine Luft, die wir zum Atmen brauchen. Sauberes Wasser, das wir trinken können, ohne krank zu werden. Fruchtbare Böden, auf denen unser Essen wächst: Das sind die natürlichen Lebensgrundlagen der Menschen. Ohne sie könnte der Mensch nicht auf der Erde überleben. Deshalb ist der Schutz der Umwelt etwas, um das sich alle Menschen in Deutschland kümmern müssen. Leider ist dies im Alltag nicht immer so einfach, wie es sich anhört. Denn wir produzieren durch die Art, wie wir leben, eine Menge Müll, gefährliche Klimagase und Abwässer, die Flüsse und Meere verschmutzen. Wir verbrauchen Papier, für dessen Herstellung Wälder gerodet werden und wir wollen auf asphaltierten Straßen möglichst bequem überall hinkommen. Das alles ist mehr, als die Erde aushält. Deshalb brauchen wir kluge Gesetze, die unsere Umwelt schützen.

- Sie regeln, was jeder Einzelne von uns tun oder lassen muss. So ist es beispielsweise strafbar, seinen Müll irgendwo in die Landschaft zu kippen.
- Sie regeln aber auch, was die Wirtschaft leisten muss. So müssen in Deutschland z. B. alle Neuwagen einen umweltfreundlichen Katalysator haben, der Schadstoffe aus den Auspuffabgasen filtert.

Menschen machen Politik

Politiker in Berlin und in den Bundesländern (zum Beispiel im Landtag in Düsseldorf) und Politiker in unseren Heimatgemeinden teilen sich die umweltpolitischen Aufgaben: Geht es zum Beispiel um die Müllentsorgung bei uns zu Hause, dann kümmern sich die Politiker in unseren Gemeinden und Städten darum. Wenn es hingegen um die Frage geht, wo in Nordrhein-Westfalen neue Müllverbrennungsanlagen gebaut werden sollen, dann entscheiden zuerst einmal die Politiker in unserer Landeshauptstadt darüber.
Für die großen Aufgaben, wie den Klimaschutz, sind vor allem die Politiker in Berlin zuständig. Sie verhandeln mit anderen Ländern zum Beispiel über gemeinsame Maßnahmen gegen die weltweite Klimaerwärmung durch den Treibhauseffekt. All dies, was Politiker in Deutschland und in anderen Ländern der Welt tun, um

- die Atmosphäre,
- die Böden,
- das Trinkwasser,
- die Meere und die Natur

zu schützen, nennt man *Umweltpolitik*.

Sie will dafür sorgen, dass auch zukünftige Generationen gut auf der Erde leben können.

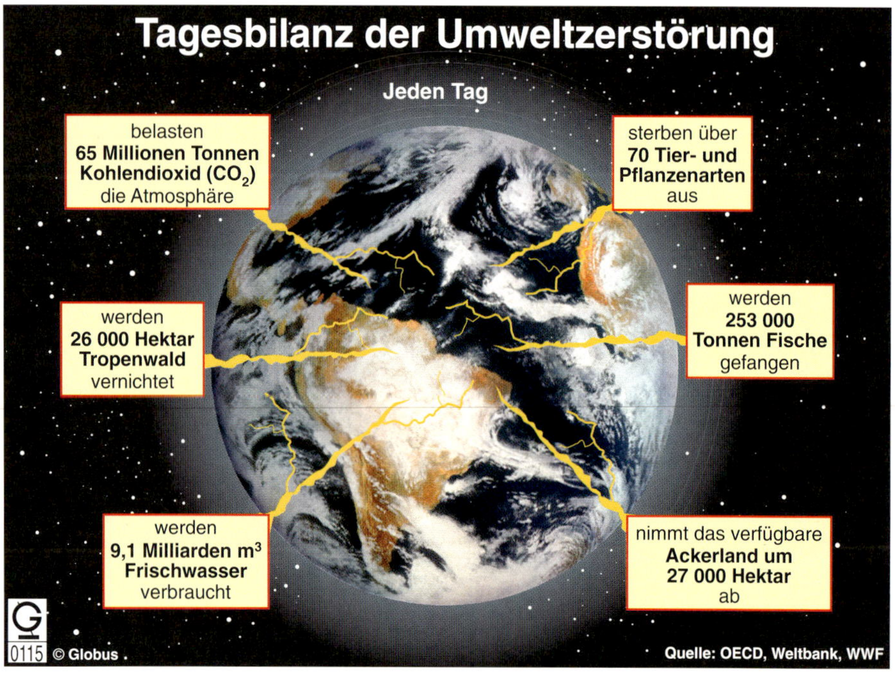

Zur Diskussion: Tun wir genug? Tun wir zu wenig?

Die Klimaerwärmung durch den Treibhauseffekt ist ein weltweites Problem. Und weltweit wird versucht, ihr zu begegnen. Auf dieser Seite findet ihr konkrete Maßnahmen, die dazu beitragen, dass in Zukunft weniger CO_2 in die Atmosphäre gelangt. Doch reicht das aus, um den Kampf gegen die Klimaerwärmung zu gewinnen? Diskutiert diese Frage in der Klasse. Die Beispiele unten könnt ihr in der Diskussion benutzen. Sie sollen euch aber auch helfen, eigene Beispiele zu finden.

Ich bin der Meinung, dass wir auf dem richtigen Weg sind, um den Klimawandel zu stoppen, ...

... denn überall auf der Welt werden jeden Tag neue Solaranlagen aufgebaut, die Strom erzeugen, ohne die Atmosphäre zu verschmutzen.

... weil immer mehr Länder ihre Urwälder unter Schutz stellen. In Costa Rica zum Beispiel ist das ein Viertel der Fläche des ganzen Landes.

... denn Australien wird ab dem Jahr 2010 eine glühbirnenfreie Zone sein. Dann sind nur noch Energiesparlampen erlaubt. Andere Länder wie zum Beispiel Kalifornien oder Großbritannien überlegen, es genauso zu machen.

Solaranlagen in Marokko

Windkraftanlage in Deutschland

Brasilien: In der Stadt Curitiba fahren fast alle mit dem Bus.

Ich glaube nicht, dass die Maßnahmen ausreichen, um den Klimawandel zu stoppen, ...

... weil Solar- und Windkraftanlagen nicht so viel Strom erzeugen, wie wir verbrauchen, und der meiste Strom immer noch in Kohlekraftwerken erzeugt wird, die unheimlich viel CO_2 in die Luft schleudern.

... weil Costa Rica eine Ausnahme ist und in den meisten Ländern jeden Tag viel mehr Bäume gefällt als geschützt werden.

... denn wenn ich morgens mit dem Bus in die Schule fahre und aus dem Fenster schaue, dann sehe ich doch, dass die meisten allein in ihrem Auto sitzen und zur Arbeit fahren.

(Nach: Joachim Wille, Von Curitiba bis Jühnde, in: Frankfurter Rundschau Nr. 154 vom 6.7.2007, S. 8f.)

Trainingsplatz

Wir ordnen Maßnahmen gegen den Treibhauseffekt zu

Wenn der Kampf gegen den Treibhauseffekt gewonnen werden soll, dann muss jeder seinen Beitrag leisten. Die entscheidende Frage dabei lautet: „Wer soll was tun?“
Diese Frage könnt ihr mithilfe des Trainingsplatzes klären – entweder einzeln, zu zweit oder in Gruppen. Ordnet dazu mindestens jeweils drei Vorschläge aus dem Topf unten den Bereichen **A** und **B** zu.
Die angelegte Tabelle mit den Ergebnissen solltet ihr in euer Heft übertragen.

Wer soll was tun?

A Das muss jeder **Einzelne** tun:	**B** Das muss die **Politik** tun:
1. 2. 3. …	1. 2. 3. …

auf Plastiktüten verzichten ❀ Energiesparlampen zur Pflicht machen ❀ die Einhaltung von Klimaschutzabkommen überwachen ❀ beim Einkauf auf Waren mit übermäßigen Verpackungen verzichten ❀ Länder mit hohem CO_2-Ausstoß auffordern, mehr für den Klimaschutz zu tun ❀ alte Kraftwerke, die viel CO_2 ausstoßen, stilllegen ❀ mit dem Fahrrad fahren, statt mit dem Auto ❀ auf Getränkedosen verzichten ❀ den Müll trennen ❀ Gesetze erlassen, die Sonnenenergie und Windkraftanlagen fördern ❀ Geräte nicht „stand by“ laufen lassen, sondern richtig ausschalten ❀ internationale Abkommen zur Treibhausgasreduzierung unterschreiben ❀ im Winter sinnvoll lüften ❀ ärmeren Ländern bei ihren Umweltproblemen helfen ❀ einen Baum pflanzen ❀ Wälder schützen ❀ Gütesiegel für umweltfreundliche Produkte einführen …

Memorystationen

Umweltschutz als Zukunftsaufgabe

Station 1 Unser Handeln hat Folgen

Müll sortieren

Welcher Müll muss wohin? Schau dir das Foto an und sortiere den Müll. Übertrage dazu folgendes Schaubild in dein Heft und ergänze es.

Müll	passende Entsorgung
Glasflasche	Glascontainer
...	Gelbe Tonne
...	Papiercontainer
...	Restmüll-Tonne
...	...

Station 2 Was passiert mit dem Müll?

Der Mann hat ein Problem: Müll. Was soll damit passieren? Beziehe dich auf die Karikatur und erkläre die drei Möglichkeiten, vernünftig mit Müll umzugehen.

Station 3 Der Treibhauseffekt: die Hauptkrankheit unserer Erde

Treibhauseffekt

Schreibe für eure Schülerzeitung einen Bericht über den Treibhauseffekt. Er soll Antworten auf folgende Fragen geben:

(1) Was ist das, „Treibhauseffekt"?
(2) Wie kommt er zustande?
(3) Welche Auswirkungen hat er für Mensch und Umwelt?
(4) Wie kann das Problem gelöst werden?

8 Mit Unterschieden leben lernen

Wir finden Wege für ein faires Zusammenleben

Stell dir vor, du gehst ab morgen in einem fremden Land zur Schule, wo du dich in Aussehen und Sprache von allen anderen unterscheidest:

Welches Verhalten deiner neuen Klassenkameraden dir gegenüber würdest du dir wünschen?

Worum geht es?

Ene mene miste, es rappelt in der Kiste, ene mene maus, und du bist raus! Vielleicht kennt ihr diesen Abzählreim. Alle, die drin bleiben, freuen sich. Wer rausfliegt, hat Pech gehabt. Das ist aber nicht so schlimm, weil es ein Spiel ist.

Im Gegensatz zum Spiel kann Ausgrenzung zu einem Problem werden in einem Land wie Deutschland, in dem viele ganz unterschiedliche Gruppen zusammenleben. Einzelne und Gruppen können von Ausgrenzung betroffen sein: Menschen aus anderen Ländern, Menschen mit Behinderungen, auch alte Menschen, mit denen die Gesellschaft scheinbar nichts mehr anfangen kann. Von diesen Gruppen soll in dem folgenden Kapitel die Rede sein. Wie können wir lernen, vernünftig damit umzugehen, dass Menschen ganz unterschiedlich sind? Was können wir tun, damit ganz verschiedene Menschen ohne Vorurteile besser zusammenleben?
Das sind wichtige Fragen, um die es in diesem Kapitel geht.

Wenn ihr dieses Kapitel bearbeitet, könnt ihr

- am Beispiel von Konfliktfällen zwischen In- und Ausländern erklären, warum Ausgrenzung schlimm ist und Integration der bessere Weg,
- euch in Menschen mit Behinderung hineinversetzen und Vorurteile über das Zusammenleben mit behinderten Menschen widerlegen,
- Wege aufzeigen, wie ein respektvolles Miteinander zwischen jungen und alten Menschen aussehen kann.

Detektivaufgabe für das ganze Kapitel:

Findet heraus, an welchem ungewöhnlichen Ort Frederic seine Schulferien verbracht hat.

1 Inländer – Ausländer

Was können wir für ein friedliches Miteinander tun?

Beim deutschen Rekordverein FC Bayern München spielten im Jahr 2008 Fußballer aus 11 verschiedenen Nationen erfolgreich zusammen. Die Abbildung verdeutlicht die Situation, die eingetreten wäre, wenn das Top-Team des FC Bayern München zu dieser Zeit auf die ausländischen Spieler hätte verzichten müssen.

Ausländer raus?

1. Überlegt, welche Folgen es für den Fußball in Deutschland hätte, wenn in allen größeren Fußballvereinen keine ausländischen Spieler mehr aufgestellt würden?
2. Immer wieder kommt es vor, dass dunkelhäutige Fußballspieler in den Stadien auf übelste Weise mit ausländerfeindlichen Ausdrücken beschimpft werden, so auch der deutsche Nationalspieler Gerald Asamoah. „Man muss sich leider daran gewöhnen", meinte traurig ein betroffener Spieler in einem Interview. Was meint ihr?

Wie können aus Fremden Freunde werden?

Auf den beiden folgenden Seiten findet ihr zwei Fälle, die von den besonderen Schwierigkeiten zwischen in- und ausländischen Kindern in der Schule handeln. Ihr könnt die Bearbeitung der beiden Fälle in der Klasse aufteilen und euch dann gegenseitig berichten.

Beispiel 1: Jennifer und Marie – „Alle sind 'was Besonderes!"

„Ich bin 10 und komme nach den Ferien in die 5. Klasse. Am Anfang der 3. Klasse sind drei Neue in unsere Klasse gekommen. Eine kam aus Polen und hatte ein weißes Kleid mit Rüschen und sonst so'n Kram an. Eine andere kam aus Belgien und hatte ganz komische Haare und lachte nie. Dann war da noch ein Mädchen aus Indien, sie hatte dunkle Haut. Alle aus unserer Klasse fanden die drei schrecklich doof! Wie konnte man sich so ein Kleid anziehen, solche Haare und so dunkle Haut haben!? Und überhaupt, die Polin und die Dunkle redeten kein Wort mit uns. So ging das ganz schön lange.
Ich gehe immer mit vier Freundinnen zur Schule und auch wieder nach Hause. Einmal bemerkten wir, dass die Polin dort wohnt, wo wir immer vorbeigehen. Sie war nach der letzten Stunde – wie immer – schnell nach Hause gelaufen und guckte jetzt aus ihrem Zimmer auf die Straße. Wir sahen sie alle kurz an, blieben aber nicht stehen. Ich drehte mich noch einmal um. Dabei merkte ich, dass sie die Fensterscheibe mit superschönen Window-Color-Bildern beklebt hatte. Am nächsten Tag habe ich sie auf die Bildervorlagen angesprochen. Sie hat mich dann zu sich eingeladen. Nachmittags bin ich gleich mit meinen Malsachen zu Marie – so heißt sie übrigens – und wir haben zusammen Bilder für unseren Klassenraum gemalt. Ich schlug ihr vor, dass wir sie jetzt immer zur Schule abholen würden. Das fand sie gut und meine Freundinnen waren einverstanden. Sie freundeten sich auch mit Marie an. Ihre komischen Kleider mit Rüschen trägt sie nur noch selten und es stört uns auch nicht mehr so.
Ich finde, es ist auch egal, ob man eine dunkle Haut hat oder sonst anders ist als andere – jeder ist 'was Besonderes!"

1. Ganz allmählich hat sich die Beziehung zwischen Jennifer und Marie von der Ablehnung bis zur Freundschaft entwickelt. Erzählt, wie das vor sich ging?
2. Was hat Jennifer aus dieser Geschichte gelernt? Was können wir daraus lernen?
3. Warum fühlt sich Wladimir oft ausgegrenzt und warum war das auch schon in Russland so? Berichtet die Zusammenhänge.
4. Welche der Vorschläge zum Umgang mit Wladimirs Mathearbeit hältst du für den besten und gerechtesten?

Beispiel 2: Braucht Wladimir besondere Hilfe?

„So ein Mist!", schimpft Wladimir leise vor sich hin. Entsetzt starrt er auf die Mathearbeit, die sein Klassenlehrer Herr Bentner gerade zurückgegeben hat. Eine Vier! Dabei ist Mathe doch sein Lieblingsfach. Gerade in diesem Fach hat er in der letzten Zeit doch nur gute Noten geschrieben.

Wladimir kommt aus Russland. Vor zwei Jahren ist seine Familie aus Kasachstan nach Deutschland übersiedelt. In Russland hatte die Familie kein leichtes Leben. Sie wurde dort als deutsch angesehen, weil Wladimirs Vorfahren vor vielen hundert Jahren von Deutschland aus nach Russland ausgewandert waren.

Jetzt wird Wladimir manchmal als „der Russe" bezeichnet und das, obwohl alle Familienmitglieder nach ihrer Ankunft sofort einen deutschen Pass ausgehändigt bekamen. Er fühlt sich noch als Fremdling in seiner neuen Klasse. Das hat auch damit zu tun, dass Wladimir Deutsch mit einem starken russischen Akzent spricht. Manchmal schämt er sich deswegen und schweigt lieber. Das wiederum halten seine deutschen Klassenkameraden oft für Unfreundlichkeit. In seiner Freizeit ist er lieber mit seinen russischen Freunden in der Nachbarschaft zusammen. Dort fühlt er sich akzeptiert und kann Russisch reden.

Als er sich die misslungene Mathearbeit genauer ansieht, entdeckt er, dass er bei den beiden schwierigen Textaufgaben null Punkte hat. Ganz klar, er hatte Schwierigkeiten, den Text zu verstehen und konnte deswegen auch die Aufgaben nicht lösen. Am Ende der Stunde fasst er all seinen Mut zusammen, geht nach vorne zu Herrn Bentner und sagt: „Entschuldigen Sie, ich fühle mich ungerecht behandelt. Ich hätte die beiden Textaufgaben natürlich gekonnt, aber ich habe die Wörter nicht verstanden."

Sein Mitschüler Marco mischt sich in das Gespräch ein: „So geht das nicht! Auch ich habe bei den Textaufgaben null Punkte, obwohl ich für die Arbeit gelernt habe wie noch nie. Wenn der jetzt eine Sonderbehandlung bekommt, ist das total ungerecht. Der soll gefälligst Deutsch lernen."

Die Mitschülerin Lisa hat mitgehört und widerspricht Marco: „Man kann Wladimir nicht wie alle anderen behandeln, das wäre total ungerecht. Man muss Verständnis dafür haben, dass er mit der deutschen Sprache nicht so gut umgehen kann wie wir. Man muss das bei der Notengebung berücksichtigen."

Herr Bentner wendet sich direkt an Wladimir: „Weißt du, du bist seit zwei Jahren in Deutschland. Daher ging ich davon aus, dass ich nun bei der Benotung auf Deutschkenntnisse keine Rücksicht mehr zu nehmen brauche. Ich schlage vor, dass du eine Sonderarbeit übernimmst. Dafür kann ich dir dann eine gute Note geben und das gleicht die Vier wieder aus."

„Keine Sonderbehandlung für Wladimir", ruft nun Marco verärgert aus, „er soll sich selber darum kümmern, besser Deutsch zu lernen. Von mir kriegt er keine Hilfe. Mir hat ja auch keiner bei den Aufgaben geholfen."

„Du bist gemein, Marco", sagt Lisa verärgert, „der Vorschlag von Herrn Bentner ist gerecht. Auch schlage ich vor, dass wir uns öfter treffen und miteinander quatschen, Wladimir, damit du besser Deutsch lernst."

Ausgrenzung und Integration

1. Niemand will gerne Außenseiter sein – und doch geschieht es immer wieder, dass einzelne Menschen und Gruppen ausgegrenzt werden. Erklärt, warum das so ist.
2. Welche Folgen hat Ausgrenzung für die Betroffenen?
3. Erkläre, warum Integration das Gegenteil von Ausgrenzung ist und warum es vielen so schwerfällt, sie zu verwirklichen.

Jeder Mensch ist einzigartig, hat seine ganz persönlichen Stärken und Schwächen, kann einige Dinge besser als die anderen und andere Dinge eben nicht so gut. Doch manchmal können solche Unterschiede auch dazu führen, dass Menschen aus der Gemeinschaft ausgegrenzt werden. Ausgrenzung heißt: Man wird auf Dauer aus einer Gemeinschaft hinausgedrängt und wird so zum ungeliebten Außenseiter.

Warum werden Menschen ausgegrenzt?

In jeder Gruppe gibt es ganz eigene Verhaltensweisen und Erwartungen an die Gruppenmitglieder, mit denen man zeigt, dass man zusammengehört. Manchmal genügt es, dass jemand in Kleinigkeiten anders ist als die Gruppe, und schon wird sie oder er ausgegrenzt. In einer Schulklasse zum Beispiel kann es genügen, dass jemand anders spricht oder anders aussieht oder nicht so schöne Markenkleidung trägt wie die meisten anderen oder als Streber angesehen wird. Auch in einem Land kommt es zu Ausgrenzungen. Oft sind die Gruppen ausländischer Mitbürger davon betroffen. Dies gilt besonders, wenn sie sich in ihrem Aussehen und in ihren Lebensgewohnheiten stark von der inländischen Bevölkerung unterscheiden. Menschen aus Ländern in Afrika oder Asien werden deshalb eher ausgegrenzt als Zugereiste aus Frankreich, England oder Italien. Zwei Kernprobleme entstehen durch die Ausgrenzung von Bevölkerungsgruppen. Erstens: Die Mehrheit der Bevölkerung lehnt Minderheitengruppen ab und es entstehen so andauernde Spannungen und eine Atmosphäre sozialer Kälte. Zweitens: Weil die abgelehnte Minderheit die Feindseligkeit der Mehrheit spürt, kapselt sie sich ganz bewusst von der Mehrheit ab und erwidert so die Feindseligkeit. Beide Probleme können im schlimmsten Fall dazu führen, dass Hass und Gewalt entstehen.

Folgen für die Betroffenen

Niemand will gerne Außenseiter sein. Jeder Mensch braucht das Gefühl, zur Gemeinschaft dazuzugehören und in den für ihn wichtigen Gruppen anerkannt zu sein, zum Beispiel in der Familie, im Freundeskreis oder am Arbeitsplatz. Wenn das nicht der Fall ist, fühlt man sich einsam und verliert die Freude am Leben. Das kann dazu führen, dass man krank wird oder besonders aggressiv.

Integration statt Ausgrenzung

Integration ist das Gegenteil von Ausgrenzung. Wörtlich übersetzt heißt das aus der lateinischen Sprache stammende Wort „Herstellung eines Ganzen". Das bedeutet: Die vielen unterschiedlichen Gruppen von Menschen in einem Land sollen ein Ganzes bilden, vergleichbar mit einem Bild aus vielen bunten Farben. Alle können ihre Unterschiede behalten. Sie respektieren sich aber gegenseitig und haben den gemeinsamen Wunsch, friedlich miteinander zu leben. Integration kann sehr schwierig sein. Experten sagen, dass man am besten schon im Kindesalter damit anfängt. Wenn Kinder unterschiedlicher Herkunft und Hautfarbe schon frühzeitig miteinander spielen und lernen, ist das der beste Weg zur Integration.

Wenn es keine Unterschiede zwischen den Menschen gäbe ...

Lenas Traum

Lena war sehr unzufrieden, als sie aus der Schule kam und beim Essen saß. „In der Klasse sind alle so unterschiedlich. Alle wollen etwas anderes, wollen andere Spiele spielen, lesen andere Geschichten, gehen in andere Filme und tragen ganz andere Sachen als ich. Warum können sie nicht alle auch das gut finden, was ich so toll finde?“ Sie blickte ihren Bruder an und sagte: „Sogar bei dir ist das so. Du findest immer andere Sachen interessant als ich, obwohl du mein Bruder bist.“

Sie saß am Tisch, trank ihre Milch und starrte vor sich hin. Plötzlich wurde sie sehr müde und schlief ein, denn die Schule war an diesem Tag sehr anstrengend gewesen.

Nach einiger Zeit hatte sie einen merkwürdigen Traum. In ihrer Schule waren lauter Lenas – endlich – dachte sie. Aber auch die Lehrer sahen wie sie selbst aus. Und ihre Klassenkameraden konnte sie in diesem Haufen Lenas nicht entdecken. Schließlich ging sie in ihren Klassenraum. Die anderen Lenas gingen mit ihr. Sie setzte sich mit den anderen Lenas zusammen und fragte eine von ihnen: „Was hast du heute gemacht?“ Komisch, die anderen Lenas fragten ihre Nachbarinnen das gleiche. Und die andere Lena erzählte ihr das, was sie selbst an diesem Morgen erlebt hatte. [...]

„Wie langweilig“, dachte sie und ging in die Schulbibliothek, um sich ihr Lieblingsbuch auszuleihen. Alle anderen Lenas standen mit auf. In der Schulbibliothek war es ziemlich voll mit Lenas. Alle wollten dasselbe Buch. Lena wurde es allmählich zu viel. Sie rannte aus dem Schulgebäude auf den Sportplatz und stellte fest, dass dort auch schon ein ganzer Haufen Lenas auf sie wartete. Sie begann zu schwitzen. Schnell nahm sie ihr Fahrrad und brauste in die Stadt, um sich in ihrer Lieblingseisdiele zu erfrischen. [...]

Schließlich erreichte sie die Eisdiele. Davor war eine riesige Traube von Lenas, die alle Eis wollten. Die Eisverkäuferin war schon ganz hektisch. Verstohlen machte sich Lena davon. „Wenn die alle hier sind, gehe ich ins Kino und komme später wieder“, dachte sie. Aber als sie vor dem Kino stand, war wieder alles voll mit Lenas. In höchster Not fuhr sie nach Hause, um ihre Eltern um Rat zu fragen. Als sie dort ankam, schauten ihre Lena-Eltern aus dem Fenster auf eine große Menge Lenas hinab, denen sie keinen Rat geben konnten. Lena begann mit den anderen Lenas zusammen laut zu schreien, als sie plötzlich die Hand ihres Bruders auf der Schulter spürte: „Wach auf, Lena! – Was ist denn los?“ Sie sah ihren Bruder entgeistert an und fiel ihm um den Hals. Er sah nicht wie Lena aus. „Ach, wenn du wüsstest, wie schön das ist, dass du anders bist als ich!“, sagte sie.

(Aus: Roland Bühs, Lenas Traum, in: Bertelsmann Stiftung (Hrsg.), Eine Welt der Vielfalt, Bertelsmann Verlag, Gütersloh 1998, S. 63)

1. Wie empfindet ihr Lenas Traum: eher lustig oder eher schrecklich?
2. Welche Probleme hat Lena mit den Unterschieden in ihrer Klasse?
3. Was kann sich durch diesen Traum an Lenas Denken ändern?

Trainingsplatz

Für ein friedliches Miteinander: Wir kombinieren Fotos mit eigenen Texten

Unser Land ist für viele Kinder und Erwachsene, die unter uns leben, ein fremdes Land. Neben den Schwierigkeiten, eine neue Sprache zu lernen und sich im Alltag zurechtzufinden, erleben diese Einwanderer oft Misstrauen und Abneigung. Im schlimmsten Fall wird ihnen Gewalt angetan, was in den vergangenen Jahren schon zum Tode einiger Menschen geführt hat. Angesichts dieser Situation hat der Bundesinnenminister alle Deutschen aufgefordert, sich für ein friedliches Miteinander aktiv einzusetzen: „Gefordert sind Menschen, die ihre Gleichgültigkeit überwinden, die sich etwas zumuten und zutrauen, die Gewalt nicht dulden und die auf Freundlichkeit gegenüber Fremden aus sind."

(Aus: basta – Nein zur Gewalt, Schülerheft 2002, S. 2)

1. Wählt von den Fotos auf dieser Seite eines aus, das eurer Ansicht nach besonders gut zum Thema „Für ein friedliches Miteinander" passt.
2. Schreibt dazu einen eigenen Text, in dem ihr erklärt, wie ihr euch ein friedliches Miteinander zwischen inländischen und ausländischen Menschen vorstellt.
3. Lest euch die fertigen Texte gegenseitig vor.

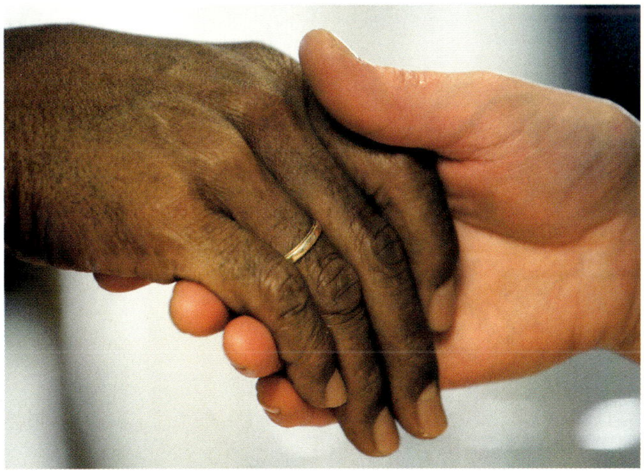

2 Behinderte sind keine Sorgenkinder!

Wir widerlegen Vorurteile

Erkundung: Wie behindertengerecht ist unsere Schule?

Behinderte haben in ihrem Alltag oft mit besonderen Schwierigkeiten zu kämpfen. So kann selbst eine harmlose Bordsteinkante für einen Rollstuhlfahrer ein schier unüberwindliches Hindernis darstellen, das er ohne fremde Hilfe nicht bewältigen kann. Wie sich ein behinderter Mensch in solchen Situationen fühlt, könnt ihr wohl nicht wirklich nachempfinden. Doch ihr könnt versuchen, euch einmal in die Situation eines Rollstuhlfahrers zu versetzen, und zum Beispiel eure Schule aus der Sicht eines Behinderten genau unter die Lupe nehmen. Macht dazu einen Erkundungsgang durch eure Schule. (Das kann außerhalb der Unterrichtszeit geschehen.) Achtet zum Beispiel darauf, ob es neben den Treppen auch Rollstuhlrampen gibt. Haltet fest, welche baulichen Gegebenheiten für Rollstuhlfahrer ein Hindernis darstellen und welche ihm die Fortbewegung erleichtern.

Notiert eure Beobachtungen und präsentiert sie vor der Klasse. Tauscht euch anschließend darüber aus, was man noch verbessern könnte.

Leben mit einer Behinderung – wie ist das?

Die folgenden Texte könnt ihr arbeitsteilig bearbeiten und eure Ergebnisse in der Klasse präsentieren.

A Die Sicht einer behinderten Jugendlichen: Ich bin auch normal

Bianca ist geistig behindert und besucht die Christopherus-Schule in Erfurt, eine Förderschule für geistig Behinderte. In einem Interview erzählt sie, wie sie ihre Behinderung empfindet:

Frage: Würdest du sagen, dass du geistig behindert bist?
Bianca: Hm. Ich bin behindert. Ich kann nicht vieles. Aber ich sag mal, damit muss ich klarkommen. Und … ich bin auch normal.
Frage: Du bist auch normal.
Bianca: Ja.
Frage: Was kannst du besonders gut?
Bianca: Ich kann gut basteln, basteln kann ich gut. Zeichnen kann ich gut … Spaß machen macht mir Spaß. Sport machen macht Spaß.
Frage: Und gibt es auch Dinge, die du gerne besser können würdest?
Bianca: Ja schon. Lesen oder so. Lesen habe ich mir schon immer mal geträumt. Aber das krieg ich nicht hin.
Frage: Hast du Geschwister?
Bianca: Ja, eine. Die wohnt aber nicht mehr hier, meine Schwester Andrea.
Frage: Und was denkt die über dich oder was denken andere Menschen über dich?
Bianca: Na ja, meine Schwester hätte auch so gerne, dass ich lesen könnte. Meinen Namen kann ich schon schreiben. Mein Vater wünscht sich das auch.
Frage: Denkst du denn, dass andere Menschen denken, dass du geistig behindert bist?
Bianca: Ja … manche Menschen sind doof. Weil manche Menschen das nicht abfinden können [*Bianca meint hier akzeptieren*], wie wir so sind.
Frage: Und tut dir das manchmal weh?
Bianca: Ja, das tut dann schon sehr weh.
Frage: Kannst du Situationen beschreiben, wo du das besonders erlebst?
Bianca: Mm, ich erlebe das manchmal in der Straßenbahn. In der Straßenbahn, da gucken mich welche Leute an und so. Und das habe ich dann immer nicht so gerne.
Frage: Und was meinst du, was die dann denken?
Bianca: Dass die, na ja behindert ist und so. Weil einmal, da ist mir schon der Ausweis runtergefallen und da haben sie gelacht darüber. Und da war ich dann schon sehr sauer gewesen.
Frage: Was würdest du dir denn dann wünschen in solchen Situationen?
Bianca: Ah, was ich mir wünschen würde! Dass die rauskommen von Erfurt hier, in ein anderes Land, irgendwohin …
Frage: Also, du würdest sagen, mir macht das nicht so sehr zu schaffen, dass ich manches nicht verstehe, …
Bianca: Ja!
Frage: … sondern eher, dass andere Leute das nicht verstehen, dass ich das nicht verstehe.
Bianca: Ja.

(Nach: W. Palmowski/Matthias Heuwinkel, Normal bin ich nicht behindert!, Borgmann Verlag, Dortmund 2002, S. 214 ff.)

Viele behinderte Menschen können ein ganz normales Leben führen, wie z. B. Anke O., die in einem Büro arbeitet.

B Die Sicht der Geschwister: Larissa ist wie eine Freundin

Im folgenden Text berichtet die 16-jährige Lisa über das Verhältnis zu ihrer behinderten Schwester:

„Wenn mich Leute fragen, ob und wie viele Geschwister ich habe, dann antworte ich nur: Ich habe zwei Geschwister, meinen Bruder Luckas, 9 Jahre alt, und eine Schwester, 14 Jahre alt, die Larissa heißt.“ Larissa hat das Down-Syndrom. Das ist eine Art Behinderung und wirkt sich auf unseren, meinen Alltag nicht deutlich aus. Larissa kann nicht so gut rechnen, schreiben und lesen und trotzdem, vielleicht gerade deswegen, sitzt sie manchmal ganze Nachmittage in ihrem Zimmer und schreibt Sachen auf, wie die Titel ihrer CDs oder schreibt das „Vater unser“ ab, weil sie bis vor Kurzem in den Konfirmationsunterricht gegangen ist – so wie alle aus unserem Dorf. Eben als hätte sie keine Behinderung.

Das ist immer toll, wenn ich sehe, wie sie sich auf Sachen wie Schule freut und auf ihre Freunde. Die haben zwar auch alle irgendeine Behinderung, doch sie sind ehrlich zu ihr. Andere, also normale Menschen (das heißt nicht, dass Larissa nicht normal ist, sie ist nur leicht behindert), halten oft Abstand zu Larissa, weil sie einfach nicht wissen, wie sie sich verhalten sollen. Das finde ich immer sehr schade, denn Larissa ist gar nicht so anders – sie kann genauso gut rennen und turnen wie andere. Sie hatte, als sie noch klein war, immer an Kinderturnwettkämpfen teilgenommen und lag meist so im Mittelfeld der Platzierung, also gar nicht so schlecht. Heute spielt sie für ihr Leben gerne Fußball und ist Werder-Bremen-Fan. Damit geht sie uns oft voll auf die Nerven, weil sie immer die Zeitung haben will, wenn Werder gespielt hat, und sie diese einfach zur Schule nimmt und dann ist auch der Rest der Zeitung weg.

Natürlich muss sie auch im Haushalt mithelfen, genauso viel wie Luckas und ich: also Spülmaschine ein- und ausräumen, Wäsche zusammenlegen und und …

Aber ich habe sie auch richtig lieb und möchte sie nie verlieren. Denn sie ist wie eine richtige Freundin für mich. Ich kann ihr alles erzählen und sie behält es für sich, alles …

(Nach: Marlies Winkelheide (Hg.), Ich neben dir – du neben mir, Geschwister behinderter Menschen aus mehreren Generationen erzählen, Geest-Verlag, Vechta-Langförden 2007, S. 55f.)

Larissa ist mit dem Down-Syndrom auf die Welt gekommen. Das ist eine Erbkrankheit, benannt nach dem Arzt J. L. Down, der zum ersten Mal die Merkmale dieser Krankheit beschrieben hat. Bei Menschen mit dem Down-Syndrom ist das Erbgut leicht verändert. Das bewirkt, dass diese Menschen etwas anders aussehen und viele Dinge langsamer lernen. Die geistigen und körperlichen Einschränkungen können von Kind zu Kind sehr unterschiedlich sein.

Auch Albin hat das Down-Syndrom. Das Foto zeigt ihn mit seinen drei Geschwistern.

1. Erzählt, was ihr im ersten Text über das Leben von Bianca erfahren habt.
2. Erklärt, wie Lisa über die Behinderung ihrer Schwester denkt.
3. Worüber freuen sich die beiden Mädchen, was belastet oder ärgert sie?
4. Sprecht darüber, was man aus diesen beiden Geschichten lernen kann.

Vom Umgang mit behinderten Menschen

Was sind Behinderungen?

Behinderte sind Menschen mit einer körperlichen oder geistigen Beeinträchtigung. Dadurch sind sie in ihrem Alltag in ihren Handlungsmöglichkeiten eingeschränkt. Oft sind sie auf Hilfe angewiesen. Eine Behinderung betrifft nie den ganzen Menschen. Niemand ist nur behindert und selten jemand nur gesund. Neben der Behinderung hat jeder behinderte Mensch eine einzigartige Persönlichkeit und seine spezielle Art zu leben, also sich zu freuen und sich wohlzufühlen. Man unterscheidet zwischen geistigen und körperlichen Behinderungen, Lernbehinderungen, Sinnesbehinderung (vor allem beim Sehen und Hören), Sprachbehinderungen und dauerhaften Erkrankungen (wie zum Beispiel Lähmungen). Von den knapp achtzig Millionen Einwohnern in Deutschland leiden insgesamt ungefähr zehn Millionen an irgendeiner Form der Behinderung. Nur fünf von hundert Behinderungen sind angeboren. Ein Unfall oder eine schwere Krankheit können jeden jederzeit zum Behinderten machen, der auf Unterstützung angewiesen ist.

Was tut der Staat für die Behinderten?

„Niemand darf wegen seiner Behinderung benachteiligt werden." Dieser Satz steht als Grundrecht für alle behinderten Menschen im Grundgesetz für die Bundesrepublik Deutschland. Inzwischen gibt es mehrere Gesetze, die dafür sorgen sollen, dass „Barrieren" abgeschafft werden. Zum Beispiel müssen Toiletten in Gaststätten behindertengerecht sein, Bahn und Busse müssen für Behinderte problemlos erreichbar sein.

Trotzdem haben die Betroffenen im Alltag noch mit vielen Schwierigkeiten zu kämpfen. Es gibt noch viel zu tun, bis alle Benachteiligungen beseitigt sind. Auch in den Schulen wurde in den letzten Jahren einiges unternommen, um Benachteiligungen von behinderten Kindern und Jugendlichen abzubauen. So besuchen auch in Nordrhein-Westfalen immer mehr behinderte Kinder eine ganz normale Regelschule, wo sie zusammen mit nichtbehinderten Kindern unterrichtet werden. Solche Klassen nennt man integrative Klassen. In diesen Klassen sind zusätzliche Sonderpädagogen für die spezielle Förderung der behinderten Schülerinnen und Schüler zuständig.

Wie soll man mit Behinderten umgehen?

Behinderte sind keine Sorgenkinder, die Mitleid brauchen, sondern sie haben Anspruch auf Respekt und Unterstützung. Viele Menschen denken jedoch, dass gerade geistig behinderte Menschen zu nichts taugen oder vielleicht sogar gefährlich sind. Durch solche Vorurteile fühlen sich Behinderte tief gekränkt und in ihrer Menschenwürde verletzt.
Viele behinderte Menschen haben wunderbare Fähigkeiten, wie zum Beispiel der Atomphysiker Stephen Hawking, der die Geschichte unseres Weltalls erforscht, oder der blinde Bergsteiger Weihenmeyer, der den Mount Everest bestiegen hat. Andere gehen normalen Berufen nach und wollen ihren gleichberechtigten Platz in der Arbeitswelt einnehmen.

Seit vielen Jahren unterstützt die „Aktion Mensch" zahlreiche Projekte, die Behinderten das Leben erleichtern. Bis 2000 hieß die Organisation „Aktion Sorgenkind".

1. Erklärt, was man unter einer Behinderung versteht.
2. Was unternimmt der Staat, um die Rechte der Behinderten durchzusetzen?
3. Überlegt, warum die „Aktion Sorgenkind" in „Aktion Mensch" umbenannt wurde.

Realschüler gestalten gemeinsame Feiern mit geistig behinderten Schülern

Die Schülerinnen und Schüler der Klasse 7 c der Hermann-Staudinger-Realschule waren in einer Diskussion übereinstimmend der Meinung, dass geistig behinderte Kinder zu oft an den Rand der Gesellschaft gedrängt werden und ein Schattendasein führen müssen. Gemeinsam mit einigen Lehrern beschlossen die Schüler, einen Beitrag zu mehr Mitmenschlichkeit zu leisten.

Gemeinsame Nikolausfeier mit geistig behinderten Schülern in Temmels

„Lasst uns froh und munter sein ...", so hieß der Wahlspruch, den wir uns für die Nikolausfeier mit der St.-Peter-Schule in Temmels gesetzt hatten. Aber damit die Feier auch wirklich Erfolg hatte, wurden zuerst einmal viele Vorbereitungen getroffen.

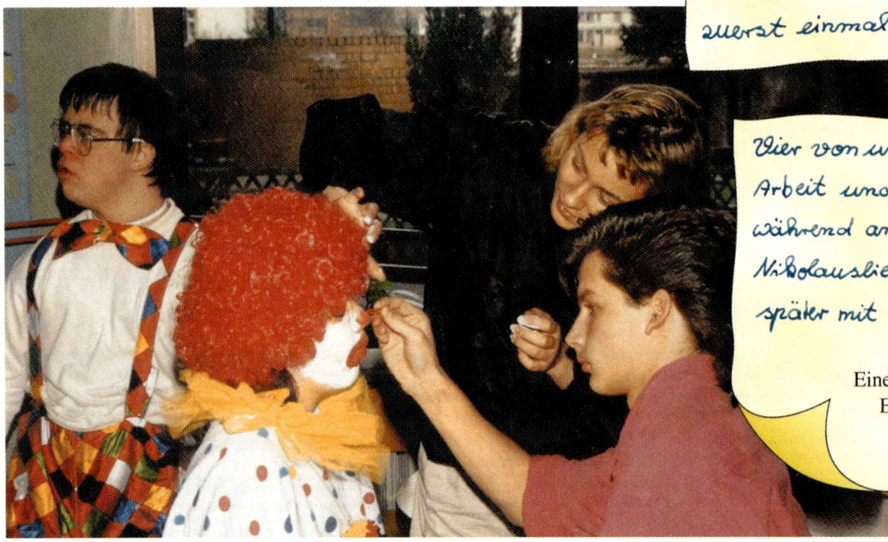

Vier von unseren Schülern machten sich an die Arbeit und backten am Vormittag Weckmänner, während andere mit der Flöte, bzw. Klarinette, Nikolauslieder einstudierten, zu denen alle später mit Freude sangen.

Eine Straße bauen wir. Refrain
Eine Brücke schlagen wir. Refrain
Alle Türen öffnen wir. Refrain
Und ein Licht entzünden wir. Refrain

Einander verstehen miteinander leben

Nach all' den Vorbereitungen machten wir uns also auf den Weg nach Temmels. Anfangs waren wir noch etwas skeptisch und hatten etwas Angst vor dem Treffen mit den geistig behinderten Schülern. Damit wir uns nach unserer Ankunft besser kennenlernen konnten, hatte jeder der Sonderschüler zwei Kärtchen aus Goldpapier mit verschiedenen Symbolen wie z.B. Weihnachtskugeln, Tannenbaum und Stern angefertigt. Unsere Aufgabe war es, ein Kärtchen zu ziehen. Der Schüler aus Temmels, der das gleiche Symbol hatte, wurde einem als Partner für diesen Nachmittag zugeteilt.

Danach begann die Nikolausfeier.
Gemeinsam wurde musiziert und gesungen bis zur von uns allen ersehnten Bescherung.

Nach der Feier hatten wir Gelegenheit, die kleineren Gruppen in Klassenräumen unserer Partner kennenzulernen. Dort verbrachten wir die noch zur Verfügung stehende Zeit bei Kaffee und Gebäck mit einigen Gesellschaftsspielen, z.B. „Nur keine Hemmungen“.

Wir haben mit Schülern aus Konz Fastnacht gefeiert. Wir haben mit den Realschülern gegessen und getrunken. Sechs Löwen kamen aus der Unterstufe. Wir waren die lustigen Clowns. Zum Schluss kamen die Artisten. Die Fastnachtfeier war super und spitze. Wir laden die Realschüler wieder ein. Wir freuen uns auf das nächste Jahr.

Peter Thies

Welche Erfahrungen bringt ein gemeinsamer Tag zwischen behinderten und nicht behinderten Schülern?

So fassten die Realschülerinnen und Realschüler ihre Eindrücke zusammen:

„Dieser gemeinsame Tag war nach unserer Auffassung für unsere Einstellung Behinderten gegenüber sehr wertvoll. Wir möchten versuchen, euch klarzumachen, dass es sehr wichtig ist, sich mit Behinderten zu beschäftigen und sie so zu akzeptieren, wie sie sind.“
(Mareike)

„Unser Treffen war für uns auch insofern eine Bereicherung, weil wir die Angst überwunden haben, mit geistig Behinderten umzugehen. Vielleicht ist auch gerade diese Angst mit ein Grund dafür, warum viele Leute den Umgang mit ihren geistig behinderten Mitmenschen meiden. Wir jedenfalls würden uns freuen, wenn noch einmal ein Treffen dieser Art stattfinden würde, denn wir hatten viel Spaß dabei.“
(Hermann)

PS: Die Schülerinnen und Schüler der Hermann-Staudinger-Realschule mussten nicht sehr lange auf das nächste Treffen warten. Im Jahr nach der Nikolausfeier feierten sie gemeinsam Karneval mit den Schülerinnen und Schülern der Sonderschule. Der abgedruckte Bericht (links) stammt von dem Sonderschüler Peter.

1. Welche Gefühle lösen die Berichte vom gemeinsamen Projekttag in dir aus?
2. Entscheide dich für eine Meinung und sprich mit deinen Klassenkameraden darüber. (A) Bei diesem Projekt hätte ich gerne mitgemacht. (B) Da wäre ich lieber nicht dabei gewesen.

Schülerinnen und Schüler erkunden ihre Stadt mit dem Rollstuhl

Simon ist 11 Jahre alt und Klassensprecher der 5a in der Freien Evangelischen Schule in Lörrach. Wegen seiner Glasknochenkrankheit ist er auf den Rollstuhl angewiesen. Das ist eine seltene Erbkrankheit, bei der die Knochen ähnlich leicht wie Glas brechen. Zwar hatte sich Simons Klasse bereits im Unterricht mit dem Thema Behinderung auseinandergesetzt, doch so richtig nachempfinden konnten die Schülerinnen und Schüler nicht, wie der Alltag ihres Mitschülers aussieht. Deshalb regten Simon und seine Eltern ein Projekt der besonderen Art an: Simons Mitschülerinnen und Mitschüler konnten per Rollstuhl ihre Stadt erkunden und dabei einmal selbst erleben, wie man sich im Rollstuhl bewegt und mit welchen Hindernissen Rollstuhlfahrer zu kämpfen haben.

Wie fühlt es sich an, im Rollstuhl zu sitzen?

Abwechselnd versetzten sich die Schüler in die Rolle des Helfers und des Rollstuhlfahrers. Unter Anleitung von der Rollinetzwerk-Vorsitzenden Irena Rietz, Rollstuhlfahrerin, und ihrem Mann Wolfgang wurde eifrig geübt, wie man einen Rollstuhlfahrer dabei unterstützen kann, sicher einen Bordstein hinauf- und hinunterzukommen. Die nächste Etappe war eine Stadtbegehung. Alle Beteiligten haben viele erstaunliche Dinge erlebt. Sie stellten fest, dass manche Gebäude gar nicht mit dem Rollstuhl zugänglich waren, wie zum Beispiel die Polizeidirektion, Gaststätten und eine Kirche. Oft waren auch keine Behinderten-WCs vorhanden, die Rampe zu steil oder die Tür nur schwer zu öffnen. Meistens wurden die Schüler freundlich bei ihren Recherchen unterstützt. Die mitleidigen, abschätzigen und neugierigen Blicke der Menschen empfanden viele als störend. Sie waren froh, dass sie den Rollstuhl wieder verlassen konnten. Aber viele Menschen waren auch sehr freundlich und hilfsbereit. Auf die Frage, wie man eine rollstuhlgerechte Arztpraxis finden kann, stellte sich heraus, dass es dazu weder im Rathaus noch bei der Tourist-Info Informationen gibt. Ziemlich ratlos stellten die Schülerinnen und Schüler fest, dass der Alltag im Rollstuhl sehr schwierig sein kann.

(Nach: Schüler testen die Stadt Lörrach im Rollstuhl, in: www.rollinetzwerk.net vom 4. Mai 2007, Zugriff Januar 2008)

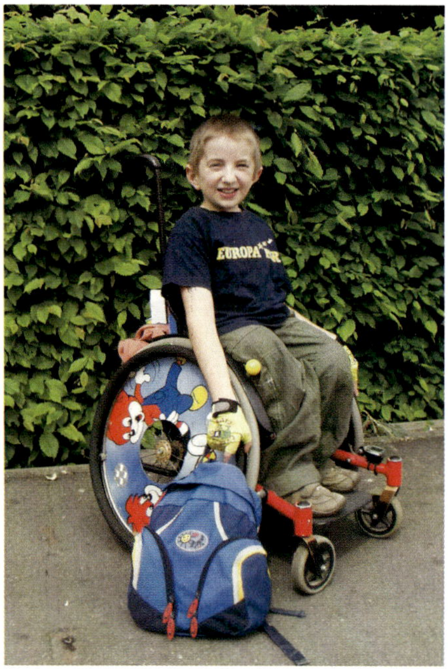

Hallo,
mein Name ist Matthias Leopold (Schüler der FES-Lörrach). Ich habe an dem besagten Projekt teilgenommen und hatte einen Riesenspaß. Ich fand das Projekt auch sehr lehrreich, denn ich habe gelernt, Rollstuhlfahrern zu helfen. Gemerkt habe ich, wie schwer es manchen von ihnen im Alltag geht, selbst ein höherer Bordstein wird zu einem Abenteuer.

(Aus: www.rollinetzwerk.net vom 4. Mai 2007)

Das Überwinden von Bordsteinkanten will gelernt sein.

1. Fasst zusammen, welche Erfahrungen die Schülerinnen und Schüler bei diesem Projekt gemacht haben.
2. Entscheide dich für eine Meinung, begründe diese und sprich mit deinen Mitschülern darüber. (A) Bei diesem Projekt hätte ich gerne mitgemacht. (B) Da wäre ich lieber nicht dabei gewesen.

Trainingsplatz

Wir widerlegen Vorurteile über Behinderte

Viele Menschen kommen in ihrem Alltag nur selten mit behinderten Menschen in Berührung. Sie haben deshalb oft Vorurteile gegenüber Behinderten. Darunter versteht man, dass sie sich stark verallgemeinernde Meinungen über behinderte Menschen bilden, ohne sich informiert zu haben. Mithilfe der Informationen auf den vorhergehenden Seiten könnt ihr drei häufig geäußerte Vorurteile widerlegen. Formuliert auf jedes Vorurteil eine Erwiderung und tragt eure Ergebnisse in der Klasse vor. Dabei helfen euch die Satzbausteine.

■ **Tipp:** Partnerarbeit

Menschen mit Down-Syndrom sind sehr unterschiedlich in ihrer körperlichen und geistigen Entwicklung beeinträchtigt.

Solche Familien haben zusammen auch viel Spaß und Freude – genau wie jede andere Familie auch.

Die meisten Behinderten leiden mehr unter dem gedankenlosen Verhalten ihrer Mitmenschen als unter ihrer Behinderung.

Die meisten Eltern und Geschwister lieben ihr behindertes Familienmitglied sehr und könnten sich ein Leben ohne ihr behindertes Kind nicht vorstellen.

Einige können lesen und schreiben lernen, andere nicht.

Auf jeden Fall können alle Kinder eine Schule besuchen.

Sie wollen kein Mitleid, sondern als ganz normale Menschen behandelt werden, die eben etwas anders als die meisten sind.

3 Alt und Jung: Wie können verschiedene Generationen gut zusammenleben?

Wir spielen eine Entscheidungssituation im Rollenspiel

Kinder, Eltern und Großeltern gehören verschiedenen Generationen an. Unter einer Generation versteht man die Gesamtheit aller Menschen, die ungefähr zum gleichen Zeitpunkt geboren wurden. Großeltern und ihre Enkel bilden oft eine verschworene Gemeinschaft: Oma und Opa kann man unbesorgt Sachen erzählen, für die man zu Hause ausgeschimpft würde. Sie können Geheimnisse bewahren, sie nehmen sich viel Zeit für ihre Enkel und hören geduldig zu.

Was bedeuten euch eure Großeltern?

TEAM hat diese Frage Schülerinnen und Schülern einer sechsten Klasse gestellt.

Sebastian: Meine Großeltern sind noch ziemlich fit und reisen viel. Deshalb sind sie oft nicht da. In den Winterferien gehe ich immer mit ihnen Ski laufen. Das macht sehr viel Spaß.

Luisa: Meine Oma wohnt leider sehr weit weg. Ich sehe sie nur an Geburtstagen und an Weihnachten. Das finde ich sehr schade. Ich habe sie nämlich gern. Sie ist auch nicht so streng wie meine Eltern und erlaubt mir viel mehr.

Sergio: Mein Opa ist für mich mein bester Kumpel. Mit ihm kann ich richtig viel Blödsinn machen. Da er Schalke-Fan ist, nimmt er mich öfters zu Fußballspielen mit.

Hatice: Meine Oma kocht mir immer meine Lieblingsgerichte. Wenn ich zu Besuch bin, sitze ich mit ihr in der Küche und dann reden wir über alles Mögliche. Ich kann ihr alles anvertrauen und sie versteht mich viel besser als meine Eltern.

Clara: Wir besuchen jeden Sonntag meine Großeltern. Die Besuche finde ich manchmal ziemlich langweilig, weil wir immer ruhig spielen müssen. Unsere Großeltern vertragen nämlich keinen Lärm. Sie erzählen auch immer wieder dieselben Geschichten von früher.

Fabian: Ich bin bei meiner Oma praktisch aufgewachsen, denn meine Mutter muss seit der Scheidung meiner Eltern den ganzen Tag arbeiten. Deshalb kümmert sich meine Oma tagsüber um mich.

1. Wahrscheinlich habt ihr auch Großeltern: Wie beschreibt ihr euer Verhältnis zu ihnen?
2. Sammelt an der Tafel, was euch an euren Großeltern gefällt und was euch wichtig ist.
3. Versucht, die Sicht eurer Großeltern einzunehmen: Was empfinden sie wohl, wenn sie mit ihren Enkeln zusammen sind? Was bedeuten ihnen ihre Enkel?

Die Deutschen werden immer älter

Wann gilt man als alt?

Menschen gelten als alt, wenn sie älter als 60 Jahre und nicht mehr berufstätig sind. Man bezeichnet sie auch als Seniorinnen und Senioren. Weil in Deutschland weniger Kinder geboren werden und gleichzeitig die heute 40- bis 50-Jährigen immer älter werden, wird die Zahl der alten Menschen in den nächsten Jahrzehnten stark zunehmen. Man schätzt, dass im Jahr 2030 jeder dritte Mensch in Deutschland älter als 60 Jahre alt sein wird.

Wie leben alte Menschen?

Viele Senioren fühlen sich heute jünger, als sie tatsächlich sind: Sie sind körperlich fit, unternehmen Reisen, gehen ihren Hobbys nach und genießen die Zeit mit Freunden und der Familie. Mit ihren Renten haben sie genügend Geld, um sorgenfrei zu leben.
Andere alte Menschen haben ein beschwerlicheres Leben: So bekommen zum Beispiel viele alleinstehende Frauen nur eine geringe Rente, weil sie wegen der Kindererziehung beruflich lange pausiert haben oder einen Beruf ausübten, der schlecht bezahlt war. Ihnen reicht ihre Rente manchmal kaum zum Leben. In solchen Fällen unterstützt der Staat diese Menschen, indem er ihnen einen Zuschuss zu ihrer Rente zahlt.

Wenn alte Menschen Hilfe brauchen

Ebenfalls schwierig ist die Situation der alten Menschen, die körperlich oder geistig krank sind. Die meisten pflegebedürftigen Senioren bleiben in ihren Wohnungen und werden von ihren Familien versorgt und betreut. Vier von fünf alten Menschen möchten in ihren Wohnungen und Häusern bleiben, auch wenn sie einmal pflegebedürftig werden. Häufig werden sie in solchen Fällen von Pflegediensten betreut, die zwei- oder mehrmals am Tag kommen und die Senioren medizinisch versorgen und ihnen zum Beispiel beim Waschen, Anziehen oder Einkaufen helfen.
Eine andere Form der Betreuung ist die Tagespflege: Die Senioren sind tagsüber in einer Tageseinrichtung, wo sie betreut werden, abends kehren sie in ihre Wohnungen zurück.
Wenn alte Menschen keine Angehörigen mehr haben oder diese zum Beispiel weit entfernt wohnen, können sie auch in einem Senioren- oder einem Pflegeheim wohnen. Diese Wohnform ist allerdings bei alten Menschen nicht so beliebt, weil sie dort nicht mehr eigenständig über ihr Leben bestimmen können und viele Freiheiten aufgeben müssen. Viele Angehörige kritisieren, dass alte Menschen in manchen Pflegeheimen vernachlässigt und lieblos behandelt werden. Das kommt oft daher,

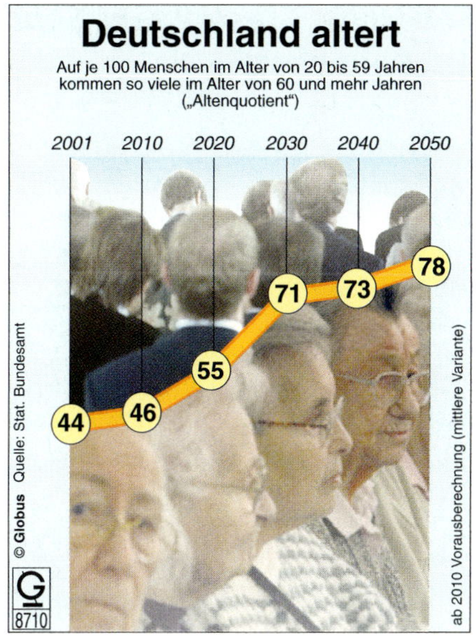

dass die Mitarbeiter sehr viel Arbeit haben und nur wenig Zeit für die Bedürfnisse des Einzelnen aufbringen können. So sind in den letzten Jahren ganz neue Formen des Zusammenlebens entstanden. Zum Beispiel haben sich manche Senioren zu Alten-Wohngemeinschaften zusammengeschlossen: Dort leben sie in einem Haus oder einer Wohnung zusammen und unterstützen sich im Alltag gegenseitig. In Mehr-Generationen-Häusern leben junge Familien, Alleinstehende und ältere Menschen unter einem Dach. Regelmäßige gemeinsame Veranstaltungen sollen verhindern, dass sich die Bewohner einsam fühlen. Wer Hilfe braucht, für den springt jemand aus der Hausgemeinschaft ein.

4. Erklärt, welche Möglichkeiten alte Menschen haben, wenn sie Hilfe im Alltag brauchen.

5. 2001 standen – im Durchschnitt gesehen – 100 jungen Menschen 44 alte Menschen gegenüber. 2010 kommen 46 alte Menschen auf 100 junge. Findet heraus, wie diese Entwicklung weitergehen wird.

Soll Heinz Giesecke ins Seniorenheim ziehen? Ein Rollenspiel

Selbstständig zu leben, ohne auf die Hilfe anderer angewiesen zu sein – das wünschen sich wohl die meisten Menschen für ihr Alter. Doch schwierig wird es, wenn alte Menschen krank werden oder gar geistig verwirrt sind. Dann können sie oft nicht mehr alleine für sich sorgen und brauchen Hilfe im Alltag. Welche Hilfe ist am besten für diese Menschen? Können sie noch alleine in ihrer Wohnung leben? Solche Entscheidungen gehören zu den schwierigsten, die in einer Familie zu treffen sind. Denn natürlich wollen alle Angehörigen, dass sich die alten Menschen wohlfühlen und auch im Alter ein möglichst selbstbestimmtes Leben in Würde führen können.
Vor einer solchen Entscheidung steht auch Familie Giesecke. In einem Rollenspiel könnt ihr versuchen, euch in die Sichtweisen der einzelnen Familienmitglieder einzufühlen, und über verschiedene Lösungen diskutieren.

Heinz Giesecke fühlt sich am wohlsten in seiner Wohnung, in der er seit über 30 Jahren wohnt. Muss er nun ausziehen?

Bildet Gruppen in der Klasse und spielt das Gespräch in einem Rollenspiel nach. Versucht, einen Lösungsvorschlag zu formulieren, der möglichst viele Interessen der Beteiligten berücksichtigt.

Vorbereitung: Lest zunächst die Situationsbeschreibung und die Rollenkarten der einzelnen Familienmitglieder auf der folgenden Seite.
Durchführung: Vereinbart vorher eine Zeit für das Gespräch. Hinweise zur Durchführung und Auswertung eines Rollenspiels findet ihr auf der Methodenkarte 4, Seite 56.
Auswertung: Präsentiert eure Lösungsvorschläge vor der Klasse. Redet darüber, welchen Vorschlag ihr am überzeugendsten findet.

Die Situation:

Heinz Giesecke ist 74 Jahre alt. Seit dem Tod seiner Frau vor drei Jahren lebt er allein in einer geräumigen 4-Zimmer-Wohnung in einem Bonner Vorort. Dort ist er schon geboren, aufgewachsen und hat viele glückliche Jahre mit seiner Familie verbracht. Zwar fühlt er sich seit dem Tod seiner Frau manchmal recht einsam, bisher ist er jedoch ganz gut alleine zurechtgekommen. Vor vier Monaten hat er sich allerdings bei einem Sturz auf der Treppe einen komplizierten Bruch des Oberschenkels zugezogen. Seither kann er sich nur mithilfe eines Gehwagens fortbewegen, die Treppe zu seiner Wohnung im ersten Stock kann er nur mit großer Mühe ersteigen. Autofahren ist ebenfalls nicht mehr möglich. Das trifft ihn umso schlimmer, als der nächste Supermarkt nur mit dem Auto zu erreichen ist. Schon jetzt ist absehbar, dass er wohl dauerhaft auf Hilfe angewiesen sein wird. Familie Giesecke will in einem Gespräch klären, welche Möglichkeiten es für die Betreuung ihres Opas gibt. Natürlich liegt die Entscheidung ganz allein bei Herrn Giesecke selbst. Er will sich aber vorher die Vorschläge seiner Familienangehörigen anhören und dann entscheiden.

Heinz Giesecke (74 Jahre)

„Einen alten Baum verpflanzt man nicht“, sagt Heinz Giesecke immer, wenn er auf einen möglichen Umzug angesprochen wird. Er sieht zwar auch, dass sein Alltag schwierig geworden ist und er Unterstützung braucht, doch will er auf keinen Fall aus seiner Wohnung ausziehen. Er möchte am liebsten von einem mobilen Pflegedienst betreut werden, der ihn zweimal am Tag besucht. Mittags will er sich durch „Essen auf Rädern“ verpflegen lassen. Er hofft, dass ihn seine Tochter bei kleineren Erledigungen und zum Beispiel bei Arztbesuchen unterstützen kann. Ein Seniorenheim kommt für ihn auf keinen Fall in Frage. „Ich lasse mich doch nicht einfach in so ein Heim abschieben. Was soll ich denn ganz alleine dort? Meine Freunde wohnen alle hier in der Umgebung“, fasst er seine Bedenken zusammen.

Ulla Giesecke (43 Jahre)

Seit vier Jahren arbeitet sie sechs Stunden am Tag in einer Rechtsanwaltskanzlei. Natürlich würde sie ihren Vater am liebsten selbst betreuen, doch sie fühlt sich schon jetzt oft von Beruf, Haushalt und Familie überlastet. Sie glaubt nicht, dass sie zusätzlich zu diesen Belastungen noch die Kraft für die Betreuung ihres Vaters aufbringen kann. Sie hält einen Verbleib in der alten Wohnung höchstens für eine Übergangslösung. Deshalb hat sie letzte Woche mehrere Anlagen für betreutes Wohnen und Seniorenheime besichtigt. Besonders angetan war sie von einer neuen Wohnanlage für Senioren, die am Rande Bonns in der Nähe eines großen Erholungsgebiets liegt. Dort können Senioren in ihrer eigenen Wohnung wohnen und selbst entscheiden, welche Hilfen sie benötigen. Wenn sie pflegebedürftig werden, könnten sie in das Pflegeheim direkt neben der Wohnanlage umziehen. Sie will ihren Vater davon überzeugen, die Wohnanlage wenigstens persönlich zu besichtigen. Auch befürchtet sie, dass ihm ein Umzug umso schwerer fallen wird, je länger er damit wartet.

Wolfgang Giesecke (49 Jahre)

Er ist beruflich sehr viel unterwegs und sieht seine Familie unter der Woche nur wenig. Er versteht den Wunsch seines Schwiegervaters, in seiner gewohnten Umgebung zu bleiben. Genau das würde er sich in einer solchen Situation auch wünschen. Trotzdem sorgt er sich, dass eine Unterstützung durch mobile Pflegedienste nicht ausreichen wird. Was passiert, wenn Heinz Giesecke erneut in der Wohnung stürzt? Niemand könnte ihm tagsüber helfen. Ihm wäre es am liebsten, wenn Heinz Giesecke in einer Tagespflegeeinrichtung betreut würde und abends könnte sich ja ein Familienmitglied um Opa kümmern. So könnte er in seiner Wohnung bleiben und wäre trotzdem gut versorgt. Er selbst sieht wegen seiner beruflichen Pflichten keine Möglichkeit, sich an den Wochentagen um Opa zu kümmern.

Katharina Giesecke (12 Jahre)

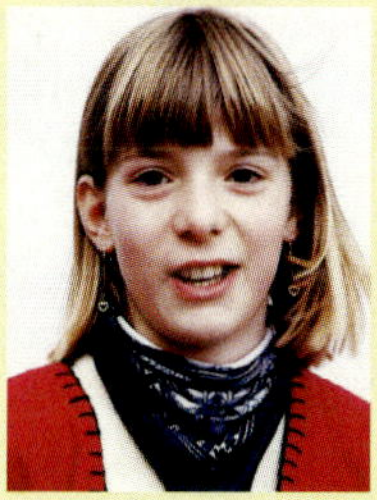

Ihre Eltern legen Wert darauf, dass auch sie ihre Meinung in dem Gespräch äußert. Sie hängt sehr an ihrem Opa und erinnert sich gerne an die zahlreichen Nachmittage, an denen er mit ihr stundenlang gespielt hat. Da sie sehr gerne mit ihrem Opa zusammen ist, wünscht sie sich, dass Opa in das leer stehende Zimmer von Tobias einzieht. Ihr älterer Bruder hat inzwischen eine eigene Familie gegründet und ist ausgezogen. Sehr viel freie Zeit, sich um ihren Opa zu kümmern, hat allerdings auch sie nicht, da sie Turnen als Leistungssport betreibt und jeden Tag Training hat. Trotzdem glaubt sie, dass es mit dem Einsatz und guten Willen aller Familienmitglieder möglich wäre, Opa zumindest einige Jahre zu Hause zu betreuen. Außerdem wäre er dann nicht so alleine.

Fünf- bis Zwölfjährige pflegen intensiven Kontakt zu Senioren im Heim

Heute leben immer mehr alte Menschen in Seniorenheimen, wo sie sich oft ausgegrenzt von der Gesellschaft fühlen. Der folgende Text beschreibt ein Projekt, das die alte und junge Generation zusammenbringen will.

Feriengast Frederic und Heimbewohnerin Frieda Lohnert bei einer Schachpartie.

Das ungewöhnliche Ferienprojekt

„Wir wollen unser Haus öffnen", sagt Michael Ganz. Für den Leiter der Pflegeheimat St. Hedwig sind das keine leeren Worte. Über 130 Bewohner zählt das Seniorenheim, etwa die Hälfte ist geistig verwirrt und braucht eine intensive Pflege. Das ist nicht einfach. Und trotzdem geht das Heim neue Wege und holt sich „junges Leben" ins Haus. Fast zwei Wochen lang gibt es hier das Angebot einer Ferienbetreuung für Kinder zwischen fünf und zwölf Jahren. „Die Kinder bringen uns Freude", sagt Ganz.
Die Sache steht und fällt mit der Betreuerin Telma Gonzales. Sie kennt das Heim und seine Bewohner. Das ist wichtig, so kann sie den Kindern die Angst vor der fremden Umgebung nehmen. Schließlich sind die jungen Leute kaum gewöhnt an den Umgang mit älteren und teilweise recht kranken Menschen. Fast zwei Wochen lang betreut Telma Gonzales das Ferienprojekt, verstärkt durch ihre unschätzbare „Hilfskraft" Ikarus, einen Labrador-Hund.
Die zehn bis zwölf Kinder trudeln jeden Morgen ab sieben Uhr ein. Ab acht Uhr steht das gemeinsame Frühstück mit den Senioren auf dem Programm. Eine 100 Jahre alte Dame freute sich so sehr, dass sie die ganze Zeit nur die Kinder und den Hund beobachtete und darüber ihr Essen vergaß. Einige ältere Menschen litten – wie jeden Tag – unter ihrer inneren Unruhe und flatterten mit den Händen. Sie wurden von den jungen Gästen gestreichelt und umarmt.
Der elf Jahre alte Frederic weiß nun: „Man kann den Senioren helfen, wenn sie mit dem Rollstuhl oder der Gehhilfe unterwegs sind." In der Bewohnerin Frieda Lohnert hat er eine Schach-Partnerin gefunden. „Ich habe mal fast gewonnen", sagt er und vertieft sich sofort wieder ins Spiel. Auch die zwölf Jahre alte Jessica lernt viel: „Manche Senioren sind empfindlich. Da muss man leise sein." Für Eva Liz ist das alles ein bisschen ungewohnt: „Man sieht, wie man einmal sein wird, wenn man älter ist."
Bei schönem Wetter darf im Garten getobt werden. Das Mittagessen nehmen die Kinder getrennt von den Senioren ein, weil eine gemeinsame Mahlzeit für die älteren Menschen eventuell zu anstrengend wäre. An zwei Tagen werden die Kinder und die Senioren gemeinsam backen, außerdem steht ein Ausflug in den Zoo auf dem Programm.

(Nach: Mio (Kürzel), Etwas andere Schulferien: Kinderbetreuung im Seniorenheim, in: Rhein-Neckar-Zeitung vom 30.07.2007, S. 5)

1. Welche Vorteile haben beide Generationen von diesem Projekt?
2. Könntet ihr euch vorstellen, an einem solchen Projekt teilzunehmen? Begründet eure Ansicht.

Memorystationen

Mit Unterschieden leben lernen

Station 1 Inländer – Ausländer

Mache aus diesem Text eine lehrreiche Geschichte:

Ich hatte einen Traum. Über Nacht waren alle Menschen mit einem ausländischen Pass aus Deutschland abgereist. Am nächsten Morgen gab es im ganzen Land keine Ausländer mehr, nur noch Deutsche. Zuerst war ich nicht beunruhigt. Doch dann, als ich in der Schule und in meiner Klasse ankam, ***o Schreck!*** Und dann, als ich mit meinem Vater zum Bundesligaspiel gehen wollte, ***o Schreck!*** Später wollten wir einen Döner essen gehen, aber ***o Schreck!***

Station 2 Behinderte sind keine Sorgenkinder!

Mit diesem Plakat wirbt das Down-Syndrom-Infocenter. Nanu, das ist doch keine Werbung? Oder etwa doch? Formuliert einen kurzen Text, in dem ihr erklärt, was das Down-Syndrom ist und wie die Aussage des Plakats zu verstehen ist.

Station 3 Alt und Jung: Wie können verschiedene Generationen gut zusammenleben?

5 Fragen – 5 Antworten

TEAM hat Professor Schlaumeyer zum Zusammenleben von Alt und Jung in Deutschland befragt. Leider sind dabei die Fragen verlorengegangen. Formuliert zu jeder Antwort eine passende Frage.

1. Das kommt daher, dass in Deutschland immer weniger Kinder geboren werden und die heute 40- bis 50-Jährigen geburtenstarke Jahrgänge sind.
2. Nein. Manche ältere Menschen sind krank und pflegebedürftig.
3. Die alten Menschen werden dort tagsüber betreut und verpflegt.
4. Dort leben ganz unterschiedliche Menschen aus verschiedenen Generationen unter einem Dach zusammen. Sie kümmern sich umeinander, damit niemand einsam sein muss.
5. Da gibt es viele neue Projekte. Eine gute Möglichkeit ist zum Beispiel die Ferienbetreuung von Kindern und Jugendlichen in einem Seniorenheim.

9 Massenmedien als Informationsquelle

Wir benutzen sie klug

Denkt einmal an die letzten Wochen zurück und überlegt:

Von welchen wichtigen Ereignissen habt ihr durch das Fernsehen oder das Radio, durch das Internet oder durch Zeitungen erfahren?

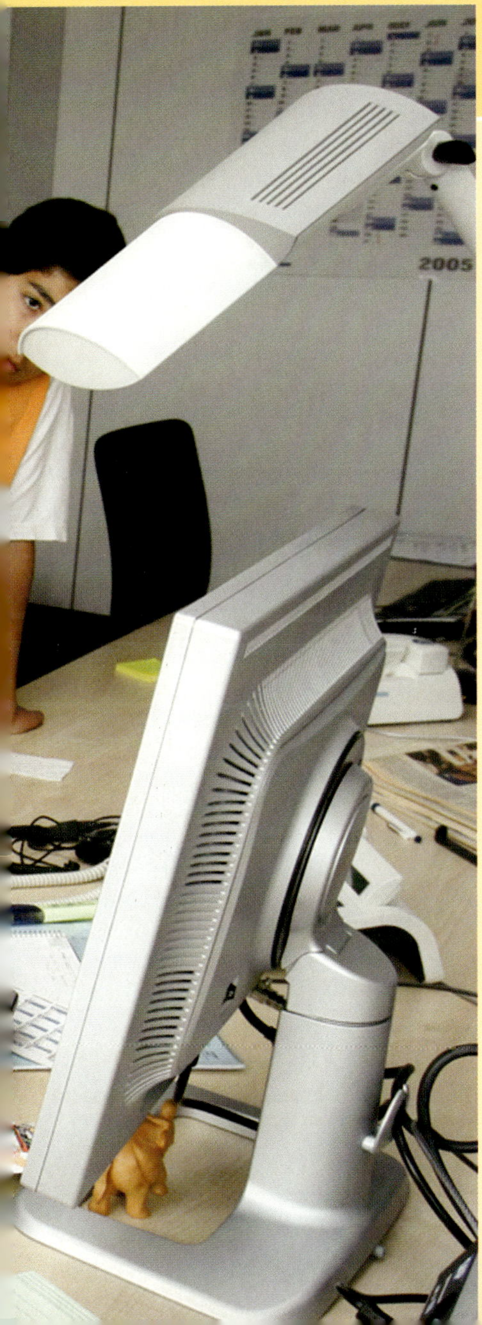

Worum geht es?

Die meisten von euch können sich ein Leben ohne Medien wahrscheinlich nur schwer vorstellen. Fernsehen und Radio gehören zum Alltag einfach dazu. Auch die Benutzung von Computern ist zur Selbstverständlichkeit geworden. Zeitungen und Zeitschriften gibt es in fast allen Familien. Viele benutzen Fernsehen, Radio, Computer, Zeitungen und Zeitschriften zur Unterhaltung, zum Zeitvertreib, zur Entspannung und manchmal auch aus Langeweile.
Diese Massenmedien haben aber auch noch eine andere wichtige Funktion. Wir informieren uns mit ihrer Hilfe. Alle Informationen, die wir darüber erhalten, was in der Welt passiert, werden uns von den Medien vermittelt. Die Medien sind unsere wichtigste Informationsquelle über Ereignisse aus Politik, Wirtschaft und allen anderen Bereichen des öffentlichen Lebens.
Natürlich können Fernseher und Computer selbst keine Nachrichten machen. Es sind immer Menschen, die sich der Medien bedienen, einmal um Informationen zu verbreiten und einmal, um sie zu empfangen und zu nutzen. In der folgenden Unterrichtsreihe könnt ihr sowohl in die Rolle von Mediennutzern schlüpfen als auch in die Rolle von Medienmachern. Ihr könnt z. B. eine Zeitungsseite entwerfen und Informationen mithilfe des Computers verbreiten.

Am Ende dieses Kapitels werdet ihr

- Nachrichtentexte besser verstehen und selbst Nachrichtentexte schreiben können,
- eine Präsentation mithilfe eines Computers erstellen und per E-Mail verbreiten,
- anderen Kindern erklären, wie sich die Welt der Medien von der wirklichen Welt unterscheidet.

Detektivaufgabe für das ganze Kapitel:
Wer geht in die Kotogakko?

1 Wer klug sein will, muss informiert sein

Wir verstehen Nachrichtentexte

Zeitungen gehören zu den wichtigsten Informationsquellen über das aktuelle Tagesgeschehen. Dazu zählen die gedruckten Verkaufsexemplare, aber auch die Online-Zeitungen, die wir im Internet finden. Manche empfinden die Texte als schwierig, obwohl sie wichtig sind. In diesem Unterkapitel könnt ihr lernen, wie man Zeitungstexte besser versteht und wie man selbst gute Zeitungstexte schreibt. Dazu könnt ihr eine eigene Klassenzeitungsseite entwerfen.

Zeitung lesen macht Kinder klüger!

Zeitung lesen macht klug. Dieses Wissen ist nun amtlich. Eine Folgeuntersuchung der Universität Jyväskyla in Finnland nahm sich das Material der nationalen Pisa-Studie vor und fand aktuell heraus, dass die jungen Finnen – bekanntlich Pisa-Sieger – eifrige Zeitungsleser sind.

Kinder wollen die Welt verstehen

Kinder wollen vor allem eins: ernst genommen werden, auch als Zeitungsleser. „Sie wollen auch etwas über die Welt lernen, sich Neues aneignen, um die Welt verstehen und strukturieren zu können", sagt Axel Dammler vom Marktforschungsinstitut Iconkids & Youth in München.

(Beide Texte aus: Trierischer Volksfreund Nr. 192 vom 20.08.2007, S. 1 und 3)

Erst lesen, dann mitreden

Viele Tageszeitungen in Deutschland haben mittlerweile spezielle Kindernachrichten in ihr Angebot aufgenommen, so zum Beispiel auch die Westdeutsche Allgemeine Zeitung.

Essen (ots) – Wenn die WAZ nun täglich Nachrichten für Kinder anbietet, dann deshalb, weil wir Kinder ernst nehmen, weil wir sie als gleichwertige Leserinnen und Leser behandeln wollen. Damit werden wir tun, was eigentlich die Aufgabe der gesamten Gesellschaft wäre, nämlich anerkennen, dass Kinder wie alle Erwachsenen auch Bürger erster Klasse sind. […] Wir Erwachsenen müssen Kinder beteiligen. Der erste Schritt ist, ihnen das Rüstzeug zu geben, damit sie mitreden können. Zum Beispiel mit Kindernachrichten.

(Birgitta Stauber-Klein in einem Leitartikel der Westdeutschen Allgemeinen Zeitung zur Einführung der Kindernachrichten am 30.08.2007, waz-online)

Junge Zeitungsleser wollen wissen, was los ist.

1. Fasst zusammen, was in diesen Texten über Kinder ausgesagt wird.
2. Wie denkt ihr über diese Aussagen? Tauscht euch aus.

Methodenkarte 10

Nachrichten verstehen mit der W-Fragen-Methode | Thema: Aktuelle Tageszeitungen lesen

A Was ist ein Nachrichtentext?

Ein Nachrichtentext ist ein informierender Text, der Neuigkeiten enthält, die für viele Menschen interessant sind. Häufige Themen in Nachrichtentexten sind außergewöhnliche Ereignisse und Geschehnisse, die von bekannten Personen handeln, zum Beispiel von Politikern und von Künstlern. Nachrichtentexte kann man ganz leicht erkennen: Sie sind kurz. In der Zeitung sind sie oft nur zehn bis 20 Zeilen lang. Sie enthalten ausschließlich Informationen. Auf keinen Fall darf jemand, der Nachrichten verfasst, seine persönliche Meinung zu einem Ereignis hineinschreiben.

B Wie kann man Nachrichtentexte besser verstehen?

Nachrichtentexte kann man gut verstehen, indem man die Menge der darin enthaltenen Informationen entzerrt. Das machst du, indem du unterschiedliche Fragen an den Text stellst. Auf mindestens fünf der folgenden sechs W-Fragen findest du in gut verfassten Nachrichten eine Antwort:

1. **Wer war beteiligt?**
2. **Wann geschah es?**
3. **Wo geschah es?**
4. **Was geschah?**
5. **Wie geschah es?**
6. **Warum geschah es?**

Schritte zur Vorgehensweise:

Erster Schritt:

Du liest den Nachrichtentext einmal vollständig durch.

Zweiter Schritt:

Du benutzt jetzt ein Protokollblatt, auf dem die sechs Fragen notiert sind. Du liest die Nachricht ein zweites Mal und füllst das Protokollblatt nach und nach aus.

Dritter Schritt:

Du fasst die Nachricht mit deinen eigenen Worten schriftlich zusammen.

Am Ende solltest du in der Lage sein, den Inhalt der Nachricht mündlich vorzutragen.

C Wie sind Nachrichtentexte aufgebaut?

In einer Zeitungsnachricht steht die wichtigste Information immer im ersten Satz, zum Beispiel: „Vor der englischen Küste ist am Freitag ein Tanker gesunken.“ Es folgt dann der zweitwichtigste Satz bzw. die zweitwichtigste Information. Der Grund dafür ist, dass Nachrichtentexte in Zeitungsredaktionen aus Platzgründen oft gekürzt werden müssen. Damit das schnell geht, soll das, was notfalls gekürzt werden kann, immer im Schlussteil stehen.

So versteht man Nachrichtentexte und prägt sich die wichtigen Informationen daraus ein

Erweitertes Lernangebot

Das Gute an Nachrichtentexten ist, dass man schon nach dem Lesen des ersten Satzes weiß, wovon sie handeln. Lest von allen Nachrichten auf dieser Doppelseite jeweils den ersten Satz. Entscheidet dann, welchen Text ihr genauer untersuchen wollt.
Wendet dann auf einen oder auf mehrere Nachrichtentexte eurer Wahl die „Sechs-W-Fragen-Methode" an. Sie wird euch dabei helfen, alle Nachrichtentexte leicht zu verstehen.

Mein Auswertungsblatt
für Nachrichten

Nachrichtentitel:

Datum:

1. Wer war beteiligt?
2. Wann geschah es?
3. Wo geschah es?
4. Was geschah?
5. Wie geschah es?
6. Warum geschah es?

A Verletzte Kinder eingetroffen

Verletzte und kranke Kinder aus Afghanistan sind mit dem Flugzeug in Deutschland gelandet. Die 59 Patienten sollen hier operiert werden. Einige von ihnen hatten zum Beispiel einen Unfall. Andere wurden durch Schüsse verletzt. Viele Kinder sind auch krank, zum Beispiel am Herzen. Afghanistan ist ein sehr armes Land in Asien. Seit Jahren kämpfen verfeindete Gruppen dort gegeneinander. Es gibt in dem Land nicht genug Krankenhäuser und Medikamente.
Die Patienten aus Afghanistan sind 3 bis 17 Jahre alt. Wenn sie gesund genug sind, kommen sie aus dem Krankenhaus. Dann wohnen sie noch einige Zeit bei Familien in Deutschland. In den letzten Jahren wurden schon 300 afghanische Kinder bei uns operiert. Am Mittwoch landeten 20 von ihnen auch wieder zu Hause in Afghanistan.

(WAZ-Online vom 21.10.2007)

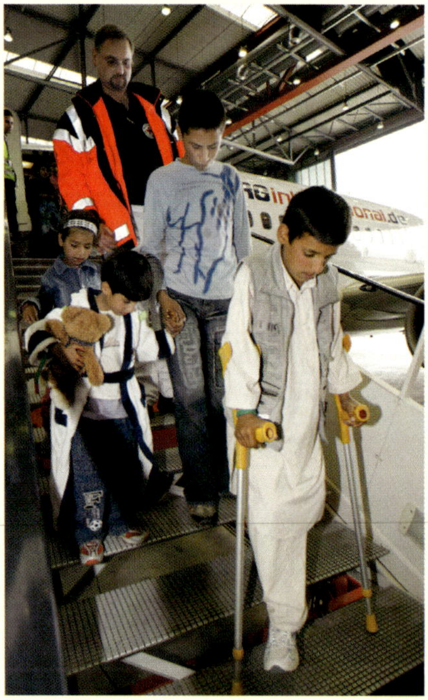

Verletzte afghanische Kinder auf dem Flughafen Hannover

B 242 Meter ohne Sicherung hochgeklettert

September 2007: Nur mit Händen und Füßen und ganz ohne Sicherungsseile: So hat ein Kletterer ein Riesenhochhaus in der russischen Hauptstadt Moskau erklommen. Der Turm ist 242 Meter hoch. Der Kletterer heißt Alain Robert und kommt aus Frankreich. Als er oben auf dem Hochhaus ankam, wurde er allerdings von der Polizei festgenommen. Sie glaubte nämlich, dass er keine Erlaubnis zum Klettern hatte. Robert sagte aber, dass er das durfte. Die Polizei ließ den Mann später wieder frei.
Alain Robert ist schon auf viele Hochhäuser geklettert – zum Beispiel auf den höchsten Turm der Welt in dem asiatischen Land Taiwan. Der Turm „Taipeh 101" ist 506 Meter hoch.

(dpa-Meldung in: Westdeutsche Allgemeine Zeitung vom 05.09.2007)

C Kinder verhindern Ölpest in Flüssen

Hagenow. Super Umweltschützer: Kinder in Hagenow in Mecklenburg-Vorpommern haben verhindert, dass zwei Flüsse mit Öl verschmutzt wurden. Das berichtete die Schweriner-Volkszeitung. Die Kinder entdeckten das Öl in einem Graben und alarmierten die Behörden. Spezialisten legten daraufhin besondere Sperren ins Wasser. So konnte das Öl nicht in die Flüsse Sude und Elbe gelangen.
Die fettige Flüssigkeit soll von einer Firma stammen, die geschlossen wurde. Experten vermuten, dass es Motoröl ist.

(dpa-Meldung in: Trierischer Volksfreund vom 04.09.2007, S. 26)

D

Künftig kostet „Blaumachen“ Geld

Die Regierung des Bundeslandes Nordrhein-Westfalen hat am Donnerstag Strafen für Schüler beschlossen, die regelmäßig „blaumachen“. Schulministerin Barbara Sommer (CDU) hat durchgesetzt, dass Schulschwänzer bald 50 Euro Strafe von ihrem Taschengeld zahlen müssen. Wer kein Geld hat, soll stattdessen gemeinnützige Arbeit verrichten – zum Beispiel Spielplätze aufräumen.

(www.helles-koepfchen.de, Juni 2006)

E

Sturm „Felix“ hinterlässt Verwüstung

September 2007: Der Hurrikan „Felix“ hat in einigen Regionen Mittelamerikas gewütet. Er zerstörte in dem Land Nicaragua etwa 5 000 Häuser und vernichtete Teile der Ernte.
Mehrere Menschen starben. In den verwüsteten Regionen waren 200 Polizisten unterwegs. Sie sollten verhindern, dass leer stehende Häuser geplündert werden.
Mittlerweile hat sich „Felix“ zwar ausgetobt und es stürmte am Mittwoch nicht mehr. Aber der Sturm hat eine Riesenmenge Regen mitgebracht. Das viele Wasser kann zum Beispiel Häuser überfluten. In Mittelamerika wirbelte noch ein zweiter Hurrikan umher. Und zwar an der Küste von Mexiko. Dieser Hurrikan heißt „Henriette“. Auch er richtete Schäden an. Aber Wetter-Experten erwarten, dass „Henriette“ schnell wieder schwächer wird. Aber es drohten auch Überschwemmungen wegen des Regens.

(dpa-Meldung in: Westdeutsche Allgemeine Zeitung vom 05.09.2007)

Das Haus dieses Paares ist zerstört. Hurrikan „Felix“ wirbelte über das ganze Land Nicaragua hinweg.

Woher bekommen die Zeitungen die Nachrichten?

Eine Zeitung kann nicht überall in die Welt Reporter entsenden. Das wäre viel zu kostspielig. Diese Aufgabe übernehmen die Nachrichtenagenturen. Das sind Unternehmen, welche die Zeitungsredaktionen rund um die Uhr mit Nachrichten aus aller Welt versorgen. Insgesamt gibt es weltweit etwa 180 solcher Nachrichtenagenturen. Die größte deutsche ist die Deutsche Presse-Agentur (dpa). Sie beschäftigt Reporter, die aus der ganzen Welt in Texten, Fotos, Grafiken und gesprochenen Worten berichten. Alle 90 Sekunden versendet dpa eine neue Meldung, alle vier Minuten ein Bild. Für das Abonnement einer Nachrichtenagentur müssen die Zeitungsredaktionen bezahlen.

1. Fasse eine oder mehrere Nachrichten mithilfe deines Auswertungsblattes zunächst schriftlich, dann mündlich zusammen.
2. Suche nach weiteren aktuellen Nachrichtentexten, mit denen du gleichermaßen verfährst.
3. Notiere, was Nachrichtenagenturen sind.

Schülerzeitungen muss jeder unterstützen

Mit diesem Artikel will der bekannte Fernsehjournalist Ulrich Wickert Kindern und Jugendlichen Mut machen, an einer Schülerzeitung mitzuarbeiten.

Schülerzeitungen muss jeder unterstützen. Das steht für mich außer Frage. Denn Schülerzeitungen fördern die Meinungsfreiheit. [...]
Schüler, die sich mit dem Projekt einer Schülerzeitung befassen, sind Menschen, denen es wichtig ist, Informationen zu sammeln, sie zu sortieren und zu bearbeiten.
Schülerzeitungen bergen damit den Grundstoff für die Demokratie. Und viele Leute, die später in der Gesellschaft eine standhafte Rolle spielten, haben ihr Rüstzeug durch die Arbeit an einer Schülerzeitung erhalten.
All jenen, die sich an die Arbeit mit einer Schülerzeitung machen, wünsche ich viel Erfolg und die Kraft, durchzuhalten.
Ulrich Wickert

(Aus: www.schuelerzeitung.de, Zugriff Januar 2008)

Wie macht man eine eigene Zeitungsseite mit eigenen Nachrichten?

Eine Zeitungsseite mit eigenen Nachrichten könnt ihr selbst gestalten. Sucht Themen aus, über die ihr schreiben wollt, und verteilt die Schreibaufträge untereinander. Achtet beim Schreiben eurer Nachrichtentexte darauf, dass eure Meldungen Antworten auf die sechs W-Fragen enthalten. Wenn mehrere Artikel fertig sind, könnt ihr daraus eine Seite gestalten. Dazu müsst ihr beachten, dass eine Zeitungsseite mehr als eine Sammlung von Nachrichtentexten ist. Sie muss über ein ansprechendes Layout verfügen. Unter dem Layout einer Zeitung versteht man die Form der Seitengestaltung. Überlegt euch einen Zeitungstitel und fügt ein oder zwei passende Fotos hinzu (auch Zeichnungen sind möglich).

■ **Tipp:** Benutzt große Papierbögen, um eure Texte aufzukleben oder gestaltet das Seitenlayout mit dem PC.

1. Erklärt, warum man bei der Gestaltung einer Zeitungsseite mehr tun muss, als nur Nachrichten sammeln und abdrucken.
2. Was, glaubst du, meint der Journalist Ulrich Wickert mit der Aussage: „Schülerzeitungen bergen damit den Grundstoff für die Demokratie."?

■ **Tipp:** Habt ihr Lust bekommen, an der Schülerzeitung in eurer Schule mitzuarbeiten? Fragt nach, ob es bereits eine Zeitung gibt. (Informiert euch auch bei euren Deutschlehrerinnen und -lehrern.)

Wir wählen interessante Themen für Nachrichten aus

Ereignis	Ja, das taugt zur Nachricht.	Nein, das taugt nicht.
1. Klasse 6 a startet Aktion zur Verschönerung ihres Kassenraumes		
2. Lehrerehepaar Müller gewinnt Stadtmeisterschaft im Tanzwettbewerb		
3. Schuldirektorin lädt die Schülersprecher zu einer Gesprächsrunde ein		
4. Klasse 7 d legt auf einem Ausflug 100 Kilometer mit dem Bus zurück		
5. Fünftklässler verbringen eine spannende Lesenacht in der Schule		
6. Hausmeister Schmidt schimpft lauthals über den Dreck in den Schulfluren		
7. Schülervertretung startet Hilfsaktion für notleidende Kinder		
8. Lehrer Meyer gibt in der 6 c Klassenarbeit zurück		
9. Schülerinnen und Schüler der 6 d stellen Plakate zum Umweltschutz im Schulgebäude aus		
10. Lehrerin Schrader berichtet über ihre Studienreise nach Indien		
11. Schwertfische im Klassenaquarium sorgen für Nachwuchs		
12. Klasse 6 b organisiert Hausaufgabendienst für kranke Klassenkameraden		

Zur Nachricht taugen nur Ereignisse, die für viele Leserinnen und Leser interessant sind. Was aber macht ein Ereignis interessant?

Interessant werden Nachrichten, wenn sie Neuigkeiten enthalten und aktuell sind. Sie müssen von etwas Besonderem berichten, von Ereignissen, die ungewöhnlich sind – zum Beispiel: Der Oberbürgermeister unserer Stadt besucht unsere Schule.
Das Ereignis, von dem berichtet wird, sollte wichtig sein, sodass die Leser etwas daraus lernen können – zum Beispiel: Schülerinnen und Schüler unterstützen mit einer Hilfsaktion eine Schule in Indien.
Nachrichten können von ernsten, aber auch von vergnüglichen Ereignissen berichten – zum Beispiel: „Lehrer Hinz verschießt zwei Elfmeter im Fußballspiel Lehrer gegen Schüler."

Hier könnt ihr beraten, welche Ereignisse aus dem Schulleben als Nachricht geeignet sind. Das geht am besten in Gruppenarbeit.
Besprecht dazu die beiden Fragen.

1. Welche der Ereignisse aus der Liste sind es wert, berichtet zu werden und welche nicht?

2. Welche weiteren Themen aus eurer Klasse oder eurer Schule taugen zur Nachricht? Sammelt aktuelle Nachrichtenstoffe.

2 Der Computer als Tür zur Welt

Wir erstellen eine Präsentation mithilfe des Internets

Computer mit Internetanschluss sind das modernste Massenmedium. Mit dem Internet steht uns weltweit ein riesiges Informationsangebot zur Verfügung, das wir problemlos nutzen können. Wir können nicht nur Informationen empfangen. Wir können auch Präsentationen damit gestalten. Informationen dazu, auch in Form von Fotos und Bildern, können wir aus dem Internet herunterladen (= downloaden). Dabei müssen wir uns Mühe geben, die wertvollen Informationen von den vielen wertlosen Sachen zu unterscheiden, die im Internet angehäuft sind.
Kluge Köpfe sind also gefragt! Es geht um wichtige Fähigkeiten. Computer helfen euch, Informationen schnell zu besorgen und in eine Präsentation einzufügen. Das Nachdenken und das Lernen nehmen sie euch nicht ab. In dem folgenden Interview erzählt der Schüler Benjamin, wie man den Computer klug für die Schule nutzen kann.

Kann man mit dem Computer für die Schule lernen?

Auszüge aus einem Interview mit dem Schüler Benjamin:

FRAGE: Wofür verwendest du den Computer beim Lernen?
BENJAMIN: Für fast alle Fächer, von Religion bis zur Mathe.
FRAGE: Wie machst du das genau?
BENJAMIN: Ich lege am Beginn des Schuljahres einen Ordner an, in dem dann für jedes Fach ein eigener Ordner angelegt wird, der die eigentlichen Dokumente enthält. […]
FRAGE: Wofür ist der Computer am nützlichsten?
BENJAMIN: Fürs Korrigieren! Wenn man einmal den Text geschrieben hat und überarbeitet, dann hat man beim Ausbessern gleich alles in der richtigen Form. Aber man ist auch pedantischer, denn wenn das Korrigieren so leicht geht, dann macht man es öfter.
FRAGE: Wobei hilft der Computer am meisten?
BENJAMIN: Bei Referaten. Heut' könnt ich mir gar nicht mehr vorstellen, die ohne Computer zu machen. […]
FRAGE: Verwendest du auch Lernprogramme?
BENJAMIN: Nicht mehr! Früher hatte ich welche zum Vokabellernen, aber die waren auf Dauer langweilig. Die sind zwar am Anfang ganz interessant, aber dann gibt es zu viele Wiederholungen. Die Lernkartei ist mir lieber.
FRAGE: Was ist besonders praktisch beim Lernen mit Computer?
BENJAMIN: Man kann mit Rechtschreibprogrammen überprüfen, wie ein Wort geschrieben wird. Außerdem kann man sich zum Beispiel in Englisch jedes Wort übersetzen und auch gleich richtig vorsprechen lassen.
FRAGE: Hast du das Gefühl, dass man mit dem Computer schneller lernt?
BENJAMIN: Eigentlich nicht! […] Wahrscheinlich braucht man insgesamt gleich lange.

(Aus: www.lerntipp.at, Zugriff Januar 2008)

1. Welche wichtigen Lernhilfen durch den Computer werden von Benjamin genannt?
2. Schaut euch die Fragen noch einmal an und überlegt, wie ihr darauf geantwortet hättet.

Trainingsplatz

Wir erstellen eine Liste über Dinge, die man mit dem Computer lernen kann

Hier findet ihr 15 verschiedene Dinge, die man mit einem Computer lernen kann. Vielleicht könnt ihr einiges davon schon, vielleicht auch noch nicht. Zunächst sollte jeder von euch die Übersicht für sich durchgehen und jeweils A, B oder C auswählen. Danach könnt ihr mit den Bank- oder Tischnachbarn vergleichen.

Erstellt nach der Bearbeitung in der Klasse eine Liste zum Thema:
Was Mädchen und Jungen in unserem Alter am Computer können sollten

A Das kann ich schon.

B Das möchte ich noch lernen.

C Das ist mir nicht so wichtig.

Bereich 1
Texte schreiben und Bildmaterial einbauen

1. Texte mithilfe des PC schreiben und abspeichern
2. Tabellen und Kreisdiagramme entwerfen und in einen Text einfügen
3. Ein Bild einscannen und in einen Text an die passende Stelle einbauen

Bereich 2
Üben und Wiederholen

4. Mathematikaufgaben, Rechtschreibübungen und Ähnliches mit einem Lernprogramm lösen
5. CD-ROMS mit neuen Aufgabenstellungen für Biologie, Politik, Erdkunde und andere Fächer richtig nutzen
6. Ein Computerlexikon benutzen

Bereich 3
Materialien gestalten

7. Hausaufgaben mithilfe des Computers schön gestalten
8. Folien und Plakate für einen Vortrag oder eine andere Präsentation mit dem PC erstellen
9. An einer Homepage der Klasse oder der Schule mitarbeiten

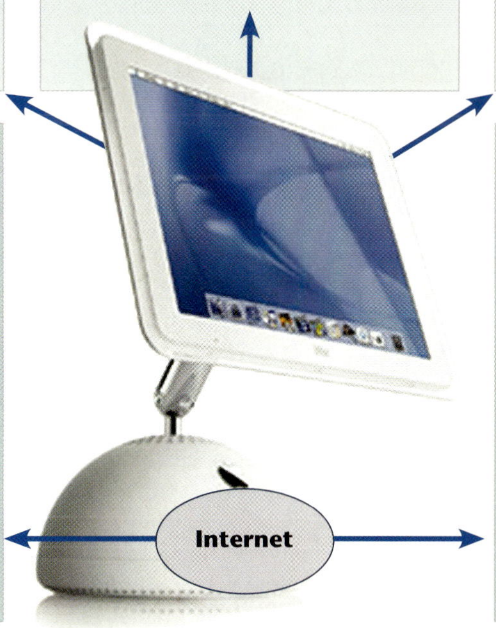

Bereich 4
Suche nach Informationen

10. Mithilfe von Internetadressen und Suchmaschinen Informationen zu einem bestimmten Thema suchen und ausdrucken
11. Texte und Bilder aus dem Internet kopieren und in einem Schreibprogramm (z. B. Word) abspeichern
12. Herausfinden, wer welche Information mit welcher Absicht in das Internet eingestellt hat

Bereich 5
Kont@kt aufnehmen

13. E-Mails senden können und empfangen
14. Mit Kindern in anderen Orten, Ländern oder Staaten Kontakt aufnehmen und pflegen
15. Kontakte zu Organisationen herstellen und Broschüren und andere Informationsmaterialien kostenlos bestellen

Internet

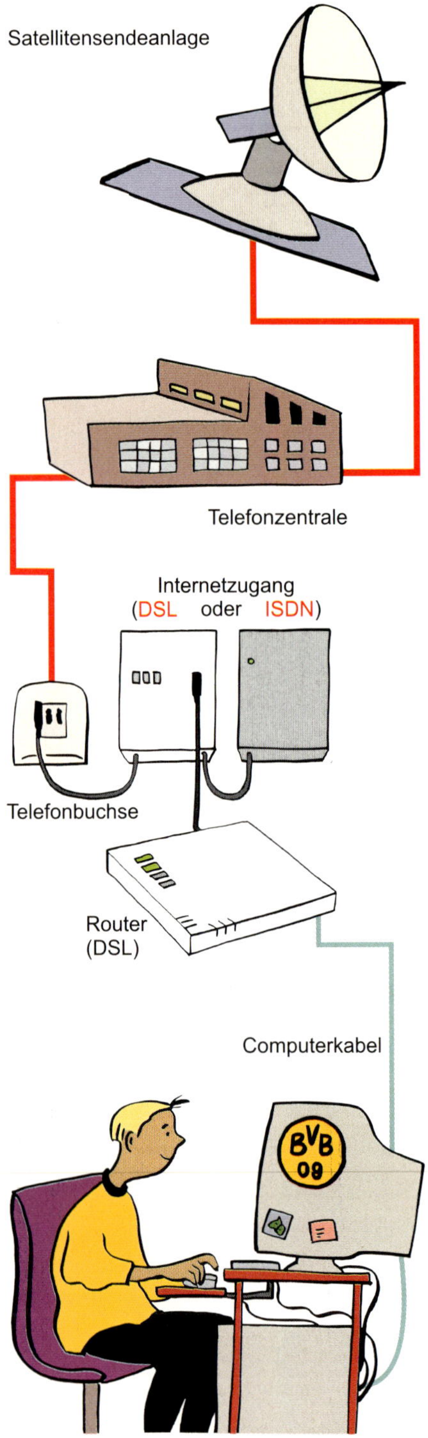

1. In dem Text sind die Begriffe Netzwerk, Provider und Globalisierung von besonderer Bedeutung. Versuche, sie zu erklären.

2. Erstelle eine Übersicht nach dem folgenden Muster.

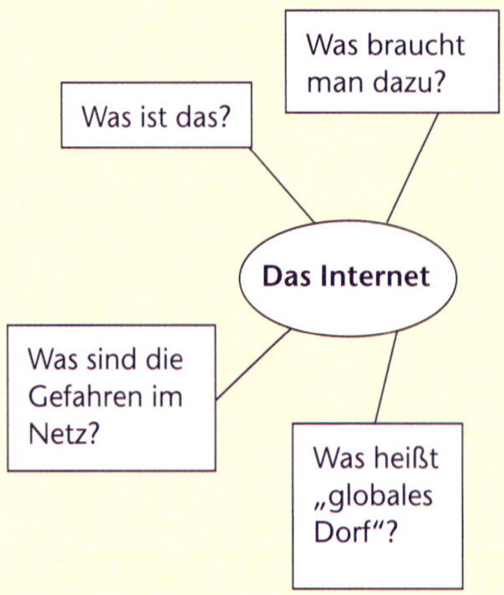

3. Wie groß sind die Gefahren des Internet für Kinder: eher groß oder eher klein? Formuliert dazu eure Meinung und diskutiert miteinander.

Ein weltweites Netz, das täglich wächst

Du sollst ein Referat über das Leben der Buckelwale halten? Kein Problem: Du gehst ins Internet, gibst den Begriff Buckelwale in eine Suchmaschine ein und schon findest du zahlreiche Internetseiten mit Informationen über die gesuchte Tierart. So wird für die meisten von euch die Nutzung des Internets zum Alltag gehören. Informationsmaterial besorgen, Musik hören und downloaden, E-Mails senden und empfangen, einfach nur so surfen oder chatten – alles ist möglich und alles geht immer leichter. Aber wie kann man erklären, was dieses Internet eigentlich ist?

Am besten, man stellt es sich wie ein riesiges Netzwerk vor. In diesem Netzwerk sind die Computer die Knoten. Alle diese Knoten sind mit unzähligen anderen Computerknoten durch elektronische Leitungen verbunden. Damit können unvorstellbar große Mengen an Informationen hin und her sausen. Jeder, der Zugang zu einem Computer mit Internetanschluss hat, kann sich in das Netzwerk einklinken und ebenfalls Informationen versenden und empfangen. Das Netz umspannt die ganze Welt und wird täglich dichter und dichter. Ins Internet gelangt man mit einem Computer mit Netzanschluss. Diesen Anschluss an das weltweite Netz kann zum Beispiel ein Router oder ein Modem herstellen. Das sind technische Geräte, die ankommende und versendete Informationen in Texte und Bilder umwandeln, damit wir sie auf dem Bildschirm erkennen können. In den modernen Computern sind diese Geräte eingebaut.

Ein eigener Internetanschluss setzt voraus, dass man bei einem Provider angemeldet ist. Provider sind Lieferfirmen. Sie sorgen dafür, dass die Informationen die gewünschten Wege im Datennetz finden und ihre Empfänger erreichen. Jeder Internetnutzer erhält von seinem Provider eine eigene Adresse, vergleichbar mit einer Telefonnummer. Die Benutzung des Internets kostet Geld, denn der Kunde muss für die Dienste der Anbieter bezahlen.

Die Welt als globales Dorf

Kinder aus Deutschland und Amerika kommunizieren miteinander. Das zeigt die Zeichnung auf dieser Seite. Das Internet macht's möglich. Experten sagen, dass mit dem Internet die Welt zum globalen Dorf geworden ist. Menschen aus allen Ländern der Welt können einander kennenlernen, Informationen austauschen, Freunde werden. Jeder fünfte Mensch auf der Welt hat mittlerweile Zugang zum globalen Netz. Erwachsene nutzen das Internet, um kaufen und verkaufen zu können. Firmen können sich den Handel mit Waren ohne Internet gar nicht mehr vorstellen. Das weltweite Netz kennt keine Grenzen und keine unüberbrückbaren Entfernungen. Die Welt wird vernetzt und wächst immer weiter zusammen. Diesen Prozess bezeichnet man als Globalisierung. Die Wörter „Globus" für die Erde und „global" für „die Erde umspannend" stecken darin. Die Globalisierung wurde durch das Internet ermöglicht und hat die Welt total verändert. Dazu gehören neben vielen guten auch die schlechten Seiten.

Gefahren im Netz

Kehren wir noch einmal zum Referat über Buckelwale zurück. Cirka 80 000 Internetadressen erhältst du bei der Suchmaschine Google, wenn du den Begriff eingibst. Wer aber sagt dir, welche davon gut oder schlecht, richtig oder falsch sind? Antwort: niemand. Im Internet gibt es keine Kontrolle und weil das so ist, kann jeder Informationen darin verbreiten. Deshalb enthält es auch viele unsinnige, überflüssige und sogar gefährliche Informationen. Niemals sollte man alles glauben, was im Internet zu finden ist. Gefährlich ist es, wenn Kinder und Jugendliche einen zu großen Teil ihrer Freizeit vor dem Computer verbringen und wenn dadurch Freunde, Sport und das Lernen für die Schule zu kurz kommen. Surfen, Chatten und Spiele können süchtig machen. Deshalb gilt: Niemals darf der Computer wichtiger als die Familie, die Freunde und die Schule werden. Beim Chatten treffen sich Leute im Netz und tauschen Nachrichten aus. Dabei ist Vorsicht geboten! Im Internet sind auch Verrückte und gefährliche Menschen unterwegs. Manche Erwachsene geben sich im Chatroom als Kinder oder Jugendliche aus. Sie wollen sich das Vertrauen von Kindern erschleichen und verfolgen in Wahrheit kriminelle Absichten.

Tipps zum sicheren Surfen

Um Gefahren zu vermeiden, hat das für Kinder und Jugendliche zuständige Bundesministerium Tipps formuliert, an die jeder Internetnutzer sich halten sollte:

- Gib niemandem deine Adresse und deine Telefonnummer, den du nicht kennst.
- Öffne keine E-Mails mit unbekannten Absendern.
- Beantworte keine Rund- oder Kettenbriefe.
- Beschimpfe und beleidige niemanden in selbst verfassten Texten. Rüpeleien im Internet können strafrechtlich verfolgt werden.

(Die Tipps vom Bundesministerium für Familien, Senioren, Jugend und Frauen findet man im Internet unter www.kindernetz.de.)

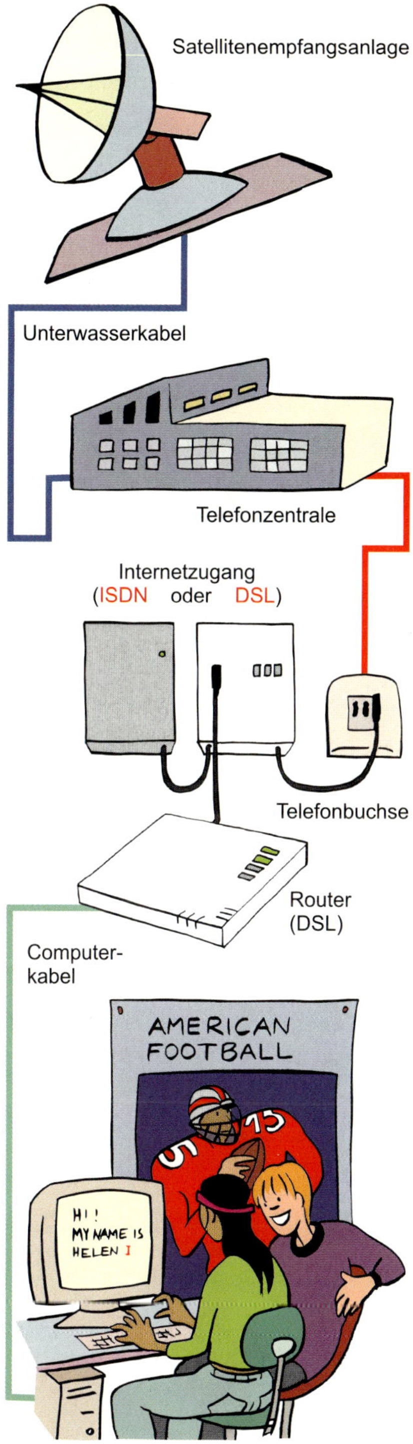

Mit dem Internet in die weite Welt hinaus

An einem Freitag in der 6c

Die Klassenlehrerin, Frau Starkmut, wirft Laptop und Beamer an und zeigt den Schülerinnen und Schülern ihrer Klasse eine E-Mail, die sie von einer Schulklasse in Japan erhalten hat.

Liebe Schülerinnen und Schüler,

wir sind die Klasse 6 der Shogakko-Primary-School in Kioto, Japan. Wir möchten sehr gerne mehr darüber erfahren, wie gleichaltrige Schülerinnen und Schüler in Deutschland leben.
Wir sind sehr interessiert an Informationen über eure Schule und über das Schulsystem in Deutschland.
Könnt ihr uns berichten, wie es in eurer Stadt und in eurem Land aussieht?
Wir haben für euch eine Präsentation über uns und unser Land zusammengestellt und als Datei an diese E-Mail angehängt. Wir werden sehr glücklich sein, wenn ihr uns auch eine kleine Zeitung zusenden könntet.

Wir bedanken uns sehr herzlich im Voraus bei euch und wünschen euch immer Glück und ein langes Leben.

Wir erstellen eine eigene Präsentation über uns und unser Land

Stellt euch vor, eine E-Mail in dieser Art aus Japan oder aus einem anderen Land habe euch erreicht. Ihr möchtet nun eine Präsentation erstellen, die sich zum Versenden eignet.
Wie macht man das?

Erster Schritt: Empfänger auswählen
Ihr könnt überlegen, ob der Empfänger eurer Präsentation eine Partnerschule oder eine andere Schulklasse sein soll. Auch Eltern, Freunde und Bekannte kommen als Empfänger infrage. Sicherlich werden viele an eurer Präsentation interessiert sein.

Zweiter Schritt: Themen festlegen
Was soll in eurer Präsentation stehen? Verständigt euch über die Themen.

Dritter Schritt: Arbeit aufteilen
Ihr könnt Partnerschaften bilden. Die einen nehmen sich das Thema Schule vor, die anderen das Thema Kinder und Jugendliche in Deutschland, wieder andere stellen die eigene Stadt vor oder das Bundesland oder wichtige Informationen über Deutschland.

Vierter Schritt: Recherchieren im Internet
Eine Recherche ist eine gezielte Suche nach Informationen. Wenn eure Schule über eine Homepage verfügt, könnt ihr dort nach Informationen suchen. Für Informationen über eure Heimatgemeinde steht euch der passende Internetauftritt zur Verfügung.

Fünfter Schrift: Informationen auswählen
Wahrscheinlich werdet ihr zu jedem Thema eine riesige Informationsmenge im Internet finden. Wichtig ist, dass ihr daraus einige wenige Informationen zusammenstellt, die für Kinder und Jugendliche oder die anderen Empfänger interessant und lehrreich sind.

Sechster Schritt: Präsentation am PC layouten
Als Muster für ein schönes Layout kann euch die nach Art einer Zeitung gestaltete Präsentation dienen, welche Klassenlehrerin Frau Starkmut von den Schülerinnen und Schülern aus Japan erhalten hat.

Wir in Japan für euch in Deutschland

Unsere Schulen
Bei uns besuchen fast alle Kinder einen Kindergarten. Danach gehen sie sechs Jahre in die *Shogakko*. Das ist die Grundschule. Danach besuchen alle die *Chugakko*. Das ist die Mittelschule. Am Ende müssen wir eine strenge Prüfung machen. Wer sie besteht, kann die Oberschule besuchen und das Abitur machen. Fast alle machen das. Die Oberschule heißt *Kotogakko*.
Unsere Schrift hat 1995 Zeichen. Daneben lernen wir auch, Englisch zu schreiben und zu sprechen.

So essen wir
Unser wichtigstes Nahrungsmittel ist der Reis. Für Sushi verwenden wir Uruchi-Reis. Man kann ihn gut mit Stäbchen essen, weil er sehr klebrig ist. Wir essen wenig Fleisch und viel Fisch und Gemüse. Mit Stäbchen zu essen, ist unsere Tradition. Oft benutzen wir auch Messer und Gabel. Manchmal essen wir auch Hamburger. Unsere Eltern legen aber großen Wert auf gesunde Ernährung.

Freizeit
Die Woche über haben wir wenig Freizeit. Die Schule dauert bei uns nämlich immer bis zum späten Nachmittag. Viele von uns haben danach noch Nachhilfeunterricht, der manchmal bis abends dauert. Sport ist in der Freizeit beliebt. Wir telefonieren viel und hören oft Musik.

Unser Land
Japan ist das Land der aufgehenden Sonne. Es besteht aus vielen kleinen Inseln. Die vier wichtigsten sind Honshu, Hokkaido, Kyushu und Shikoku. Die Hauptstadt Tokio liegt auf der Insel Honshu. Tokio ist eine der größten Städte der Welt. Staatsoberhaupt unseres Landes ist der Tenno. Das ist der Kaiser. Unser Land ist demokratisch mit einem gewählten Parlament.

Sehenswürdigkeiten
Die größte Natursehenswürdigkeit ist der Berg Fuji. Er ist ein Vulkan und 3776 Meter hoch. In Japan gibt es viele shintoistische und buddhistische Tempel. Allein in unserer Stadt Kioto sind es fast 2000.

Der Berg Fuji liegt nur 100 Kilometer von unserer Hauptstadt Tokio entfernt.

1. Welche Informationen aus dieser Zeitungsseite sind für euch neu und interessant?

3 Die Welt der Medien und die wirkliche Welt

Wir erklären Kindern den Unterschied

Stellt euch einmal vor, ihr würdet dem Kind gegenübersitzen, das auf die ihm gestellten Fragen die auf dieser Seite abgedruckten Antworten gegeben hat. Stellt euch weiterhin vor, das Kind sei sechs Jahre alt und hätte bisher sehr viel Zeit in seinem Leben vor dem Fernseher verbracht. Ihr habt die Aufgabe übernommen, ihm zu erklären, was falsch ist an seinen Antworten und wie die richtigen Antworten lauten könnten. Lest auch den Text auf der Seite 189. Er wird euch helfen, das Kind aufzuklären.

Was können Autos?

„Autos können von alleine fahren. Wenn sie an einen Fluss kommen, brauchen sie keine Brücke. Sie fliegen einfach zum anderen Ufer. Wenn sie wollen, verwandeln sie sich. Dann sehen sie wie ein Roboter aus. Sie können dann tanzen und sind größer als die Häuser, die da sind.“

Wie sieht eine Kuh aus?

„Kühe haben fast immer eine lila Farbe. Auf den Seiten haben sie eine große Schrift. Sie können Fußball spielen und miteinander reden. Wenn sie mich ansehen, haben sie immer eine Blume im Mund.“

Was für Wesen gibt es auf der Welt?

„Nachts kommen die Zombies, die Night-Ryder und die Untoten. Sie haben schreckliche Gesichter mit ganz vielen Narben. Und sie haben Waffen. Mit denen können sie Menschen töten. Manchmal kommen sie nachts zu mir in meinen Träumen. Dann werde ich oft vor Schreck wach und kann nicht mehr einschlafen.“

Was für Flugzeuge gibt es?

„Es gibt ganz schnelle Flugzeuge. Die fliegen durch das All. Von der Erde bis zum Mars brauchen sie nur ein paar Sekunden. Sie fliegen nur, wenn es dunkel ist. Sie können feindliche Flugkörper abschießen. Manchmal sind sie so laut, dass ich mir die Ohren zuhalten muss, damit ich keine Angst bekomme.“

Mit Computertechnik entsteht eine virtuelle Welt

Für kleine Kinder ist alles, was sie sehen, reale Wirklichkeit. Zwischen der künstlichen Bilderwelt auf den Bildschirmen und der realen Welt zum Anfassen können sie noch nicht unterscheiden. Große Kinder lernen zu unterscheiden. Deshalb könnt ihr das! Lest dazu den folgenden Text.

Ungeahnte Möglichkeiten für Film und Fernsehen

Der Hase Roger Rabbit und ein Mann fahren in einem lachenden Auto durch die Gegend: Wirklich?

In früheren Zeiten konnten Film und Fernsehen nur solche Bilder senden, die in der Wirklichkeit existierten. Kameras bannten auf Filme, was real vorhanden war. Selbst um Zeichentrickfilme herzustellen, mussten erst Zeichnungen angefertigt werden, die man abfotografierte, Bild für Bild aneinanderfügte, um so einen Bewegungseffekt zu erzeugen. Mit der Entwicklung hochleistungsfähiger Computer haben sich vollkommen neue Möglichkeiten erschlossen. Computer speichern Bilder wie Texte. Und so, wie man in einem Computer einen Text bearbeiten kann, so kann man es auch mit gespeicherten Bildern und mit Filmen tun. Man kann jedes Bild beliebig verändern und in Filmen unterschiedliche Aufnahmen miteinander kombinieren, zum Beispiel Trick- und Realaufnahmen. Filme, die für das Fernsehen und für das Kino produziert werden, benutzen heute völlig selbstverständlich die moderne Computertechnik. So bringt man Kühe zum Tanzen und Autos zum Sprechen und Fliegen.

Konstruktion eigener Bilderwelten

Moderne Computer benötigen gar keine Bildvorlagen mehr. Sie konstruieren ihre Bilderwelten selbst. Computer können nie gesehene Monster erschaffen und Flugkörper, die es so niemals geben wird.
Auch die Werbung bedient sich dieser Technik. Badezimmer verwandeln sich zu Inseln in der Südsee, auf denen Hunde Sonnenbrillen tragen und Gitarre spielen.
So entstehen mithilfe der Computer künstliche Welten. Wir erleben sie im Kino und im Fernsehen und besonders ausgeprägt in Computerspielen. Im Unterschied zur realen Wirklichkeit bezeichnet man diese künstliche Welt als virtuelle Medienwelt. Virtuell heißt, dass sie nur scheinbar vorhanden ist. Sie wurde mithilfe von Computern entwickelt und existiert nur innerhalb des Mediums. Die schrecklichen Aliens aus einem Fantasyfilm können uns zum Glück nicht am Abend besuchen.

Alles Menschenwerk

Nicht vergessen darf man, dass die Computer nur die Technik liefern. Die eigentlichen Erfinder sind immer Menschen. Spezialisten, welche die Computer programmieren, können entscheiden, ob sie virtuelle Monster entstehen lassen oder sympathische Helden.
Viele Menschen halten alles für real, was sie am Bildschirm sehen und erleben. Entweder haben sie es nie gelernt oder sie haben es verlernt, zwischen der realen und der virtuellen Welt zu unterscheiden. Weil sie alles glauben, was sie sehen, sind sie leicht beeinflussbar.

Leben die Aliens wirklich unter uns? Wer den Film „Men in black" anschaut, könnte es glauben.

1. Erklärt dem Kind, wie das mit der Kuh, den Autos, den Flugzeugen und den Monstern wirklich ist.

2. Wie würde sich das Kind weiter entwickeln, wenn es den Unterschied zwischen virtueller und realer Welt niemals lernen würde?

3. Warum ist es für uns wichtig, die Unterschiede zu kennen?

„Aber das Fernsehen zeigt doch die echte Wirklichkeit – oder?“

Viele Leute können zwischen den Bildern im Fernsehen und der Wirklichkeit nicht unterscheiden. Erklärt nach dem Betrachten des Bildes und dem Lesen der Texte, warum man das dennoch können sollte.

Landschaften, die nicht existieren

Für das Fernsehen lassen sich Bilder erfinden, die nur in der virtuellen, das heißt in der künstlichen Welt der Bildschirme existieren. In den Nachrichtensendungen geschieht das mithilfe einer Blue Box. Die Sprecher im Studio stehen in einem blauen Raum wie in einem blauen Kasten und verlesen ihren Text. Computertechnik fügt Landschaften oder Karten in das Bild hinein, die in Wirklichkeit gar nicht existieren. So kann es sein, dass die Nachricht aus Paris, bei der die Reporterin vor dem Eiffelturm steht, in Wahrheit in der Blue Box entstanden ist und der Mann, der das Wetter erklärt, steht auch nicht wirklich vor einer Wetterkarte.

„Stimmt, hab' ich in den Nachrichten gesehen!“

Wenn eine Nachricht im Fernsehen gezeigt wird, denken aber viele Menschen, dass sich das Ereignis genauso zugetragen hat, wie es im Fernsehen gezeigt wird. Das haben Umfragen ergeben. „Bilder können nicht lügen“, denken die meisten. Richtig ist, dass die Redakteure einer Nachrichtensendung dazu verpflichtet sind, die Menschen so wahrheitsgetreu wie möglich zu informieren. Man kann annehmen, dass die meisten von ihnen diese Verpflichtung erfüllen wollen. Andererseits gilt beim Fernsehen das eiserne Prinzip, dass man nur berichten kann, was sich auch mit Bildern zeigen lässt. Die Zuschauer erwarten auch, dass die Bilder nicht langweilig, sondern interessant sind. Also übertreibt man leicht ein bisschen. Um der Nachricht über Staus auf den Autobahnen am Beginn der Schulferien besondere „Würze“ zu geben, kann man Bilder von endlosen Blechlawinen einspielen, gestresste Autofahrer in Nahaufnahmen, weinende Babys. Gibt es zu einer Nachricht keine Bilder, die den Text anschaulich machen (zum Beispiel bei einem Text über die Entwicklung der Arbeitslosigkeit), so müssen sie erfunden werden. Veränderungen und Erfindungen von Bildern sind aber – wie ihr bereits gesehen habt – für Computer kein Problem mehr.

Manipulation durch Bilder?

Menschen, die die Möglichkeiten zur Erschaffung einer künstlichen Bilderwelt im Fernsehen nicht erkennen, glauben leicht, dass die Wirklichkeit hinter dem Bildschirm der tatsächlichen Wirklichkeit entspricht. Damit sind sie manipulierbar. Das bedeutet: Man kann sie beeinflussen, ohne dass sie es merken. Angenommen, ein Fernsehmacher wollte ihnen die Meinung vermitteln, die Jugendlichen von heute würden zu viel feiern, rauchen und Alkohol trinken, so kann er ausschließlich Bilder von feiernden, trinkenden und rauchenden Jugendlichen zeigen. Er wiederholt sie am besten so oft wie möglich.

1. Was antwortest du jemandem, der alles, was er im Fernsehen sieht, für die Wahrheit hält?

2. Erklärt, was Manipulation bedeutet und warum sie gefährlich ist.

■ **Tipp:** Das Gespräch zwischen einem leichtgläubigen Fernsehzuschauer und einer klugen Schülerin oder einem klugen Schüler könnt ihr im Rollenspiel vorspielen.

Memorystationen

Massenmedien als Informationsquelle

Station 1 Zeitung lesen, Zeitung machen

Hier müssen jeweils zwei Satzteile so zusammengefügt werden, dass sich daraus wichtige Merksätze ergeben.

1. *Ein Nachrichtentext ist …*
2. *Nachrichtentexte kann man gut verstehen, indem man …*
3. *In Zeitungsnachrichten …*
4. *Unter dem Layout versteht man …*
5. *Nachrichtenagenturen …*

A … versorgen Zeitungsredaktionen rund um die Uhr mit Nachrichten aus aller Welt.

B … ein informierender Text, der Neuigkeiten enthält, die für viele Menschen interessant sind.

C … die Menge der darin enthaltenen Informationen entzerrt.

D … die formale Seitengestaltung einer Zeitung.

E … steht die wichtigste Information immer am Anfang.

Station 2 Der Computer als Informationsmedium

eine Erklärung, was es ist

zwei Dinge, für die es benutzt wird

Das Internet

drei Dinge, die man braucht um hineinzukommen

vier Verhaltenstipps für den klugen Umgang damit

Station 3 Die Welt der Medien und die wirkliche Welt

Tante Luise begreift das einfach nicht: „Das kann doch nicht sein, dass man dieses Auto auf einen anderen Planeten transportiert hat! Wie kann jemand bloß so ein Foto machen?“

- Kannst du Tante Luise den Vorgang so erklären, dass die Begriffe *Computertechnik* und *virtuelle Medienwelt* darin vorkommen?

10 Kinder in aller Welt

Die Fotos zeigen ein deutsches Kind auf einem Fest zum Weltkindertag in Berlin, ein Mädchen mit einem Schulheft in

Wir machen uns stark für die Rechte von Kindern

Dir erscheint eine gute Fee und sagt: „Nenne mir deinen größten Wunsch für die Kinder in aller Welt, und er wird in Erfüllung gehen." Welchen Wunsch wirst du nennen?

■ **Tipp: Notiert die Wünsche und lest sie euch gegenseitig vor.**

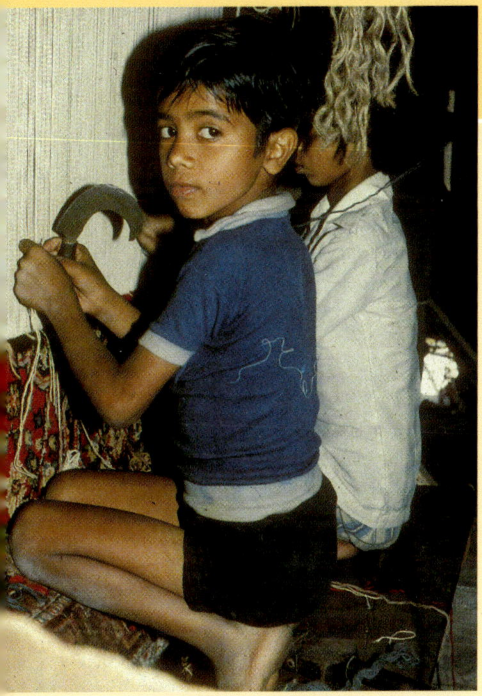

Liberia (Afrika), einen Jungen, der auf einer Müllkippe nach Essen und verwertbaren Gegenständen sucht (in der Dominikanischen Republik, Mittelamerika), ein kleines Mädchen bei Maurerarbeiten in einem asiatischen Land und einem Jungen bei der Teppichherstellung in Indien.

Worum geht es?

Die Geschwister Jonathan, Janine, Dominik und Malin machten aus einer einfachen Idee einen großen Erfolg. Sie sammelten Walnüsse und verkauften diese. Damit verdienten sie 500 Euro. Das Geld spendeten sie den Ritaschwestern. Diese Organisation hilft Familien in Not. In Bad Laasphe sammelten die Schülerinnen und Schüler eines Gymnasiums über einen längeren Zeitraum so viel Geld ein, dass davon zwei Schulen im Entwicklungsland Nicaragua gebaut werden konnten. Im Landtag von Nordrhein-Westfalen und anderswo kommen jedes Jahr zahlreiche Kinder und Erwachsene am Weltkindertag zusammen, um gemeinsam zu überlegen, wie Kindern in aller Welt geholfen werden kann. Insgesamt setzen sich drei von zehn Kindern auf irgendeine Art und Weise für die Rechte benachteiligter Kinder ein. Möchtest du dazugehören?
In diesem Kapitel könnt ihr mehr darüber erfahren, wie Kinder anderswo auf der Welt leben. Ihr werdet herausfinden, welche Rechte Kinder haben, und könnt überlegen, was zu tun ist, damit Kinderrechte für alle verwirklicht werden können. Auch auf gute Ideen und Vorschläge wird es ankommen.

Am Ende dieses Kapitels werdet ihr

- Lebenssituationen von Kindern in den Armutsländern beschreiben können,
- Kinderrechte nennen und herausfinden, wo sie verletzt werden,
- Vorschläge für eine bessere Zukunft in der globalisierten Welt zu Papier bringen.

Detektivaufgabe für das ganze Kapitel:
Was gibt es für jeden von euch, aber nicht in Pachakama?

1 Wie leben Kinder in den Armutsländern dieser Erde?

Wir bearbeiten Fälle und diskutieren über Kinderarbeit

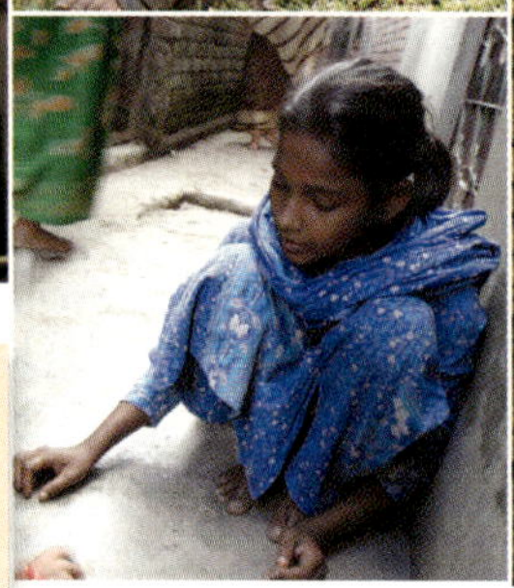

Chala aus Äthiopien, Jaqueline aus Ruanda, Ashipio aus Bolivien und Rokeya aus Bangladesh

Arm ist ein Land, wenn ...

1. ... Erwachsene Arbeit suchen, aber keine finden.
2. ... Kinder arbeiten müssen und deswegen nicht zur Schule gehen.
3. ... es ganz wenige reiche und ganz viele arme Menschen im Land gibt.
4. ... Kinder sterben, weil sie hungern müssen und weil Ärzte fehlen.
5. ... es nur wenige Krankenhäuser, Schulen und andere öffentliche Einrichtungen gibt.
6. ... es keine Chancen auf Bildung gibt.
7. ... die Menschen Verbrechen und Gewalt schutzlos ausgeliefert sind.
8. ... kaum Produkte erzeugt werden, mit denen erfolgreich Handel betrieben wird.
9. ... die Regierung sich nicht um die Probleme der Menschen kümmert.
10. ... Bürgerkriege innerhalb des Landes eine Entwicklung zum Besseren behindern.

Auf den folgenden Seiten werdet ihr vier Kinder aus verschiedenen Ländern kennenlernen. Ausgewählt wurden diese Kinder, weil sie berichtet haben, wie sie leben. (Nicht alle Kinder auf der Erde haben die Möglichkeit und die Chance, das zu tun.) Wenn ihr alle Geschichten lest, werdet ihr feststellen, dass jedes der Kinder seine ganz eigene Geschichte hat. Ihr könnt euch aber auch die Arbeit aufteilen, sodass jede und jeder von euch ein Beispiel bearbeitet. Danach könnt ihr euch in Vierergruppen zusammensetzen und euch die Kinder gegenseitig vorstellen. Zu viert könnt ihr auch Präsentationen vor der Klasse gestalten:

Thema: Kinder aus aller Welt

Bearbeitet für jeden der Fälle die folgenden Fragen so, dass ihr später die Antworten mündlich vortragen könnt. Prägt euch auch die Gründe ein, die erklären, wann ein Land als arm gilt.

Aufgaben zur Bearbeitung der Beispiele 1 – 4:

1. Erzählt, wie die Kinder ihre Tage verbringen, wie sie wohnen, wie sie essen und wovon sie leben.
2. Berichtet, welche Bedeutung die Arbeit in ihrem Leben hat.
3. Stellt vor, was man über das Land, in dem sie leben, wissen sollte.

Beispiel 1: Chala – ein Junge aus Äthiopien
Was hat er sich fest vorgenommen?

Jeden Morgen geht der neun Jahre alte Chala vor dem Frühstück zum Brunnen, um Wasser zu holen. Sein Vater Teshome Mebisso gehört zwar zu den reicheren Bauern im Dorf Sodo in Äthiopien. Aber fließendes Wasser ist auch in seiner Hütte ein unvorstellbarer Luxus. „Früher haben wir Wasser vom Fluss geholt“, erzählt Chala. „Das war ein weiter Weg. Und das Wasser von dort ist nicht gesund. Wir waren oft krank.“ Seit der Brunnen auf einem Hügel ganz in der Nähe gebaut wurde, ist das viel besser geworden.
Wenn Chala mit dem Wasserkanister zurückkommt, bereitet seine Mutter – sie heißt Dinkenesch Gutera – das Frühstück für die Familie vor. Chala hat sechs Brüder und zwei Schwestern. Da muss die Mutter viel Injera backen. So heißt das Fladenbrot, das für die Menschen in dem ostafrikanischen Land das wichtigste Nahrungsmittel ist. [...]
Chalas Familie wohnt in einer Rundhütte aus Lehm und Holz. Das Dach besteht aus Stroh. Eine bunte Decke teilt die Ecke ab, in der das Bett der Eltern steht. Für die Kinder wird abends das Wohnzimmer zum Schlafzimmer. Dort wickeln sie sich in ihre Decken ein. Die Küche ist draußen vor der Tür. Denn so richtig kalt wird es nicht. Ein Auto, einen Fernseher oder eine Stereoanlage hat Chalas Familie nicht. Aber es geht ihnen besser als vielen anderen Menschen in Äthiopien.
Das Land ist eines der ärmsten der Erde. Im Stall hält die Familie nicht nur Schafe und Ziegen, wie es ärmere Bauern tun. Die Familie hat auch ein paar Rinder.

Hier sieht man den neunjährigen Chala mit seinen Eltern und mit einer seiner Schwestern.

Besonders stolz ist Mutter Dinkenesch auf den großen Garten. Dort erntet sie Kochbananen, Tomaten, Kohl, Avocados und Papaya. So kann sie ihre Familie gut ernähren. Und natürlich baut Vater Teshome auf seinen Feldern Getreide an. Chala und seine Geschwister helfen bei der Arbeit – aber erst nach der Schule und den Hausaufgaben. Chala hat sich viel für seine Zukunft vorgenommen, auch wenn seine Schule nur aus einem Klassenzimmer besteht. Dort lernen alle Kinder des Dorfes: „Ich möchte einmal Arzt werden und anderen Menschen helfen“, sagt er. Und schreibt eifrig in sein Schulheft.

(Aus: Eva Krafczyk, Chala – ein Junge in Äthiopien träumt vom Arztberuf, in: Trierischer Volksfreund vom 5.10.2007)

Was man über Äthiopien wissen sollte

Äthiopien liegt in Afrika. Das Land hat 80 Millionen Einwohner und damit fast so viele wie Deutschland. Es ist aber dreimal so groß. In der Hauptstadt Addis Abeba gibt es geteerte Straßen, Restaurants und Geschäfte wie in anderen Hauptstädten auch. Trotzdem ist Äthiopien ein sehr armes Land. Es regnet wenig und es gibt oft Dürrekatastrophen und Hungersnöte. Jedes fünfte neugeborene Kind stirbt in seinem ersten Lebensjahr. Von zehn Menschen haben nur zwei Zugang zu sauberem Trinkwasser. Weniger als die Hälfte aller Kinder lernen lesen und schreiben. Blutige Kriege haben in jüngster Vergangenheit die Not der Menschen noch vergrößert. Jetzt gibt es ein gewähltes Parlament und eine Entwicklung hin zur Demokratie.

Beispiel 2: Jaqueline – ein Mädchen aus Ruanda
Warum wäre sie ohne Hilfe verzweifelt?

Jaqueline erzählt:
„Ich wohne in Ruanda. Das ist ein kleines, bergiges Land in Zentralafrika. Vor einigen Jahren gab es hier einen Bürgerkrieg, durch den ich meine Eltern verloren habe. Seitdem bin ich für meine vier jüngeren Geschwister verantwortlich und muss mich um sie kümmern. Ich bin jetzt Vater und Mutter für sie. Wir leben in einer kleinen Hütte aus Lehm und Holz, durch deren Ritzen nachts oft der kalte Wind bläst. Dann müssen wir uns gegenseitig wärmen. Wenn wir krank sind, können wir nicht zum Arzt gehen oder Medikamente kaufen, weil wir kein Geld dafür haben. Morgens stehe ich sehr früh auf, um für meine Geschwister das Frühstück zu kochen. Jeden Tag essen wir Maniok und Bohnen. Im Dorf gibt es zwar eine Wasserstelle. Aber auch dieses Wasser kostet Geld. Deswegen gehe ich täglich zum Fluss und hole das Wasser für uns und unser kleines Feld."
Das kleine Holzfahrrad ist das einzige Spielzeug, das Jaqueline und ihre Geschwister besitzen. Sie sind sehr stolz darauf und passen gut auf, dass es nicht kaputtgeht. Denn sie haben niemanden, der es reparieren kann. Viel Zeit, damit zu spielen, bleibt ihnen jedoch nicht. Sie müssen den kleinen Acker sorgfältig bestellen und pflegen, denn sie leben von dem Obst und Gemüse, das sie dort anbauen. „Wenn es nicht reicht, helfen uns die Nachbarn mit Kartoffeln aus", versichert Jaqueline. Ohne deren Hilfe wäre sie schon oft verzweifelt.
UNICEF heißt das Kinderhilfswerk der Vereinten Nationen. Es versucht, Kindern in aller Welt zu helfen, auch der Kinderfamilie von Jaqueline. Über die Hilfe und ihre Hoffnungen erzählt Jaqueline:
„Mit der Hilfe von UNICEF haben sich viele sogenannte ‚Kinderhaushalte' ohne Eltern zusammengeschlossen, die gemeinsam ein Feld bewirtschaften. Durch diese gegenseitige Hilfe können wir genug Lebensmittel anbauen und vielleicht sogar noch etwas auf dem Markt verkaufen. So wird es uns eines Tages gelingen, ein besseres Leben zu führen."
UNICEF gewährt den Kinderhaushalten außerdem kleine Kredite, mit denen sie beispielsweise Hühnerküken kaufen können.

(Zusammengestellt nach: www.unicef.cobrayouth.de/kinderwelt/ruanda und unicef.de/kids; Stand: November 2007)

Jaqueline mit ihren Geschwistern Speciose (11 Jahre), Josephine (13 Jahre), Cyriaque (1 Jahr), und Sebastian (6 Jahre)

Was man über Ruanda wissen sollte

Ruanda ist eines der kleinsten Länder Afrikas. Die Hauptstadt Kigali ist die einzige große Stadt des Landes. Ansonsten ist das Leben in diesem dicht besiedelten Land dörflich geprägt. In Ruanda gibt es zwei große Bevölkerungsgruppen: Hutus und Tutsis. Zwischen diesen Gruppen kam es in der Vergangenheit zu einem grausamen Bürgerkrieg, dem über 1 Million der 7 Millionen Einwohner zum Opfer fiel. 300 000 Kinder sind seit Kriegsende auf sich alleine gestellt, weil ihre Eltern umgebracht wurden. Viele sind auch an Malaria und an Aids gestorben. Die Wirtschaft Ruandas wurde im Krieg fast völlig zerstört. Ruanda ist jetzt eines der ärmsten Länder der Welt. Seit 2003 gibt es ein gewähltes Parlament mit mehreren Parteien und ein Bemühen um Frieden im Land.

Beispiel 3: Ashipio – ein Junge aus einem Dorf in Bolivien
Worauf ist er besonders stolz?

Ashipio lebt in einem kleinen Dorf im Hochland der Anden. Er stellt sich Kindern in Deutschland in einem Brief vor: „Ich bin ungefähr 11 Jahre alt. Mein genaues Alter kenne ich nicht, denn ich habe keine Geburtsurkunde. In meiner Gemeinde Pachakama gibt es kein Registro-Civil (Einwohnermeldeamt). Mein Vater heißt Christobal Shampiri Lopez. Den Namen meiner Mutter kenne ich nicht. Sie ist gestorben, als ich noch sehr klein war. Ich bin in Pachakama geboren und bis heute lebe ich mit meinem Vater und meinen acht Geschwistern dort. Ich helfe meinem Vater, das Feld zu bestellen und bei der Aussaat. Wir bauen Maniok, Mais, Bananen, Stangenbohnen und vieles andere an. Ich sammle auch Brennholz, damit meine Schwester Tsirapa kochen kann. Außerdem ist es ein guter Schutz vor der Kälte, denn bei uns im Hochland kann es nachts sehr kalt werden.
Ich gehe mit meinem Vater zusammen auf die Jagd. So lerne ich, ein guter Jäger zu werden, damit es meiner Familie nie an Fleisch mangelt, wenn ich groß bin. Ich kann mir schon meinen eigenen Pfeil und Bogen bauen. Damit jage ich Rebhühner und eine Vielzahl von Vögeln. In Mondnächten gehe ich auf die Jagd von Nachttieren. Geduldig warte ich in meiner Hütte. Ich weiß, in welchem Moment sich ein Tier der Hütte nähert. [...] Dann komme ich und schieße meinen Pfeil ab.
Ich sammle auch gerne Früchte auf dem Berg. Meine Lieblingsfrucht ist Meronki. Es ist eine Art Traube. Sie ist rot und wenn sie reif ist, hat sie außenherum eine weiche Schale und innen herbes Fruchtfleisch. [...]

Ashipio vor seiner Hütte, in der er mit seinem Vater und weiteren acht Geschwistern lebt.

Wenn ich krank bin, heilt mich mein Vater mit medizinischen Pflanzen, die er vom Berg holt. [...]
Mein Lieblingsspiel ist Chotari, was Volleyball ähnelt. Man kann es alleine, zu zweit oder zu mehreren spielen. Der Chotari-Ball wird aus reifen und trockenen Maisblättern hergestellt und mit Vogeldaunen gefüllt."

(Aus: KRATZ, terre des hommes, Ausgabe Oktober 2002, S. 6; der Brief wurde übersetzt von Adelheid Knäble de Revollo)

Was man über Bolivien wissen sollte

Bolivien ist fast dreimal so groß wie Deutschland, hat aber zehnmal weniger Einwohner. Die Hauptstadt Sucre zählt zu den schönsten Städten in Südamerika.
In Bolivien gibt es sehr wenige reiche und sehr viele arme Menschen. Das ist einer der Gründe dafür, warum so viele Kinder arbeiten müssen. Jedes fünfte Kind verlässt die Schule bereits vor dem fünften Schuljahr. Der Grund: Die Kinder müssen arbeiten, um ihre Familien zu unterstützen. Ein großer Teil der Kinder arbeitet unter unmenschlichen, oft sogar sklavenähnlichen Bedingungen in Bergwerken und in Werkstätten, obwohl ausbeuterische Kinderarbeit per Gesetz verboten ist.

Beispiel 4: Rokeya – ein Mädchen aus Bangladesh
Wann fangen ihre Augen zu leuchten an?

Sobald Rokeya ihren Hammer in die Hand nimmt, erlischt etwas in ihr. So, als schalte sie all ihre Gefühle ab. Als hocke sie gar nicht wirklich hier, auf diesem Steinhaufen im Westen von Bangladeshs Hauptstadt Dhaka. Mechanisch lässt Rokeya den Hammer auf einen Ziegelstein niedersausen. Tock! Tock! Immer wieder, bis nur noch spitze Brocken übrig sind, Baumaterial für neue Häuser. Dann der nächste Stein. Tock! Es ist brütend heiß, Staub kratzt in Augen, Nase, Hals. „Ich arbeite fast jeden Tag hier, acht, neun Stunden“, sagt Rokeya. Am Abend wird sie Blasen an den Fingern haben, steife Beine, rote Augen, Durst. Ihr Boss wird ihr 20 oder 30 Taka in die Hand drücken, umgerechnet weniger als 50 Euro-Cent. Danach muss sie noch den ganzen weiten Weg nach Hause laufen. Dabei ist sie erst elf Jahre alt.

An manchen Tagen zertrümmert Rokeya (vorn) neun Stunden lang Ziegelsteine aus Abbruchhäusern in kleine Stücke. Seit über zwei Jahren muss die Elfjährige so Geld verdienen.

Harter Alltag

Rokeya wohnt mit Mutter, Bruder und Schwester in einem winzigen Zimmer; darin stehen ein Bett, ein paar Regale und ein Stuhl. Gekocht wird in einer Gemeinschaftsküche für vier Familien. Deshalb hilft Rokeya ihr, wann immer sie kann, im Haushalt. Zeit zum Spielen mit ihrer Freundin bleibt nur selten. Rokeyas Mutter Jhorna sieht so erschöpft aus, als habe sie seit Jahren nicht genug gegessen und geschlafen. „Ich musste früh heiraten und konnte nie zur Schule gehen“, sagt sie und: „Die Kinder müssen mitarbeiten. Sonst schaffen wir es nicht.“

Lernen für eine bessere Zukunft

Sobald Rokeya Stift und Heft zur Hand nimmt, fangen ihre Augen an zu leuchten. Konzentriert sitzt sie mit 22 Mitschülern im Klassenzimmer und notiert, was der Lehrer an die Tafel schreibt. „Wer kann diese englischen Wörter aussprechen?“, fragt er. Cow!, Moon!, Horse!, Umbrella!, rufen die Kinder stolz im Chor. Kuh, Mond, Pferd, Schirm. Rokeya strahlt. Hier ist ihre zweite, ihre bessere Welt. „Ich komme fast jeden Morgen vor der Arbeit in die UNICEF-Schule, seit über einem Jahr“, sagt sie. „Ich will lernen!“ Die Schule, die Rokeya besucht, wurde vom Kinderhilfswerk UNICEF eingerichtet. Hier lernen Zehn- bis 14-jährige Kinder neben ihren Jobs täglich drei Stunden kostenlos Lesen und Schreiben. Einige belegen außerdem Berufskurse, etwa in Nähen und Tischlern.

(Nach: Kirsten Bertrand, Ich will aus meinem Leben etwas machen, GEOlino, Heft Nr. 12/2006)

Was man über Bangladesh wissen sollte

Bangladesh ist ein Land in Asien. Es ist das am dichtesten besiedelte Land der Erde. In den Wäldern leben noch seltene Tiere, wie zum Beispiel der Königstiger und der Malaienbär. Der Fluss Ganges bildet hier ein riesiges Delta, bevor er ins Meer mündet. Die Menschen leiden oft unter Hochwasserkatastrophen, bei denen es viele Todesopfer gibt.
Rokeya ist eines von schätzungsweise acht Millionen Kindern in Bangladesh, die arbeiten müssen. Das Land gehört zu den ärmsten der Welt. Mehr als die Hälfte der 140 Millionen Einwohner lebt in bitterer Armut, ohne Bildung. Das Land ist kaum in der Lage, die vielen Menschen zu ernähren. Nicht einmal die Hälfte der Kinder hat die Möglichkeit, eine Schule zu besuchen.

Kinderarbeit

1. Suche alle Zahlen aus diesem Text heraus und erkläre ihre Bedeutung.

2. Warum müssen so viele Kinder schwere Arbeit leisten?

3. Kinderarbeit: schädlich oder nicht?
a) Welche Ansichten zu dieser Frage schildert der Text?
b) Welcher Ansicht bist du?

Arbeit muss nicht schädlich sein

Wahrscheinlich hast du auch schon gearbeitet; zum Beispiel, indem du deinen Eltern bei der Hausarbeit geholfen hast. Vielleicht hast du sogar Verpflichtungen, die du regelmäßig zu erledigen hast und die du als Arbeit empfindest. Die meisten Experten aus den Kinderschutzorganisationen vertreten die Ansicht, dass es nicht schädlich sein muss, wenn ein Kind arbeitet. Im Gegenteil: Man lernt dabei, etwas zu leisten und anderen zu helfen. Auch lohnt es sich manchmal, sein Taschengeld durch kleinere Arbeiten aufzubessern.

Schädliche Kinderarbeit

Schädlich ist Kinderarbeit, wenn sie die geistige und körperliche Gesundheit von Kindern zerstört, wenn die Kinder ausgebeutet werden und wenn die betroffenen Kinder keine Chance haben, eine Schule zu besuchen.
Weltweit muss jedes sechste Kind arbeiten, um sein eigenes und das Leben seiner Familie zu sichern. Das sind 246 Millionen. Davon sind 73 Millionen unter zehn Jahren alt. Das sind nahezu so viele, wie es Menschen insgesamt in Deutschland gibt (82 Millionen). Nicht wenige der arbeitenden Kinder sind sogar erst fünf oder sechs Jahre alt.
In vielen Ländern müssen Kinder wie Sklaven schuften. Für winzige Löhne arbeiten sie auf Feldern, Kaffeeplantagen, in Bergwerken, dunklen Teppichwerkstätten und als Straßenverkäufer – manchmal zwischen zehn und vierzehn Stunden am Tag.
Am häufigsten gibt es schädliche Kinderarbeit in den armen Ländern dieser Erde, die auch als Entwicklungsländer bezeichnet werden. Auch in Deutschland und in anderen eher reichen Ländern gibt es schädliche Kinderarbeit, allerdings viel weniger häufig.

Maßnahmen zum Schutz der Kinder

Fast überall auf der Welt ist schädliche Kinderarbeit per Gesetz verboten und dennoch gibt es sie. Der Grund ist meist die blanke Not. Die Kinder arbeiten, weil ihre Familien sonst nicht überleben können. Entweder verdienen die Eltern zu wenig Geld oder sie haben überhaupt keine Arbeit oder die Kinder sind auf sich alleine gestellt und müssen selbst dafür sorgen, dass sie überleben können.
Auch da, wo Kinderarbeit verboten ist, drücken die Behörden oft beide Augen zu, weil sie keine Hilfsmöglichkeiten sehen oder sehen wollen.
Wichtige Organisationen haben sich zum Ziel gesetzt, Schritte gegen schädliche Kinderarbeit zu unternehmen. Dazu gehören zum Beispiel das Weltkinderhilfswerk der Vereinten Nationen mit dem Namen UNICEF, die Kinderhilfsorganisationen *terre des hommes* und die *Kindernothilfe*, die Kirchen mit den Aktionen von *Misereor* und *Brot für die Welt*. Sie – und viele andere – arbeiten daran, den notleidenden Kindern eine Chance zu bieten und sind dabei auf die Unterstützung von uns allen angewiesen.
In Deutschland ist Kinderarbeit bis zum Alter von 14 Jahren per Gesetz verboten. Allerdings enthält das Jugendarbeitsschutzgesetz zu diesem Verbot einige Ausnahmen. Tätigkeiten wie zum Beispiel das Austragen von Zeitungen sind ab 13 für zwei Stunden am Tag erlaubt. Ab 6 Jahren dürfen Kinder bei Theateraufführungen, in Filmen und im Fernsehen auftreten.

Yae Win Tun, 13, aus Birma in Asien leistet täglich Schwerstarbeit und verdient weniger als einen Dollar pro Tag.

Wann ist Kinderarbeit in Ordnung, wann nicht? Wir diskutieren und treffen Entscheidungen

„Kinder sollen zur Schule gehen und in ihrer Freizeit spielen. Kinderarbeit sollte generell verboten sein."
Diese Meinung wird von vielen Menschen vertreten. Schaut man sich die Situation etwas genauer an, so stellt man fest, dass ein generelles Verbot von Kinderarbeit neue große Probleme mit sich bringen kann. Viele arbeitende Kinder, nicht nur in den Entwicklungsländern, sind durchaus stolz auf ihre Arbeit. Viele Familien überall auf der Welt sind auf die Mitarbeit ihrer Kinder angewiesen, um zu überleben. Andererseits besteht weitgehend Einigung darüber, dass es schädlich für die Entwicklung eines Kindes ist, wenn es zu dauerhafter Arbeit gezwungen wird, nicht zur Schule geht und dadurch in seiner Entwicklung behindert wird.
Kinderarbeit erlauben oder verbieten? Das könnt ihr hier an einzelnen Fällen entscheiden.

- Trefft für alle Beispiele eine Entscheidung: Soll die Arbeit erlaubt bleiben oder verboten werden?
- Stellt eure Entscheidungen vor der Klasse vor und begründet sie.
- Macht für alle Fälle per Handzeichen in der Klasse eine Abstimmung.

Tipp: Wenn ihr euch nicht eindeutig für oder gegen ein Verbot entscheiden könnt, überlegt, ob den Kindern anders zu helfen ist.

A Sandra ist 13 Jahre alt und besucht eine Realschule in Berlin. Zweimal in der Woche trägt sie nachmittags für zwei bis drei Stunden Zeitungen aus. 25 Euro verdient Sandra so durchschnittlich pro Woche. Das verdiente Geld spart sie, um sich ein Saxophon kaufen zu können.

B Markus ist 14 und geht nach der Schule nie direkt nach Hause. Er jobbt täglich bis zu fünf Stunden in einem Baumarkt, wo er Bretter aufschichtet, schwere Kisten stapelt usw. Das Geld benutzt er, um sich teure Klamotten zu kaufen. Manchmal gibt er zu Hause etwas ab. Seine Eltern sind seit knapp einem Jahr arbeitslos.

C Die elfjährige Maite lebt in Managua, der Hauptstadt Nicaraguas. Ihre Mutter betreibt dort einen kleinen Marktstand mit Schuhen und Pantoffeln, an dem Maite regelmäßig hilft. Sie hilft gerne, aber die Arbeit dauert ihr oft zu lange, nämlich bis zu acht Stunden am Tag. Maite hat noch sechs Geschwister. Drei davon und sie gehen in die Schule. Mit ihrer Mutter zusammen verdient Maite das monatliche Schulgeld für alle und darauf ist sie stolz. Sie wäre aber froh, wenn die Regierung das Schulgeld abschaffen würde.

D Südindien. In den Hallen der vielen Fabriken, die Zündhölzer herstellen, ist es stickig und über vierzig Grad. Kinder zwischen fünf und 14 Jahren, meistens Mädchen, kleben Zündholzschachteln und tränken Hölzer in heißem Wachs und Schwefel. Nichts schützt sie vor dem Gestank und den giftigen Dämpfen. Viele Kinder werden schon in jungen Jahren krank und sterben früh. Bis zu 12 Stunden am Tag müssen sie arbeiten, sieben Tage in der Woche. Ab vier Uhr morgens werden sie aus entfernt gelegenen Dörfern in die Stadt transportiert.

E Mindestens neun Stunden zwischen Juli und Oktober müssen die Kinder armer Eltern in den ägyptischen Dörfern im Nildelta durcharbeiten. Sie ernten Jasminblüten, die nur nachts geerntet werden, weil dann die Duftessenz besser haltbar ist. Die Kinder arbeiten ohne Pausen. Sie frieren und sind vom Tau der Pflanzen völlig durchnässt. Ihre kleinen Hände pflücken tausende und abertausende winziger Blüten. Wenn sie einmal zu langsam sind, schreit der Aufseher sie an oder er schlägt sie. Ihm kommt es auf Tempo an, denn er bekommt den zehnten Teil vom Verkauf der Blüten.

Trainingsplatz

Wir erstellen eine Liste über nicht schädliche und schädliche Kinderarbeit

Mit Unterstützung von UNICEF wurde eine Übersicht angelegt, die folgendermaßen aufgebaut ist:

Nicht jede Arbeit schadet Kindern.	
Arbeit ist in Ordnung, wenn …	Arbeit ist schädlich, wenn …
•	•
•	•
•	•

Die genannten Gründe sind hier noch nicht richtig zugeordnet. Diese Arbeit sollt ihr übernehmen.
Legt eine fertige Übersicht an. (Das geht alleine und am besten zu zweit.)

Arbeit ist in Ordnung, wenn …	Arbeit ist schädlich, wenn …
… die Kinder nicht zu jung dafür sind.	
… die Kinder ausgenutzt werden.	
… die Kinder jederzeit Pause machen können.	
… die Kinder von der Familie getrennt werden.	
… die Kinder deshalb nicht in die Schule gehen können.	
… die Kinder trotzdem spielen und lernen können.	
… der Lohn angemessen ist.	
… die Tätigkeit gefährlich ist.	
… die Kinder dafür zu jung sind.	
… die Tätigkeit nicht die Gesundheit gefährdet.	
… nicht genug Pausen eingeplant sind.	
… die Kinder fair behandelt werden und sich beschweren können, wenn dies nicht der Fall ist.	
… die Kinder genug Freizeit haben.	
… die Jobs schlecht bezahlt sind.	

Die komplette Aufstellung findet ihr in dem Buch „Kinder dieser Welt“, das in Zusammenarbeit mit UNICEF im Dorling-Kindersley Verlag erschienen ist (2002, S. 77). Das Buch enthält viele Bilder und Informationen über Kinder in aller Welt Schaut auch im Internet unter www.unicef.de nach.

2 Kannst du dich in die Lage eines Straßenkindes in einer großen Stadt in Südamerika versetzen?

Wir verfassen eine Theaterszene

Stell dir einmal vor ...

Dein Name ist Pancho. Als du 10 Jahre alt warst, hast du mit deinen Eltern und den vier jüngeren Geschwistern in einem Dorf im Hochland von Peru gelebt. Das Leben im Dorf war schön.

Deine Eltern sind Bauern. Sie pflanzen Kartoffeln und Bohnen an. Du, deine Mutter und die Geschwister weben Ponchos aus der Wolle eurer beiden Lamas. Für ein wenig Geld werden die

Ponchos an einen Händler verkauft. Doch dann werden in dem kleinen Dorfladen alle Waren, zum Beispiel Zucker, Salz oder Seife, immer teurer. Gleichzeitig zahlt der Händler für die gewebten Ponchos immer weniger Geld.

Die Mahlzeiten werden kärglich. Die Familie muss Schulden machen, um zu überleben.
Eines Tages kommt der Schuldeneintreiber. Da deine Eltern die Schulden nicht zurückzahlen können, nimmt er die beiden Lamas mit und vertreibt euch vom Hof.
Nun bist du allein in der großen Stadt Cusco in Peru. Du suchst Arbeit, weil du deine Familie unterstützen musst. Seitdem dein Vater euch verlassen hat, um Arbeit in den Goldminen am Amazonas zu suchen, habt ihr nichts mehr von ihm gehört. Nachts schläfst du auf der Straße, weil du dir eine Fahrt mit dem Bus in die Vorstadt, wo deine Mutter und die Geschwister in einer Wellblechhütte wohnen, nicht leisten kannst.
Jetzt sitzt du auf den Steinstufen am Marktplatz im Stadtzentrum, wo es viele ausländische Touristen gibt. Du besitzt ein paar Soles (peruanisches Geld), die du von den Touristen erbettelt hast. Davon könntest du eine Dose Schuhcreme kaufen.

1. Beschreibe, wie du dich fühlen würdest und was in deinem Kopf vorginge.

2. Notiere, was du tun würdest.

Und so geht die Geschichte weiter ...

Panchos Versuch, als Schuhputzer zu arbeiten, endet kläglich. „Das hier ist unser Revier!“, sagen ihm zwei Jungen mit drohender Stimme. Es wird Abend ...

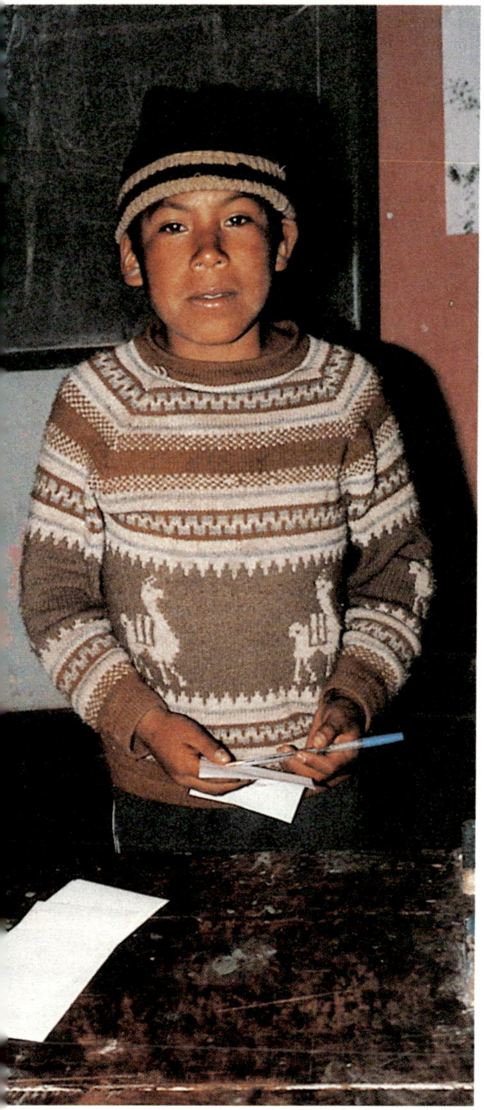

Auf dem Foto könnt ihr Pancho sehen. Es gibt ihn wirklich. So wie ihm ergeht es Tausenden von Kindern auf der Welt.

Ist Pancho ein Dieb?

Um das, was Pancho vorhatte, in die Tat umzusetzen, musste er noch etwas warten. Am Abend würde die günstigste Zeit sein. Da war es dunkel und viele Touristen schlenderten über den Platz. Etwas aufgeregt war Pancho schon ...
Dann war es so weit. In den Häusern rings um den großen Platz gingen die Lichter an. Die Straßen bevölkerten sich. Pancho hielt sich in der Nähe eines Restaurants auf. Da sah er einen Mann und eine Frau langsam die Straße herunterkommen. Die Frau hatte ein braunes Ledertäschchen an ihrer rechten Schulter hängen. Die beiden blieben vor einem Restaurant stehen und studierten die Speisekarte. Jetzt, dachte Pancho. Oder besser nicht? Aber wie sollte er sonst etwas zu essen für seine Geschwister kaufen? Hatte er überhaupt eine Wahl? Pancho gab sich einen Stoß. Dann ging alles ganz schnell. Er sprang von hinten auf die Frau zu und riss ihr die Tasche von der Schulter. Die Frau fuhr herum und stieß einen hohen Schrei aus. Pancho zerrte am Riemen der Tasche. Doch die Frau hielt ihn fest. Der Mann machte einen Satz auf ihn zu. Dann spürte Pancho, wie sich eine Hand fest auf seinen Arm legte. Er zappelte und versuchte, um sich zu schlagen und zu treten. Doch es half nicht.
„Was ist hier los?“ Die Stimme stammte von einem Polizisten, der in den Kreis getreten war. Aufgeregt berichtete der Mann von dem Vorfall. „Der war es!“, zischte er und schüttelte Pancho.
Der Polizist sah Pancho verächtlich an. „Wieder so eine kleine Ratte. Jetzt komm schon mit! Ab ins Gefängnis. Da sitzen schon eine Reihe von deiner Sorte.“

Wer ist Julia?

Es war stockfinster, als sich die Tür hinter Pancho schloss. Er hörte noch, wie sich die Schritte des Polizisten entfernten. Dann war alles ganz still.
„Wer bist du?“, fragt nach einiger Zeit eine Stimme neben ihm. „Ich heiße Pancho. Und du?“ „Manuel. Weswegen bist du hier?“ „Seitdem mein Vater fort ist, muss ich Geld verdienen“, sagte Pancho nach einigem Zögern. „Aber ich kann keine Arbeit finden. Da habe ich versucht, den Touristen etwas abzunehmen.“ „So oder ähnlich geht's den meisten, die hier sind“, antwortete Manuel mit einer ausladenden Handbewegung. Nun konnte Pancho verschiedene Kinder erkennen, die in Decken gehüllt auf dem Boden lagen.
„Und wie lange sperren sie einen hier ein?“, wollte Pancho wissen.
„Ist unterschiedlich. Aber ich hoffe, dass Julia mich schnell wieder herausholt.“
„Wer ist Julia?“ Pancho war neugierig geworden.
„Julia ist eben Julia. Hast du noch nie etwas von den kleinen Menschen gehört?“
Pancho schüttelte mit dem Kopf.
Manuels Stimme bekam nun einen gewichtigen Ton. „Also, wir sind alles Kinder. Etwa so alt wie du und ich. Wir können Postkarten und anderes günstig verkaufen. Was, das entscheiden wir selbst. Aber das Wichtigste habe ich noch nicht erzählt. Wir haben ein Haus. Da sind Spiele, Farben und Sachen zum Basteln. Und diejenigen, die abends nicht nach Hause können, schlafen dort auch. Und Julia hilft uns. Sie ist eben immer für uns da.“
Pancho fielen die Augen zu. Dann träumte er von Julia und dem Haus für kleine Menschen. Er wollte dazugehören ...

Pancho hat Glück

Manuel und Pancho werden am nächsten Morgen geweckt, als der schwere Riegel an der Tür der Gefängniszelle aufgeschoben wird. Begleitet von zwei Polizisten tritt eine etwa vierzigjährige Frau mit kurzen, schwarzen Haaren in die Zelle. Es ist Julia. Sie ist die gute Seele des Hauses der kleinen Menschen, denn sie hilft den Kindern, wo sie nur kann. Julia schafft es, die beiden Polizisten zu überreden, Manuel und Pancho freizulassen. Sie nimmt die beiden mit in das Haus der kleinen Menschen. In einer Versammlung, in der die Kinder selbst beschließen, was sie tun wollen, wird entschieden, dass Pancho in das Haus der kleinen Menschen aufgenommen wird.

Das ist die Gruppe der kleinen Menschen. Sie sind zwischen fünf und 14 Jahre alt. Die meisten von ihnen sind Jungen. Das Foto haben sie auf einem Ausflug in die Berge gemacht.
Sie haben ihr Schicksal selbst in die Hand genommen. An ausländische Touristen verkaufen sie Postkarten und Bastelarbeiten, die sie in ihrem eigenen Haus herstellen können. Sie essen und trinken gemeinsam und diejenigen, die abends nicht mehr nach Hause können, haben im Haus der kleinen Menschen einen Platz zum Schlafen.

Welcher Meinung bist du?

A „Ich finde es toll, dass Pancho in das Haus der kleinen Menschen aufgenommen wird."

B „Es wäre besser, wenn Pancho bei seinen Eltern leben könnte."

C „Es müsste noch viel mehr solcher Häuser für Kinder geben."

D „Man sollte die Eltern der Kinder unterstützen, damit diese Häuser nicht nötig sind."

Ihr könnt eine oder mehrere Meinungen auswählen und den Mitschülern vorstellen.
Bildet eine Redekette. Wer dran war, nimmt die Nächste oder den Nächsten dran.

Panchos Geschichte könnt ihr in mehreren Theaterszenen nachspielen. Bildet dazu sechs Gruppen. Jede Szene wird von zwei Gruppen vorbereitet und vorgeführt.

1. Panchos Leben im Dorf und die Vertreibung
2. Panchos misslungener Diebstahl
3. Im Gefängnis und Rettung durch Julia

Eine weitere Gruppe kann versuchen, einen Tag im Haus der kleinen Menschen darzustellen. Dazu findet ihr auf der folgenden Seite mehrere Fotos. Beschreibt genau, was zu sehen ist, und stellt dann einen Tagesablauf im Spiel dar.

(Die Geschichte Panchos wurde von Hans-Martin Große-Oetringhaus aufgeschrieben und von Monika Huber fotografiert. Herausgegeben ist sie von terre des hommes Deutschland e. V., Postfach 4126, 49031 Osnabrück. terre des hommes hat sich zur Aufgabe gemacht, mithilfe von Spenden Kindern zu helfen. Für weitere Informationen könnt ihr euch an diese Adresse wenden.)

Wie verläuft ein Tag im Haus der kleinen Menschen in Cusco?

1

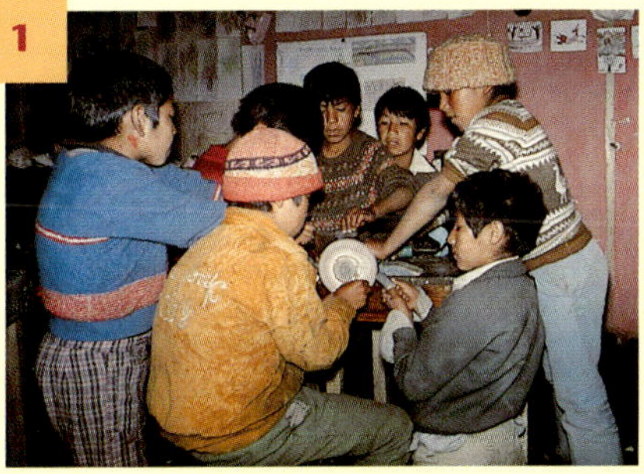

An jedem Nachmittag füllt sich das Haus der kleinen Menschen. Die Kinder erzählen sich, was sie am Tag erlebt haben. Sie holen die Postkarten ab, die sie abends in den Straßen verkaufen werden. Heute hat Juan die Kartenausgabe übernommen.

2

Jetzt zahlen die Kinder einen Teil des am Vortag verdienten Geldes auf ein Sparbuch ein. Dazu haben sie ein eigenes „Büro“. Rechnen lernen die Kinder schnell, weil es für sie lebenswichtig ist.

3

Von einem Teil des verdienten Geldes haben die Kinder Milch und Brot gekauft. Gemeinsam essen und trinken sie. Dann halten sie ihre Versammlung ab. Sie beraten, ob Pancho in ihre Gemeinschaft aufgenommen werden kann. Einige sind dagegen, weil Pancho versucht hat zu stehlen. Doch sie werden ihn aufnehmen.

4

Pancho fühlt sich wohl im Haus der kleinen Menschen. Hier zeichnet er alte Inka-Muster, die er auf einem gemeinsamen Ausflug in die Berge gesehen hat. Er will daraus ein Memory-Spiel zum Verkaufen anfertigen.

5

Die anderen Kinder sind begeistert von Panchos Idee. Sie basteln nun gemeinsam die Memory-Spielteile. Sie versprechen, sich immer gegenseitig helfen zu wollen. Eine Lehre auch für uns?

Was man tun muss, um in einer Gruppe eine Theaterszene vorzubereiten:

- Wir lesen das Material noch einmal aufmerksam durch.
- Wir schreiben auf, welche Rollen dargestellt werden.
- Wir verteilen die Rollen.
- Wir schreiben den Ablauf der Szene auf ein Blatt.
- Wir proben.
- Wir besprechen, was wir noch besser machen können.
- Wir überlegen, was wir für die Aufführung brauchen.

Straßenkinder auf der Welt: Fakten und Hintergründe

Wenn ihr die Materialien auf dieser Doppelseite durcharbeitet, werdet ihr feststellen, dass Panchos Schicksal kein Einzelfall ist. Was kann man tun, um Straßenkindern zu helfen? Über diese Frage könnt ihr nach dem Lesen miteinander sprechen.

Ein weltweites Problem

La Paz, Südamerika: Mehr als 30 000 Kinder, so schätzt die Kinderhilfsorganisation UNICEF, leben in den Straßen von La Paz, der Hauptstadt Boliviens. Die meisten haben kein Zuhause, keine Familie und keinen Schutz. Auf der Straße zu leben, das heißt auf Müllhalden schlafen, ständig auf der Flucht vor der Polizei und Gewaltverbrechen zu sein.

Straßenkind in Südamerika …

… und in Afrika …

Nairobi, Afrika: In Kenias Hauptstadt Nairobi leben etwa 60 000 Kinder auf der Straße. Sie schlagen sich mit Gelegenheitsjobs, Betteln und Stehlen durch, sie sind meist unterernährt, leiden an Krankheiten oder sind drogenabhängig. Einige von ihnen sind Waisen, die ihre Eltern durch Aids verloren haben. Viele Kinder sind aber von zu Hause weggelaufen, weil sie dort misshandelt oder vernachlässigt wurden.

Neu Delhi, Asien: 400 Züge kommen jeden Tag in der Hauptstadt Indiens Neu Delhi an. Sie bringen täglich rund 50 neue Kinder in die Stadt, die ab jetzt ohne Eltern auf den Bürgersteigen der Riesenstadt leben werden. Die Gründe für die Flucht der Kinder sind oft die Not der Eltern und Streit in den Familien.

Berlin, Europa: Auch in Deutschland und anderen großen Städten Europas gibt es sie, wenn auch viel seltener. In einem Bericht über Straßenkinder in Deutschland stellt die Hilfsorganisation „terre des hommes" einen Jungen namens Jan vor, der von zu Hause weggelaufen ist. Zuerst lebte er in Köln, dann zog er weiter nach Berlin. Jan schläft nachts in Parks. Alle acht Wochen ruft er mal zu Hause an. Jan ist ein Junge von geschätzten 20 000 Straßenkindern in Deutschland. 9 000 von ihnen werden in städtischen Notunterkünften betreut.

Verfolgt und getötet

Sie betteln, um satt zu werden. Sie schlafen auf Gehsteigen oder in großen Pappkartons. Weil sie manchmal stehlen, um überleben zu können, werden sie oft von örtlichen Geschäftsleuten und Ladenbesitzern als Ärgernis angesehen. Sie werden verachtet, verjagt und nicht selten sogar brutal ermordet. Unter ihnen sind auch Drei- bis Zehnjährige, die von ihren Eltern verlassen wurden.

… und in Indien, Asien

Nur Schätzungen über die Zahlen

Nach Schätzungen leben weltweit zwischen 33 und 100 Millionen Kinder auf der Straße. Die Schätzungen gehen so weit auseinander, weil es sehr schwierig ist, genau zu ermitteln, wer ein Straßenkind ist und wer nicht. Viele von ihnen werden als „Kinder auf der Straße“ bezeichnet. Das heißt, dass sie sich den ganzen Tag auf Bahnhöfen und Plätzen aufhalten – meist, um als Verkäufer oder Schuhputzer Geld zu verdienen. In gewisser Regelmäßigkeit kehren diese Kinder gelegentlich zu ihren Familien zurück. Davon zu unterscheiden ist die kleinere Gruppe der „Kinder von der Straße“. Das sind die ärmsten Kinder, weil sie überhaupt kein Zuhause haben und ständig auf der Straße leben.

Die Straße als Ausweg

In den meisten Staaten, in denen die Zahl der Straßenkinder ansteigt, fehlt den Regierungen das Geld für gute Schulen und für Hilfsmaßnahmen für die Familien. Die Länder befinden sich in wirtschaftlichen Schwierigkeiten. Es herrscht hohe Arbeitslosigkeit. Die große Mehrheit der Bevölkerung ist arm. Für die Familien gibt es meist keine Versicherungen für den Fall, dass jemand krank wird, seine Arbeit verliert, einen Unfall hat oder stirbt. So gerät eine Familie sehr schnell in eine Notsituation. Viele ziehen dann vom Land in die Stadt, weil sie hoffen, dort eine Arbeit zu finden. Sie landen dann fast immer in den Elendsquartieren. In ihrer Not beginnen viele Menschen zu trinken. Ehemänner lassen die Familien im Stich, es herrscht Gewalt und neugeborene Kinder sind oft nicht erwünscht. Die Flucht aus der Familie erscheint vielen Kindern als der einzige Ausweg aus dieser traurigen Situation.

Straßenkinder brauchen Hilfe

In vielen Ländern der Welt führt UNICEF Hilfsprogramme für Straßenkinder durch. Alle Projekte haben ein Ziel gemeinsam: Lebensräume zu schaffen, wo die Kinder zu essen bekommen und medizinische Betreuung erhalten, wo sie Schutz und Geborgenheit finden und wo ihnen eine Schulbildung oder Berufsausbildung geboten wird. Wichtig ist auch die internationale Kinderhilfsorganisation „terre des hommes“. Die Kirchen und zahlreiche private Organisationen leisten ebenso wertvolle Hilfe in Form von konkreten Projekten. Alle Organisationen sind auf Spendengelder und andere Formen der Unterstützung aus der Bevölkerung angewiesen.

Straßenkind für einen Tag

Jährlich veranstaltet „terre des hommes“ einen Aktionstag für Straßenkinder in aller Welt. Schülerinnen und Schüler schlüpfen für einen Tag in die Rolle von Straßenkindern. Sie putzen z. B. Schuhe, verkaufen Bastelarbeiten und sammeln Spenden. Wenn ihr dabei mitmachen wollt, erhaltet ihr alle notwendigen Informationen dazu im Internet unter www.tdh.de.

Schülerinnen und Schüler putzen Schuhe und sammeln Spenden

1. Straßenkinder: Wo gibt es sie? Wie viele gibt es? Warum leben sie auf der Straße? Wer hilft? Was können wir tun? Mithilfe dieser W-Fragen könnt ihr den Text zusammenfassen und eine Wandzeitung gestalten.
2. Ein Geschäftsinhaber in einer südamerikanischen Stadt sagte in einem Interview: „Straßenkinder sind wie Ungeziefer in den Städten, das vernichtet werden muss.“ Was würdet ihr diesem Menschen antworten? Schreibt eure Antworten auf, lest sie euch gegenseitig vor und wählt die überzeugendsten aus.

3 Kinder engagieren sich für Kinderrechte

Wir sammeln Projektideen

Wer kennt nicht den Hip-Hop-Star Thomas D. von den Fantastischen Vier! Aneke, Meike, Tobias, Niels, Yannik, Eva und Johannes vom Kinderrechtsteam „Sonnenkinder" werden dagegen nur wenige kennen. Aber alle haben etwas miteinander zu tun. Die sieben entwarfen nämlich einen Rap-Text zu den Kinderrechten und faxten ihn an Thomas D. Wenig später trafen sie sich mit ihm und ihrem Lied zum ersten Mal zum Rappen. Das war ein hartes Stück Arbeit. Texte wurden im Sprechgesang geübt, verworfen, neu gedichtet, wieder verändert, bis man den richtigen Flow gefunden hatte. Dann wurde geübt, wochenlang, bis der Song saß. Die Sonnenkinder waren ganz schön aufgeregt. „Aber keine Panik", beruhigte sie Thomas D. „Hauptsache, ihr habt euren Text drauf, der Gesang kommt dann von ganz alleine aus euch raus, wenn wir das gemeinsam proben." Und sie probten, sangen und zeichneten den Song auf. Es wurde ein Video-Clip der besonderen Art, ein Clip über die Rechte der Kinder: pfiffig, ansteckend, mitreißend. Und das möchte der Song erreichen: zum Engagement für Kinderrechte ermuntern.

KINDERRECHTE-RAP

Setzt euch für die Kinderrechte ein.
Lasst uns Kinder damit nicht allein!
Viele Kids auf dieser Welt sind arm,
macht mit und schlagt Alarm!

Damit jeder rechnen und schreiben kann,
gilt das Recht auf Bildung für jedermann.
Wissen macht groß und bist du auch klein,
dann wirst du niemals ein Straßenkind sein.

Es ist egal, woher du kommst, ganz egal, wer du bist,
weil jeder tief im Innern wie der andere ist.
Wir geben Bescheid, denn alles, was zählt,
ist Gerechtigkeit für alle Kinder dieser Welt.

Arbeiten müsst ihr auf gar keinen Fall!
Wer euch ausbeutet, hat echt 'n Knall!
Vielen Kindern geht es wirklich schlecht,
doch aus diesem Grund gibt's das Kinderrecht.

Für alle diese Rechte setzen wir uns ein,
niemand ist dafür zu groß oder zu klein!
Selbst Kinder können was für Kinder machen,
nämlich Spenden sammeln und andre Sachen!

Setzt euch für die Kinderrechte ein.
Lasst uns Kinder damit nicht allein!
Viele Kids auf dieser Welt sind arm,
macht mit und schlagt Alarm!

(Aus: Hans-Martin Große-Oetringhaus, Macht mit und schlagt Alarm, in: Engelmann, Flechtner (Hrsg.): Kinder ohne Kindheit, Patmos Verlag 2006, S. 187f.)

Brauchen Kinder überhaupt eigene Rechte?

Kinder sind etwas Besonderes. Denn Kinder sind schwächer als Erwachsene. Verletzlicher. Stärker auf Schutz und Fürsorge angewiesen. Man kann ihnen leichter verweigern, was ihnen zusteht. Kinder machen auch Erfahrungen, an die sich Erwachsene nicht mehr erinnern können oder wollen, zum Beispiel, dass sie als unvernünftige, halbfertige Wesen behandelt werden, deren Meinungen nicht zählen und denen man nichts zutraut. Deshalb war es ein großer Fortschritt, als die UNO in New York 1989 das Abkommen über die Rechte des Kindes beschloss. Dieses Abkommen ist ein weltweit gültiges Grundgesetz, in dem festgelegt ist, worauf Kinder einen Anspruch haben und wovor sie unbedingt geschützt werden müssen – nicht nur in den reichen Ländern, sondern überall auf der Erde. 54 Artikel mit den Rechten der Kinder zählt die Konvention auf. Was gehört alles dazu? Rechts eine kleine Aufzählung. Sie ist nicht vollständig.

Alle Staaten dieser Erde, bis auf die USA und Somalia, haben das Abkommen über die Kinderrechte unterschrieben. Damit verpflichten sie sich, diese Rechte in ihren Ländern durchzusetzen. Allerdings kann niemand sie dazu zwingen. Trotzdem sind die Kinderrechte mehr als nur schöne Worte. Sie setzen nämlich neue Maßstäbe für die Behandlung von Kindern.

(Aus: Sabine Christiansen und Janosch (Hrsg.), Gibt es hitzefrei In Afrika? So leben die Kinder dieser Welt, Heyne Verlag, München 2006, S. 154 ff.)

Kinder haben das Recht,

- mitzuentscheiden. Das heißt, dass Kinder ihre Gedanken frei äußern dürfen, dass sie bei allem, was sie direkt angeht, gefragt werden sollen und dass ihre Meinung beachtet werden muss – zu Hause genauso wie in der Schule oder auf Ämtern und Behörden.
- zur Schule zu gehen.
- bei Krankheit medizinisch versorgt zu werden.
- die eigene Sprache zu sprechen, die eigene Kultur zu pflegen und die eigene Religion auszuüben, wenn Kinder einer Minderheit angehören.
- auf Information durch Radio, Fernsehen und Zeitungen.
- auf Privatleben. Das heißt zum Beispiel, dass kein Erwachsener ohne ihre Erlaubnis die Briefe oder Tagebücher von Kindern lesen darf.
- auf Schutz vor Ausbeutung und jeder Art von Arbeit, die die Gesundheit gefährdet.

1. Schaut euch den Rap-Text genau an. Welche Aussagen darin findet ihr besonders gut? ■ **Tipp:** Wie wäre es, wenn ihr den Rap auswendig lernt oder einen eigenen Text verfasst?
2. Eine Konvention ist eine vertragliche Vereinbarung. Stellt zusammen, was ihr hier über die Kinderrechtskonvention der Vereinten Nationen erfahren habt.
3. „Kinder haben Rechte" – Gestaltet zu diesem Thema eine Seite in eurem Arbeitsheft (oder ein Plakat zum Aufhängen).

Ideen gibt es wie Sand am Meer

Zusammen mit dem Bundesministerium für wirtschaftliche Zusammenarbeit verleiht UNICEF jedes Jahr den Junior-Botschafter-Preis. Ausgezeichnet werden Aktionen, in denen sich Kinder und Jugendliche beispielhaft für die Rechte gleichaltriger Kinder überall in der Welt starkmachen. Von Jahr zu Jahr wird die Beteiligung von Schülerinnen und Schülern aus allen Bundesländern und allen Schularten daran größer. Hier werden einige der Preisträger aus dem Jahr 2007 vorgestellt.

Wähle die Aktion aus, bei der du am liebsten mitgemacht hättest.

A Mit ihrer Schminkaktion „1 000 Gesichter für Afrika – Wir geben Kindersoldaten ein Gesicht" machten die drei Gewinnerinnen des Wettbewerbs auf das Schicksal der Kriegskinder im Kongo aufmerksam. Ricarda (14), Stefanie (14) und Maïté (15) sammelten außerdem über 360 Euro an Spenden. Die Jury begeisterte vor allem die Originalität und die Kreativität der Aktion.

B Einen Preis erhielten auch neun Jungen im Alter zwischen zwölf und 14 Jahren mit ihrer Aktion „Heimkids für Straßenkids". Die Schüler der Waldhausschule im baden-württembergischen Malsch verkauften „Anti-AIDS-Muffins" zugunsten von HIV-positiven Straßenkindern in der Ukraine, stellten eine Wanderausstellung zusammen und starteten eine Unterschriftensammlung gegen AIDS.

C Marlen Lorenz (10) und Lea Rieke (9) aus Hannover erreichten mit ihrer selbstgestalteten Zeitung „Kinder in Not" den vierten Platz. In vier Ausgaben berichteten sie über Kinderrechte, Afrika, Armut und Wassermangel.

D Den Junior-Botschafter-Preis bekam auch Janika Müller aus dem nordrhein-westfälischen Siegen mit ihren „Händen gegen Kinderarbeit". Die 15-Jährige bastelte kleine Hände aus Knete, die sie gegen eine Spende zugunsten von Hilfsprojekten verkaufte.

E Ein Preis ging an die „Power-Girls" vom TSV Ramstein (Rheinland-Pfalz), die mit selbstgemachten Laternen, Plakaten und Flugblättern Spenden für ein Projekt gegen Malaria sammelten.

Aktion Schülersolidarität

Solidarität bedeutet, dass man aus einem Zusammengehörigkeitsgefühl zu anderen Menschen heraus handelt. Sie zeigt sich in Hilfsbereitschaft und im Bestreben, anderen zu helfen. Die Aktion Schülersolidarität ermuntert Schülerinnen und Schüler, solidarisch zu handeln und Hilfsbereitschaft zu zeigen gegenüber benachteiligten Kindern überall auf der Welt – also auch im eigenen Land und in der eigenen Umgebung. Sie wird von der Kinderhilfsorganisation „terre des hommes" betreut und von den Vereinten Nationen und UNICEF unterstützt. „Hilfe für Kinder in Not" – das ist das Motto, unter dem die Aktion Schülersolidarität steht. Hier ein Ausschnitt aus der Broschüre:

Ideen wie Sand am Meer

Aber was kann man denn machen? Gibt's Ideen? Wie Sand am Meer! Zum nachmachen. Zum anders machen. Zum besser machen. Zum Beispiel Rappen und Straßenmusik, Marathon-Tanzen und Sponsoren-Rallye, Theater spielen und Solidaritätsfußballspiel, Video- oder Diaabend, Ausstellungen oder Essen wie in Indien, Imbiss am Elternabend und Schulgottesdienst, Flohmarkt und Konzert, Schuhputzaktion oder Straßentheater in der Fußgängerzone. Oder einen Tag arbeiten und Geld für ein Projekt verdienen. In Betrieben. Dinge, die erledigt werden müssen, gibt es immer. Zum Beispiel Fenster putzen, Keller entrümpeln, Rasen mähen, Garten umgraben, Stall ausmisten, Türen streichen, babysitten. Es gibt eine Menge Ideen.

KinderrechtsTeams

Die KinderrechtsTeams von „terre des hommes" setzen sich weltweit für die Rechte der Kinder ein. Kinder und Jugendliche bilden in ihrem Freundeskreis Teams, entwickeln fantasievolle Aktionen und führen sie eigenverantwortlich durch. [...]
Um auf Kinderrechtsverletzungen aufmerksam zu machen, schlüpfen KinderrechtsTeams zum Beispiel in die Rolle von Straßenkindern, führen Theaterszenen über verkaufte Kinder auf, machen Info-Aktionen in der Fußgängerzone ihrer Stadt, demonstrieren oder sammeln Spenden für Projekte. [...]
Ein KinderrechtsTeam gründen kann jeder, der sich gegen Kinderrechtsverletzungen einsetzen möchte.

(Aus: Hans-Martin Große-Oetringhaus, Aktion Schülersolidarität, hrsg. von terre des hommes, S. 41 und 45, ohne Jahrgang)

Unter folgenden Internetadressen erhaltet ihr alle notwendigen Informationen über den Junior-Botschafter-Preis von UNICEF, über die Aktion Schülersolidarität und über KinderrechtsTeams:

- www.juniorbotschafter.de
- www.kinderrechtsteams.de
- www.unicef.de
- www.tdh.de/kidsaktiv
- www.tdh.de/schuelersolidaritaet

70 indische Straßenkinder beschließen zu helfen

Weihnachten 2004 richtete eine Flutwelle im indischen Ozean unermessliche Zerstörungen an. Indische Straßenkinder sammelten für die Flutopfer.

Naina lebt auf den Straßen von Neu Delhi. Die Elfjährige sammelt Müll; jeden Tag von früh bis spät durchstreift sie ihr Viertel nach allem, was sie für ein paar Rupien verkaufen kann. In der indischen Hauptstadt gibt es unzählige Kinder wie Naina. Als die Flutwelle Südindien verwüstete, sahen auch sie die Bilder der Zerstörung. „Im Fernsehen zeigten sie all die Kinder, die überlebt hatten und nun völlig allein waren", erzählt Naina. „Die meisten von uns wohnen auf dem Bürgersteig. Wir wussten, was diese Kinder durchmachen, die ihre Häuser und ihre Familien verloren hatten, und wir spürten, dass wir helfen müssen."
70 Straßenkinder beschlossen, einen Teil ihres Tagesverdienstes zu spenden. Zusätzlich richteten sie ein kleines Kulturfest aus, auf dem sie Geld sammelten. Insgesamt kamen über 2000 Rupien zusammen, etwa 35 Euro. [...] „Wenn wir ihnen jetzt helfen, da sie unsere Hilfe brauchen, werden sie uns eines Tages helfen, wenn wir sie brauchen", ist sich Naina sicher.

(Athanasios Melissis, „Wir spürten, wir müssen helfen", in: terre des hommes, die Zeitung, 3/2005)

1. Was können wir von Naina und ihren Freunden lernen?
2. Welche der genannten Hilfsaktionen und Projektvorschläge haltet ihr für nachahmenswert?
3. Notiert, was man unter Solidarität versteht und warum sie wichtig ist.

Globales Lernen

1. Warum kann niemand ernsthaft behaupten, von Not und Elend in der Welt nichts zu wissen?
2. Notiere, was man unter globalem Lernen und unter Globalisierung versteht.
3. Trifft es zu oder nicht, dass Kinder sich für die Schicksale anderer Kinder interessieren und hilfsbereit sind? Formuliere dazu eine eigene Meinung.

Mehr Information, mehr Verantwortung

Wer heute Fernsehen schaut und Zeitungen liest, kann sehen, was in der Welt geschieht. Wer die richtigen Internetadressen verwendet, kann sich sofort und umfassend informieren über Schicksale von Kindern überall auf der Welt, über ihre Armut und ihre Not, über alles, worunter Kinder leiden und über Maßnahmen, mit denen Kindern und ihren Eltern geholfen werden kann. Nie zuvor waren die Informationsmöglichkeiten so groß und so umfassend wie sie es heute sind. Heute kann niemand mehr die Augen verschließen und sagen, er wüsste nichts vom Elend in dieser Welt und es ginge ihn auch nichts an. Kinder wollen wissen, was los ist. Sie interessieren sich für die Schicksale anderer Kinder überall in der Welt. Fremde Not lässt sie nicht gleichgültig und sie sind bereit, etwas zu tun. Der Beweis dafür sind die vielen Beispiele guter Taten, die Kinder und Jugendliche hier und in anderen Ländern bereits erbracht haben.

Globales Lernen als Gebot der Zeit

Wir sehen heute, dass die großen Probleme weltweit bestehen und weltweit gelöst werden müssen: Dazu zählen der Kampf gegen die weltweite Armut, für Verbesserung der Kinder- und Menschenrechte, gegen Krieg und Terrorismus, für den Schutz der Umwelt.
Globales Lernen ist das Gebot der Zeit. Drei Dinge gehören im Kern dazu: Man muss sich informieren. Man muss sich darin üben, Verantwortung für sich und andere zu übernehmen, und man muss bereit sein, einen eigenen Beitrag zu leisten, damit die Welt ein bisschen besser wird.
Globales Lernen beginnt immer in der eigenen Umgebung. Wer Verantwortung spürt, macht nicht mit bei Mobbing-Aktionen und lacht andere nicht aus, die sich keine Kleidung nach der immer neuesten Mode leisten können.

Leben im Zeitalter der Globalisierung

Wir leben heute im Zeitalter der Globalisierung. In diesem Begriff steckt das Adjektiv global. Es bedeutet weltumspannend. Gemeint ist damit, dass im Zeitalter der Globalisierung die Welt immer mehr zusammenwächst und dass wir begreifen, dass viele Dinge, die an ganz verschiedenen Stellen auf der Welt passieren, miteinander vernetzt sind.
Der Apfel, in den man in Deutschland beißt, kann in Neuseeland geerntet worden sein. Das Spielzeug, das du an Weihnachten auspackst, wurde wahrscheinlich von Arbeiterinnen in China produziert. Die Globalisierung umfasst die Medien, die Wirtschaft und den Handel, unsere Lebensweise und die gesamte Kultur. Wer global lernt, hat die besten Chancen, gut auf die Anforderungen in der globalisierten Welt vorbereitet zu sein.

Besonders anschaulich weist diese Zeichnung darauf hin, wie die Probleme in der globalisierten Welt miteinander vernetzt sind. Was können ein in Deutschland beschenktes Kind, ein Teddybär und das Mädchen Mei Ling miteinander zu tun haben?

Ein Projekt planen

Thema: Kinder in aller Welt

A Projekt, was ist das?

Im Projektunterricht läuft Schule einmal ganz anders. Man nimmt sich einen ganzen Tag (oder mehrere Tage) für ein Vorhaben Zeit. Es werden verschiedene Projektthemen angeboten und die Schülerinnen und Schüler haben die Möglichkeit, sich für die Mitarbeit in einem Projekt zu entscheiden. Am Ende der Arbeit steht oft eine Projektpräsentation, zum Beispiel im Rahmen eines Schulfestes oder eines „Tages der offenen Tür", zu der Eltern und andere interessierte Personen eingeladen werden.
Wichtig ist, dass man gute Ideen für sinnvolle Projekte entwickelt. Wie wäre es daher, wenn eure Klasse interessante Vorschläge für ein Projekt „Kinder in aller Welt" überlegen würde?

B Was könnt ihr tun?

- Ihr könnt eine Theaterszene einstudieren und am Projekttag aufführen, zum Beispiel die Geschichte von Pancho und den kleinen Menschen.
- Ihr könnt eine Ausstellung über die Situation von Kindern in den armen Ländern vorbereiten und dazu Plakate anfertigen. Plakate und Wandzeitungen können über das Ausmaß der Kinderarbeit in der Welt informieren, über die Situation von Straßenkindern und über andere Themen und Probleme, mit denen ihr euch im Unterricht beschäftigt habt, zum Beispiel: Wie wird man ein Straßenkind? Wie viele Straßenkinder gibt es auf der Welt? Wie kann Straßenkindern geholfen werden? und anderes mehr.
- Bei den Hilfsorganisationen könnt ihr euch zu euren Themengebieten weitere Materialien besorgen und dazu das Internet benutzen. Am Präsentationstag könnt ihr eine Sammlung veranstalten und das eingenommene Geld einer Hilfsorganisation spenden, die damit etwas Sinnvolles für Kinder in unterentwickelten Ländern finanziert. Dazu könnt ihr auch selbstgemalte Postkarten oder Bastelarbeiten herstellen und verkaufen, kochen oder backen wie in anderen Ländern, einen Flohmarkt veranstalten und vieles andere mehr.
- Wenn ihr euch die Vorschläge auf den vergangenen Seiten noch einmal anschaut, fallen euch bestimmt noch weitere Projektideen ein.

C An welche Regeln muss man sich im Projektunterricht halten?

Ein Projekt kann nur gelingen, wenn jeder Einzelne bereit ist, Verantwortung zu übernehmen. Wenn eine Schülerin oder ein Schüler oder eine Gruppe die Aufgabe übernommen hat, ein Ausstellungsplakat zum Thema Kinderarbeit herzustellen, so müssen sich die anderen absolut darauf verlassen können, dass diese Aufgabe zum vereinbarten Zeitpunkt erledigt ist. Vor Beginn des Projekts sollten sich Lehrer und Schüler über die Regeln verständigen.

Memorystationen

Kinder in aller Welt

Station 1 Kinderarbeit weltweit

Hier könnt ihr euch gegenseitig helfen, um die Aufgabe zu lösen.

Chala – Äthiopien – Injera – Arzt

Lösung: Chala ist ein neunjähriger Junge aus Äthiopien. Er lernt in der Schule seines Dorfes, weil er einmal Arzt werden will. Das Fladenbrot Injera wird von Chalas Mutter gebacken. Es ist das Grundnahrungsmittel der Familie.

Jaqueline – Ruanda – Maniok – kleines Feld

Lösung: ???

Bolivien – Ashipio – Jäger – Meronki

Lösung: ???

Tock! Tock! – Bangladesh – Schule – Rokeya

Lösung: ???

Station 2 Straßenkinder

Notiere die Sätze richtig zusammengefügt in dein Heft.

1. Weil Straßenkinder manchmal stehlen, um überleben zu können, …
2. Nach Schätzungen leben weltweit …
3. In den meisten Städten, in denen die Zahl der Straßenkinder ansteigt, …
4. Hilfsprojekte für Straßenkinder haben das Ziel, …

A. … Schutz zu bieten und für Schul- und Berufsausbildung zu sorgen.
B. … werden sie verachtet, verjagt, verfolgt und manchmal getötet.
C. … zwischen 33 und 100 Millionen Kinder auf der Straße.
D. … fehlt den Regierungen das Geld für gute Schulen und Kinderbetreuung.

Station 3 Kinderrechte und Projekte

Vervollständige diese Übersicht.

drei wichtige Kinderrechte sind:

drei gute Ideen für Projekte sind:

drei Merkmale globalen Lernens sind:

Glossar

Ein GLOSSAR ist eine Sammlung wichtiger Grundbegriffe. Es enthält kurze Begriffserklärungen, damit jeder die Begriffe verstehen und anwenden kann.

„Leider" sind hier die Begriffe noch nicht den Erklärungen zugeordnet. Ihr könnt helfen, indem ihr zu den Begriffen die jeweils passende Erklärung sucht. Ihr könnt so ein Glossar für dieses Buch in eurem Heft erstellen. Das kann man sich als langfristige Hausaufgabe vorstellen, zum Beispiel: „Ich notiere mir jede Woche zwei Begriffe und zwei Erklärungen und schaffe alles bis zu einem vereinbarten Termin."

Bürgermeister/Bürgermeisterin

Demokratie

Entwicklungsländer

Familie

Gesetze

Internet

Kinderrechte

Kommunalpolitik

Kompromiss

Konflikt

Manipulation

Massenmedien

Mobbing

Politik

Recycling

Schülervertretung

Staat

Steuern

Umweltschutz

Wirtschaft

1 Darunter versteht man die aufgeschriebenen Regeln, an die die Menschen in einem Staat sich halten müssen. Dazu zählen zum Beispiel die Regeln, die im Straßenverkehr gelten, und das Verbot, gegenüber anderen Menschen Gewalt anzuwenden. Damit die Regeln eingehalten werden, gibt es Strafen für die Nichtbeachtung. Sie werden von den gewählten Parlamenten verabschiedet und im Konfliktfall von den unabhängigen Gerichten angewendet.

2 Man kann es sich wie ein riesiges Spinnennetz vorstellen. Die einzelnen Verbindungspunkte sind die Computer. Die Fäden dazwischen sind die Leitungen, die alle Computer miteinander verbinden. Insgesamt ist mit diesem Begriff das weltweit größte Netz von Computern gemeint, die alle miteinander vernetzt sind. Wer sich einen Computer zulegt, hat automatisch Zugang zum weltweiten Netz und kann weltweit Informationen aussenden und Informationen empfangen.

3 In dieser Form werden oft Entscheidungen getroffen zwischen Menschen und Gruppen, die miteinander zu tun haben, aber unterschiedlicher Meinung sind: also zwischen Lehrern und Schülern über das Maß der Hausaufgaben, zwischen Vertretern verschiedener Parteien in der Politik. Das lateinische Wort bedeutet „Ausgleich" und „Übereinkunft" und gilt dann, wenn alle Interessen berücksichtigt sind, als eine faire und demokratische Art der Entscheidung.

4 Dieses Ziel ist eine der wichtigsten Aufgaben für die Menschheit. Gemeint sind damit alle Maßnahmen, die dem Schutz des Bodens, des Wassers und der Luft dienen. Der Staat arbeitet an dieser Aufgabe, indem er schützende Gesetze beschließt. Fabriken müssen darauf achten, dass kein Dreck, keine Abgase und keine verschmutzten Abwässer in die Umwelt gelangen. Familien und einzelne Personen können ebenfalls ihren Beitrag dazu leisten, dass dieses wichtige Ziel erreicht wird.

Bürgermeister/Bürgermeisterin

Demokratie

Entwicklungsländer

Familie

Gesetze

Internet

Kinderrechte

Kommunalpolitik

Kompromiss

Konflikt

Manipulation

Massenmedien

Mobbing

Politik

Recycling

Schülervertretung

Staat

Steuern

Umweltschutz

Wirtschaft

5 Sie ist die erste und die wichtigste Gruppe, in die ein Mensch hineingeboren wird. Niemand kann sie sich aussuchen. Ihre Form kann sehr unterschiedlich sein. Oft verstehen wir darunter eine Gemeinschaft, die aus Eltern und einem oder mehreren Kindern besteht. Sie kann aber auch aus einer alleinerziehenden Mutter oder einem Vater und den Kindern bestehen. In anderen Ländern sieht die Form dieser Gruppe oft ganz anders aus.

6 Sie oder er ist Leiterin bzw. Leiter einer Gemeinde, ob haupt- oder ehrenamtlich hängt von der Größe der Gemeinde ab. Sie führen den Vorsitz in den Gemeinde- und Stadträten. Ihre Rechte und Pflichten sind in den Gemeindeordnungen geregelt, die von Bundesland zu Bundesland unterschiedlich sind.

7 Durch sie wirken die Schüler an der Gestaltung des Schullebens mit. Sie hat die Aufgabe, die Interessen der Schüler zu vertreten. Sie besteht aus den gewählten Sprecherinnen und Sprechern der Klassen- und Jahrgangsstufen und dem Schülersprecher (plus Stellvertreter). Die zentrale Einrichtung zur Wahrnehmung der Mitwirkungsrechte ist der Schülerrat.

8 Presse, Rundfunk und Fernsehen gehören dazu sowie die als „Neue Medien" bezeichneten Computer, die in einem Netzwerk miteinander verbunden sind (zum Beispiel Internet). Sie sind allesamt technische Verbreitungsmittel, mit denen man eine unbegrenzte Zahl von Menschen gleichzeitig erreichen kann. Sie prägen und verändern das Leben der meisten Menschen in den modernen Gesellschaften. Sie gelten als unverzichtbar und hilfreich, manchmal auch als gefährdend.

9 Mit diesem Sammelbegriff bezeichnet man die Summe der Länder auf der Welt, die als arm gelten. Fast acht von zehn Menschen auf der Erde leben in einem solchen Land. Einige Merkmale der Armut sind: Unterernährung, fehlende medizinische Versorgung, wenig Bildung für die Kinder, krasse Gegensätze zwischen Arm und Reich.

10 Darunter versteht man die Beeinflussung von Menschen, ohne dass diese merken, dass sie in ihrem Denken, Fühlen und Verhalten in eine bestimmte Richtung gelenkt werden. In der Bilderwelt moderner Massenmedien spielt dieser Begriff eine wichtige Rolle.

11 Hinter diesem Begriff versteckt sich eine besondere Form von Gewalt, die leider auch häufig in der Schule vorkommt. Die Gewalt zeigt sich in andauernden feindseligen Handlungen, denen die Opfer oft schuldlos ausgeliefert sind.

Bürgermeister/Bürgermeisterin

Demokratie

Entwicklungsländer

Familie

Gesetze

Internet

Kinderrechte

Kommunalpolitik

Kompromiss

Konflikt

Manipulation

Massenmedien

Mobbing

Politik

Recycling

Schülervertretung

Staat

Steuern

Umweltschutz

Wirtschaft

12 Dazu gehören alle Betriebe und Versorgungseinrichtungen, die uns mit den Dingen versorgen, die wir zum Leben benötigen. Sie hat die Aufgabe, unseren Bedarf an Gütern (zum Beispiel an Nahrungsmitteln, Kleidung, Autos, Computern usw.) und die Dienstleistungen (zum Beispiel ärztliche Versorgung, Kinder-, Jugend- und Altenpflege usw.) zu decken. Auch das Geld und die Banken spielen in diesem System eine zentrale Rolle. Das Geld ist das Tauschmittel, mit dem wir uns die benötigten Dinge kaufen können. Der Begriff bezeichnet ein System und eine Tätigkeit, die nahezu jeder Mensch ausüben muss durch Arbeit, Planung und Einteilung seiner Mittel.

13 Hierin steckt das griechische Wort „Polis", das man sinngemäß mit „Gemeinschaft" übersetzen kann. Heute verstehen wir darunter alle die Aufgaben und Zukunftsprobleme, die gelöst werden müssen, damit die Menschen im Staat friedlich, frei und in Sicherheit miteinander leben können. Sie wird von Parteien, Bürgerinitiativen, Interessenverbänden und engagierten Personen (auch von Jugendlichen) gemacht. Die Vorstellungen und Interessen über die Lösung von Zukunftsaufgaben sind zwischen den beteiligten Menschen bzw. Gruppen oft sehr verschieden.

14 Das Wort bedeutet „Zusammenstoß". Es bezeichnet eine Auseinandersetzung, die entsteht, wenn Menschen oder Gruppen aufeinandertreffen, die unterschiedliche Interessen vertreten. Die streitenden Parteien versuchen dann, mit Argumenten und mit Macht den Streit siegreich zu beenden. Oft gelten diese Auseinandersetzungen als unvermeidlich, zum Beispiel, wenn alljährlich die Arbeitgeber und Arbeitnehmer in den Tarifverhandlungen über die Höhe der Löhne streiten. In der Demokratie gilt ein Streit, der auf Meinungsunterschieden oder Interessengegensätzen beruht, nicht als schlecht. Wichtig ist, dass man lernt, fair zu streiten und Gewalt auf alle Fälle zu vermeiden.

15 Wörtlich übersetzt heißt das aus der griechischen Sprache stammende Wort „Herrschaft des Volkes". Für unsere moderne Zeit bedeutet das Wort, dass alle Herrschaft im Staat vom Volk ausgeht. Das Volk wählt seine Vertreter in die Gemeinderäte, die Landtage und den Bundestag. Der wichtigste Wert dieser Staatsform ist, dass die Menschen frei sind und gleiche Rechte haben.

16 Man versteht darunter die Rechte, die den Kindern unabhängig von ihrer Herkunft, ihrem Geschlecht oder ihrem Glauben weltweit zustehen müssen. Im Jahr 1989 wurden diese Rechte in einer Erklärung der Vereinten Nationen in New York in 54 Artikeln aufgeschrieben und verkündet.

Bürgermeister/Bürgermeisterin

Demokratie

Entwicklungsländer

Familie

Gesetze

Internet

Kinderrechte

Kommunalpolitik

Kompromiss

Konflikt

Manipulation

Massenmedien

Mobbing

Politik

Recycling

Schülervertretung

Staat

Steuern

Umweltschutz

Wirtschaft

17 Oft sagen die Erwachsenen, dass wir alle das sind. Wörtlich übersetzen kann man das Wort aus dem frühen Mittelalter mit „Lebensweise". Man versteht darunter die Organisation, die die Menschen in der Gesellschaft, zum Beispiel in Deutschland oder in Frankreich, sich gegeben haben, damit sie gerecht und friedlich miteinander leben können. Wer sich nicht an Gesetz und Recht hält, wird in seinem Auftrag bestraft. Er fordert von den Menschen, dass sie einen nicht unerheblichen Teil ihres Einkommens in Form von Steuern und Abgaben an ihn abtreten. Er verteilt dieses Geld dann wieder, zum Beispiel an Familien in Form von Kindergeld. Er gibt es aus zum Bau von Straßen, Schienen, Flugplätzen, Krankenhäusern, Schulen und für vieles mehr. Manchmal schimpfen die Leute auf ihn, weil er Geld für die Erfüllung seiner Aufgaben verlangt.

18 Darunter versteht man die Abgaben, die die Bürger an den Staat zahlen müssen. Wer sie nicht bezahlt, macht sich strafbar. Mit diesem Geld bestreitet der Staat sein Aufgaben. Diese Abgaben werden fällig, wenn man Lohn erhält, wenn man eine Erbschaft macht, wenn man Benzin tankt, wenn man etwas einkauft, wenn man in einem Restaurant etwas isst und bei vielen anderen Gelegenheiten noch. Viele schimpfen über diese Abgaben, aber alle wissen auch, dass ohne sie der Staat nicht funktionieren kann.

19 Das ist die Politik, die in den Gemeinden gemacht wird, also in den Stadt- und Landgemeinden. Kommunal heißt „die Gemeinde betreffend", eine Kommune ist eine Gemeinde. Alle wahlberechtigten Bürgerinnen und Bürger können mitbestimmen, was politisch in ihrer Gemeinde geschieht, zum Beispiel, indem sie an den Wahlen zur Gemeindeverwaltung teilnehmen oder sich als Kandidat aufstellen lassen. Kinder und Jugendliche haben auch Mitwirkungsmöglichkeiten – zum Beispiel durch Kinder- und Jugendparlamente.

20 Der Begriff aus der englischen Sprache spielt im Umweltschutz und hier speziell in der Müllentsorgung eine wichtige Rolle. Man versteht darunter die Wiederverwendung von Abfällen, entweder indem man Dinge mehrfach benutzt wie zum Beispiel Pfandflaschen oder indem man die im Müll enthaltenen wertvollen Stoffe herauslöst und zur Herstellung neuer Produkte verwendet.

Wenn ihr das Glossar bearbeitet habt, könnt ihr in Partnerarbeit folgende Übung machen. Eine(r) von euch beiden nimmt das Buch und fragt nach der Erklärung eines Begriffs. Der Partner versucht, die Frage zu beantworten. Der Schüler mit dem Buch hört gut zu, lobt bei richtiger Beantwortung und ergänzt fehlende Informationen mithilfe des Textes. Dann nimmt der andere das Buch und erfragt einen Begriff. So geht es weiter, bis alle Begriffe erfragt sind.

Register

Bildquellenverzeichnis

© A1PIX/SAY: 187 u. – © G.M.B. Akash: 194 m.u., 198 – © argus/Maier: 149 u. – Atelier Wilinski, Mainz: 136 – David Ausserhofer/JOKER: 5 o., 152 – Bavaria Bildagentur, Gauting: 4 u., 130 – © Foto Begsteier KEG/fotobegst: 57 (G) – Foto: Hans D. Beyer: 161 – © Stadt Bielefeld und Kidsville Redaktionsbüro: 75 (alle), 76 – Stadt Bonn: 81 – Martin Brockhoff: 57 (H) – Aus: Bundesvereinigung Lebenshilfe (Hrsg.): Gemeinsam kommen wir weiter: Die Lebenshilfe auf dem Weg in die Zukunft; Ein Wegweiser für alle in der Bundesvereinigung Lebenshilfe für Menschen mit geistiger Behinderung. 1. Aufl. Marburg, 2005/Foto: Hans D. Beyer: 160 – © CARO/Claudia Hechtenberg: 141 – Carl Bantzer Schule: 3 m., 30 – Das Fotoarchiv/Jochen Tack: 149 m. – © Das Rollinetzwerk, www.rollinetzwerk.de: 166 (alle) – Deutsches Down-Syndrom InfoCenter: 173 r. – Dorling Kindersley: 201 – © dpa-Sportreport: 112 – dpa, Frankfurt: 189 l. – Foto: Duerr/terre des hommes: 193 o. – Dominique Ecken/Keystone: 4 2.v.o., 88 – Stadt Essen: 81 – © Wolfgang Filser: 102 l. – aus: Geo „Bildung", Heft 9, September 2006, S. 143ff., Verlag Gruner und Jahr: 19 (alle) – © Ralf Gerard/JOKER: 57 (F) – © Karl-Heinz Hick/JOKER: 159 u.r. – Stefan Husch/TERZ: 39 – Foto: Jesuitenmission: 192 o.r. – © Liesa Johannssen/photothek.net: 149 o. – Enno Kapitza: 3 u., 48, 57 (I) – © Marcus Kaufhold: 63 – © Keystone/DiAgentur: 57 (B) – © www.kinderrathaus.de: 69 – © Thomas Koehler/photothek.net: 74 o. – Foto: M. Korte: 191 u. – Christel Kovermann/terre des hommes: 207 – Foto: Stefan Kresin: 172 – Sven Kubala/terre des hommes: 194 m.o., 197 – © Martin Leissl/VISUM: 4 o., 68 – Mainbild/Nils-Johan Norenlind – TIOFOTO: 91 (2) – Stadt Meschede: 81 – Thomas Meyer/action press: 190 – Foto: Norbert Millauer/ddp: 38 – Aus: Birgit Neiser, Max macht Mäuse, mit Illustrationen von Ralf Butschkow, moses Verlag 2000, S. 14, 18, 27: 96 (alle), 97 – © National Coalition: 214 – net-design Sabine Holz, Jülich: 71 – © Margret Nußbaum: 70 – © OKAPIA: 57 (D) – Stadt Paderborn: 81 – © by H & B Pressebild Pfeifer: 5 m., 174 – © picture-alliance: 91 (6) – © picture-alliance/chromorange: 23 u., 94 o. – © picture-alliance/dpa: 4 2.v.u., 18, 65, 77, 91 (3, 5, 7, 8, 9), 110, 114, 119, 120, 124, 127, 144/145 (alle), 147, 159 o.r.+l.+u.l., 163, 168, 173 l., 178, 179, 187 o., 192 o.l.+u.l.+r., 194 l., 195, 199, 206 (alle) – © picture-alliance/dpa Grafik: 128 – © picture-alliance/Helga Lade GmbH, Germany: 23 o. – © picture-alliance/scanpix: 36 – © picture-alliance/Sven Simon: 154 l. – © picture-alliance/ZB: 91 (1), 115, 125, 182 (alle) – © picture-alliance/KPA: 189 r. – © plainpicture/ Fiets, B.: 57 (A) – Presseagentur Becker & Bredel: 138 – Aus: „Spielverderber. Das Geschäft mit dem Kinderspielzeug", RETAP-Verlag, Bonn 2002: 212 – Robert Perthel-Haus, Köln: 62 (alle) – © Norbert Schaefer: 57 (E) – © Schapowalow/Montag: 57 (C) – Wolfgang Schwarz: 164, 165 – © Steffen/stern/PICTURE PRESS: 117 – terre des hommes, Osnabrück: 203, 204, 205 (alle) – Jan Tomaschoff/CCC, www.c5.net: 157 – © Tomicek/LBS: 151 o.r. – TONY STONE/Penny Gentieu: 59 – Foto: Trierischer Volksfreund: 51 – © ullstein bild/Lüttgen: 180 – Foto: UNICEF/Michael Klaus: 194 r., 196 – Foto: UNICEF/Hyou Vielz: 210 (alle) – © vario-press/Bernhard Classen: 102 r. – VCL/Bavaria: 61 – Verlagsarchiv Schöningh/Susanne Baumann: 106 – Verlagsarchiv Schöningh/Franz-Josef Domke: 103, 144/145 (Grafik) – Verlagsarchiv Schöningh/ Gemm: 74 r. – Verlagsarchiv Schöningh/Wolfgang Mattes: 13 (alle), 14, 35, 176 – Verlagsarchiv Schöningh/Andreas Müller: 3 o., 10, 22, 24, 25, 56, 132/133 (alle), 134, 151 o.l. – Verlagsarchiv Schöningh/Günter Schlottmann, Paderborn: 20, 55 (alle), 74 l., 80, 91 (4), 98, 104, 105 (alle), 106, 113, 135, 137 (alle), 171 o.r.+u.l.+r. – Verlagsarchiv Schöningh/Andrea Temme: 100 (alle) – Verlagsarchiv Schöningh/Michael Vogdt: 64, 118, 155, 170, 171 o.l. – Illustration von Joachim Knappe aus: WAS IST WAS Wirtschaft spezial, S. 24: 99 – Petra Welzel: 126 – Wikipedia: 94 u. – © Christian Wurm: 162 – weitere: Verlagsarchiv Schöningh

Sollte trotz aller Bemühungen um korrekte Urheberangaben ein Irrtum unterlaufen sein, bitten wir darum, sich mit dem Verlag in Verbindung zu setzen, damit wir eventuell notwendige Korrekturen vornehmen können.

Lösungen zu den Memorystationen

1. Meine Klasse und ich S. 29

Station 1: Regeln zum Verhalten können sein: ruhig auf den Platz setzen, Schulbuch und Arbeitsheft auf den Tisch legen, auf den Lehrer warten. Regeln für das Verhalten gegenüber Klassenkameraden: keine Gewalt zufügen, sich nicht über andere lustig machen, nichts kaputt machen, was anderen gehört. Regeln für die Gesprächsführung im Unterricht: sich melden, bevor man etwas sagt, zuhören, wenn andere reden, keine abfälligen Bemerkungen.

Station 2: Lernteufel: Man findet es uncool, sich anzustrengen, Aufgaben werden nicht notiert, man lässt sich ablenken, findet seine Sachen nie, arbeitet schlampig, fängt zu spät an; Mittel zu ihrer Vertreibung: Anstrengung, Aufgaben immer ins Aufgabenheft notieren, Konzentration auf die Arbeit, sauber arbeiten, frühzeitig mit dem Lernen beginnen. Regeln für eine gute Heftführung: sauberer Umschlag, Heft ordentlich mit gut lesbarer Schrift führen, zu beantwortende Fragen immer mit notieren, Eintragungen mit Datum versehen, Zusatzmaterialien einarbeiten.

Station 3: Eine Gewinner-Gewinner-Lösung ist, wenn alle mit der Streitlösung zufrieden sind und mit einem guten Gefühl auseinandergehen. Eine Gewinner-Verlierer-Lösung ist, wenn es Sieger und Besiegte gibt und einer den gesamten Schaden hat. Eine Verlierer-Verlierer-Lösung ist, wenn dadurch eine Freundschaft zerbricht und alle Streitenden geschädigt werden.

2. Leben in der Schulgemeinschaft S. 47

Station 1: (1) Der Klassensprecher vertritt die Interessen der Klasse, informiert die Klasse über wichtige Angelegenheiten der SV, führt die Beschlüsse der Klasse aus, bereitet die SV-Stunde vor. (2) Klassensprecher- und Stellvertreterwahl, Wahl des Schülersprechers durch den Schülerrat oder durch die gesamte Schülerschaft.
(3) Weil nur das Volk bestimmen darf, wer für eine bestimmte Zeit entscheiden darf, was gemacht wird und was nicht, weil jede und jeder das Recht hat, an der Entscheidung mitzuwirken, kann das nur durch eine Wahl geschehen. (4) Herrschaft des Volkes (griechisch: demos kratein).

Station 2: (1) Ein Recht ist eine garantierte Freiheit. (2) Nie hat jemand grenzenlose Rechte. (3) Das wichtigste Recht in der Schule ist das Recht auf Bildung. (4) Das Recht auf eine eigene Meinung darf nicht dazu missbraucht werden, um andere zu beleidigen.
(5) Unter einer Pflicht versteht man eine Aufgabe, die man zu erfüllen hat. (6) Eine wichtige Schülerpflicht ist die Pflicht zum regelmäßigen Schulbesuch.

Station 3: (1) Wahl durch den Schülerrat und durch die gesamte Schülerschaft; (2) A: Schülerrat kann besser beurteilen, welche Kandidatinnen bzw. Kandidaten geeignet sind. B: Wahl durch alle ist ein sehr demokratisches Verfahren.

3. Zusammenleben in der Familie S. 67

Station 1: Bei der Neuverteilung der Aufgaben in der Familie Schneider musst du darauf achten, dass eine Doppelbelastung von Frau Schneider durch Beruf und Familie vermieden wird. Da Frau Schneider halbtags arbeitet, ihr Mann aber ganztags, wird der Anteil an Arbeiten, die Frau Schneider übernimmt, größer sein, als der Anteil ihres Mannes. Nico und Elena können einen etwa gleich großen Anteil übernehmen. Sandra ist mit ihren drei Jahren noch zu klein, um Aufgaben in der Familie zu übernehmen.

Station 2: In der Beschreibung sollten die Lebensbedingungen Petras genannt werden (Stichworte: keine Betreuung, keine Fürsorge, kein Essen und keine neue Kleidung, Alkoholsucht der Mutter, Vater kümmert sich nicht und bezahlt keinen Unterhalt) und die Folgen genannt werden (Stichworte: Schulschwänzen, Leistungsabfall in der Schule, ungesunde Ernährung, ungepflegtes Erscheinungsbild, keine Freunde).

Station 3: Folgende Bausteine sollten in dem Telefondialog als Tipps erwähnt und erklärt werden: Kindergärten und Hortbetreuung, Steuervorteile, Elternzeit, Elterngeld, Kindergeld, Mutterschutz.

4. Demokratie in der Gemeinde S. 87

Station 1: Richtig sind die Lösungen 1, 4 und 5.

Station 2: Vier Fehler: (1) Das Amt wird nicht übergeben, der Bürgermeister wird von den Wahlberechtigten gewählt. (2) Der Bürgermeister bestimmt nicht. Er ist an die Entscheidungen des Rates gebunden. (3) Der Stadtrat besteht aus gewählten Kandidaten.
(4) Die Stadt hat drei Einnahmequellen: Steuern, Gebühren und Finanzzuweisungen vom Land und vom Bund.

Station 3: Einwohnerantrag – Bürgerbegehren – Bürgerentscheid – Bürgerinitiative.

5. Vom richtigen Umgang mit Geld S. 109

Station 1: Robinson musste für Trinkwasser und Essen, weiter für Kleidung und ein Dach über dem Kopf sorgen. Er konnte auf der Insel lediglich seine Grundbedürfnisse stillen. Nur sehr eingeschränkt konnte er seine Konsum- und Luxusbedürfnisse sowie seine kulturellen Bedürfnisse stillen. Nicht stillen konnte er seine sozialen Bedürfnisse.

Station 2: Hat die Ware nur einen geringen Wert, zahlt man am besten mit Münzen. Das ist Metallgeld, wobei die verschiedenen Münzen jeweils einen anderen Wert haben. Hat die Ware einen höheren Wert, ist es sinnvoll, mit Papiergeld zu bezahlen. Das sind unterschiedliche Scheine, auf denen der Wert des Geldscheins aufgedruckt ist. Beides zusammen bezeichnet man als Bargeld. Der Wert von Münzen und Papiergeld wird in Euro und Cent bemessen. Das ist die Währung in vielen Ländern Europas. An der Kasse kann man meistens auch mit Plastikgeld bezahlen. Das sind zum Beispiel Kreditkarten. In diesem Fall wird der Betrag direkt von dem Geld abgezogen, das man auf dem Bankkonto liegen hat. Buchgeld ist unsichtbares Geld, das man nicht anfassen kann. Es handelt sich dabei um Geld, das man zum Beispiel von einem Konto auf ein anderes Konto überweist oder auf ein Konto einbezahlt.

Station 3: Natürlich möchte jeder beim Einkaufen für sein Geld eine möglichst hohe Gegenleistung bekommen. Sicherlich ist euch auch schon aufgefallen, dass die Preise von Geschäft zu Geschäft verschieden sind. Sinnvoll ist es daher, die Preise zu vergleichen. Auch sollte man immer auf eine möglichst hohe Qualität der Ware achten. Für die Wirtschaft verwendet man auch das Wort Ökonomie.

6. Kinder und Jugendliche als Verbraucher S. 129

Station 1: Henrik darf den CD-Player behalten, weil er ihn aus seinen Ersparnissen und einem Geschenk seines Opas gekauft hat.

Station 2: Wenn das Angebot steigt, sinken die Preise. Wenn das Angebot sinkt, steigen die Preise. Wenn die Nachfrage steigt, steigen die Preise. Wenn die Nachfrage sinkt, sinken die Preise.

Station 3: Werbung in der Schule ist per Gesetz verboten, Ausnahmen sind erlaubt, wenn das dadurch eingenommene Geld für die Anschaffung von Lernmitteln für die Schule verwendet wird.
(1) Verbot soll verhindern, dass Unternehmen ihre Interessen in der Schule vertreten. (2) Der Unterricht soll frei von Störungen durch Werbung sein.
Die Schulen (1) hätten durch Werbung mehr Geld (2) und könnten dadurch besser ausgestattet werden.

7. Umweltschutz als Zukunftsaufgabe S. 151

Station 1: Glasflasche in den Glascontainer; Plastikverpackung in den gelben Sack, die gelbe Tonne; Pappe in den Papiercontainer; Apfel in die Restmüll-Tonne; Plastikflasche wiederum in den gelben Sack, die gelbe Tonne.

Station 2: 1. Müllverbrennung: In Deutschland darf Müll nicht mehr ohne vorherige Behandlung deponiert werden. Deshalb wird in Deutschland sehr viel Müll verbrannt. Aber nur das, was sich nicht trennen oder wiederverwerten lässt. Idealerweise wird also nur der nicht verwertbare Rest verbrannt. So verunreinigt der Müll nicht mehr Böden und Grundwasser. 2. Verrottung: Der Müll aus der grauen Tonne wird vorsortiert, wiederverwertbare Materialien werden aussortiert. Der restliche Müll verrottet drei Monate in speziellen Boxen und darf dann deponiert werden. 3. Wiederverwertung: Verpackungen mit grünem Punkt werden von der Firma „Duales System Deutschland GmbH" wiederverwertet. Sie kommen in den gelben Sack bzw. die gelbe Tonne und werden wie Altglas und Altpapier separat eingesammelt.

Station 3: (1) Der Treibhauseffekt entsteht dadurch, dass die Sonnenstrahlen wie in einem Gewächshaus nur noch teilweise aus der Atmosphäre entweichen können. So kommt es zur Erderwärmung. (2) Durch den steigenden Energieverbrauch produzieren die Menschen immer mehr Kohlendioxid. Es wird in der Folge immer wärmer auf der Erde. (3) Auswirkungen: Arktis: Eisbären verhungern oder ertrinken; Nordsee: Orkane bedrohen Inseln und Küsten; Afrika: Wildtiere finden schwieriger Nahrung; Kalifornien: Waldbränden nehmen zu; Australien: Wasser wird knapp; Deutschland: Sommerhitze trocknet Flüsse aus; Ozeane: Korallen sterben ab. (4) Problemlösungen: internationale Verträge zur Reduzierung der Treibhausgase; Energie sparen; Gesetze erlassen, die unsere Umwelt besser schützen.

8. Mit Unterschieden leben lernen S. 173

Station 1: Mögliche Inhalte deiner Geschichte könnten sein:
Im ganzen Land gibt es keine Ausländer mehr: Zusammenbruch der Wirtschaft, fehlende Arbeitskräfte, Kinderarmut, kulturelle Verarmung. In der Klasse sind keine Ausländer mehr: Freunde sind nicht mehr da, Klassenleben ist langweiliger. In der Bundesliga sind keine Ausländer mehr: Fußballspiele müssten ausfallen. Dönerbuden werden geschlossen: Es gibt keine Döner mehr zu kaufen.

Station 2: Das Down-Syndrom ist eine Behinderung, die genetisch bedingt ist. Kinder sind dadurch in ihrer geistigen und körperlichen Entwicklung in unterschiedlichem Ausmaß verzögert. Sie sehen auch etwas anders aus. Das Plakat will darauf hinweisen, dass Kinder mit Down-Syndrom ganz normale Kinder sind mit individuellen Vorzügen und Schwächen. Dazu gehört auch, dass sie ihren Eltern manchmal auf die Nerven gehen. Deshalb sollte man mit solchen Kindern normal und unbefangen umgehen.

Station 3: (1) Warum wird in Deutschland die Zahl der alten Menschen zunehmen? (2) Können sich alle alten Menschen noch selbst versorgen? (3) Was versteht man unter Tagespflege? (4) Was sind Mehr-Generationen-Häuser? (5) Wie können junge Menschen mit Senioren in Kontakt kommen?

9. Massenmedien als Informationsquelle S. 191

Station 1: (1B) Ein Nachrichtentext ist ein informierender Text, der Neuigkeiten enthält, die für viele Menschen interessant sind. (2C) Nachrichtentexte kann man gut verstehen, indem man die Menge der darin enthaltenen Informationen entzerrt. (3E) In Zeitungsnachrichten steht die wichtigste Information immer am Anfang. (4D) Unter dem Layout versteht man die formale Seitengestaltung einer Zeitung. (5A) Nachrichtenagenturen versorgen Zeitungsredaktionen rund um die Uhr mit Nachrichten aus aller Welt.

Station 2: Eine Erklärung: Das Internet ist ein weltweites Netz von miteinander verbundenen Computern. Zwei Nutzermöglichkeiten: um Nachrichten zu versenden und zu erhalten, um sich mit Informationen zu versorgen. Drei Dinge, die man braucht: einen PC mit Internetanschluss, ein Verbindungsgerät (Router oder Modem), eine Internetadresse, die man von einem Provider erhält. Vier Verhaltenstipps: niemandem die Adresse geben, den man nicht kennt, keine Mails mit unbekannten Absendern öffnen, Rund- und Kettenbriefe nicht beantworten, niemanden per Mail beschimpfen oder beleidigen.

Station 3: Computertechnik macht es möglich, dass man Bilder beliebig bearbeiten kann. Das liegt daran, dass der Computer ein Bild genauso wie einen Text behandelt. Texte kann man im PC verändern, Bilder auch. Durch diese Technik entstehen vollkommen neue Bilder, die es in der Wirklichkeit gar nicht gibt. Diese künstliche von Computern erschaffene Welt nennt man virtuelle Welt.

10. Kinder in aller Welt S. 214

Station 1: Jaqueline lebt in Ruanda in Afrika. Sie muss ihre drei jüngeren Geschwister versorgen, weil ihre Eltern in einem Bürgerkrieg getötet wurden. Auf einem kleinen Feld baut sie Maniok an. Das ist ein wichtiges Nahrungsmittel für sie und für ihre Geschwister. Ashipio ist ein 11-jähriger Junge, der in einem Dorf im Hochland von Bolivien lebt. Er will ein guter Jäger werden (so wie sein Vater). Er sammelt Früchte. Meronki ist seine Lieblingsfrucht. Rokeya ist ein Mädchen aus Bangladesh. Sie muss täglich acht bis neun Stunden schwere Arbeit leisten. Ihre Aufgabe ist, Ziegelsteine mit dem Hammer in kleine Stücke zu zerschlagen. Stets macht es „Tock! Tock!", wenn sie mit dem Hammer auf die Steine schlägt. Nach der Arbeit geht Rokeya noch zur Schule.

Station 2: (1B) Weil Straßenkinder manchmal stehlen, um überleben zu können, werden sie verachtet, verjagt, verfolgt und manchmal getötet. (2C) Nach Schätzungen leben weltweit zwischen 33 und 100 Millionen Kinder auf der Straße. (3D) In den meisten Städten, in denen die Zahl der Straßenkinder ansteigt, fehlt den Regierungen das Geld für gute Schulen und Kinderbetreuung. (4A) Hilfsprojekte für Straßenkinder haben das Ziel, Schutz zu bieten und für Schul- und Berufsausbildung zu sorgen.

Station 3: Wichtige Kinderrechte: Recht auf Schulbildung, auf medizinische Versorgung, die eigene Sprache zu sprechen, sich informieren zu können und eine eigene Meinung zu haben, vor Ausbeutung geschützt zu sein. Gute Ideen für Projekte: Schminkaktionen, Theater spielen, Flohmarkt, Kuchenverkauf, Sponsoren-Rallye, Aktion Schülersolidarität, Zeitungsartikel schreiben, Straßenkind für einen Tag, Info-Aktionen und anderes mehr. Merkmale globalen Lernens: sich informieren, sich darin üben, Verantwortung zu übernehmen, eigene Beiträge leisten zur Verbesserung der Welt.